PREPARÁNDOTE
PARA SER UNA

Ayuda Idónea

DEBI PEARL
AUTORA DE *CREADA PARA SER SU AYUDA IDÓNEA*

ISBN: 978-1-61644-018-3
Primera Impresión: Diciembre 2010

ISBN: 978-1-61644-019-0
EBook: Diciembre 2010

ISBN: 978-1-61644-020-6
EPub: Diciembre 2010

Las citas de las Escrituras están tomadas de la versión Reina Valera 1960,
excepto cuando se indica otra versión.

Impreso en los Estados Unidos de América

Otros libros por Debi Pearl:
Creada para ser su Ayuda Idónea (Español, Inglés)
La Jornada de una Ayudadora Idónea (Inglés)
Escuchen mi Sueño (Inglés)
Para Entrenar a un Niño (Español, Inglés)
Las Últimas Editoriales, *La Visión* (Español, Inglés)

Visite www.NoGreaterJoy.org para obtener mayor información acerca de este u otros materiales
producidos por Ministerios No Greater Joy.
Las solicitudes de información deberán enviarse a:
No Greater Joy Ministries, Inc. *1000 Pearl Road, Pleasantville, TN 37033 USA*

El diseño de la portada fue elaborado por Clint Cearley.
El diseño interior y el acomodo del texto fueron preparados por Clint Cearley, de DesignForgeServices.com

Gracias Muchachos

Aunque mi nombre aparece en la
cubierta de este libro, sus páginas
contienen la sabiduría y la perspectiva
de muchas personas. Para conocer
a mi magnífico equipo, ve a:
PreparingtobeaHelpMeet.com.
Ahí podrás hacer preguntas, subir
fotografías tuyas o de tu grupo de
estudio bíblico y continuar aprendiendo.

A varios hombres se les pidió que agregaran sus comentarios al contenido del libro, de manera que al recorrer las páginas encontrarás ciertos símbolos y recuadros (como los que aparecen abajo) que contienen los comentarios de estos hombres al texto del libro.

Abajo aparece un desglose de quiénes son estos hombres para que puedas comprender más fácilmente sus puntos de vista.

El hombre con el perfil Rey / Dominante es la combinación de las opiniones de dos hombres, uno casado y el otro soltero, mientras que el Sacerdote y el Profeta son hombres solteros.

ÍCONO			
TIPO	Profeta / Visionario	Sacerdote / Estable	Rey / Dominante
DATOS	Artista, edad 27 años	Servidor Web, 26 años	Administrador de Edición, 29 años

Este es un ejemplo de los comentarios de los hombres que verán a lo largo del libro. El ícono a la izquierda identifica cuál de los hombres hace ese comentario. Observa el cuadro de arriba para identificar cuál ícono corresponde a cuál hombre.

Pasaste tu tiempo languideciendo por tu único y verdadero amor, cuando súbitamente… estás casada y te das cuenta que es muy diferente a lo que esperabas. Ahora es el tiempo de prepararte para ser una esposa — para ser una ayuda idónea. Dios quiere que tú llegues a ser una adorable ayuda idónea, pero para ser una buena ayudadora se requiere esfuerzo… *mucho esfuerzo.*

Guía de la Maestra

Una guía completa para la maestra, escrita por Shalom Pearl de Brand, comienza en la página 228.

Hay un hilo…
Un hilo brillante que corre,
se entreteje, ata lazos a lo
largo de nuestra vida.
En ocasiones el hilo es tan delgado
que apenas es perceptible; en otras ocasiones
es *ostentoso y llamativo,*
creando lluvias de vistosos
y amplios listones que *caen* de
cada rincón de nuestras vidas,
trayendo *vibrantes*
colores a lo
que de otra manera sería nuestra
existencia ordinaria.

Y así comienza tu hilo…

Dios Necesita Nuestras Oraciones

MORALEJA DE LA HISTORIA: Dios quiere, más bien,
NECESITA que oremos.

UNA ADVERTENCIA: No ores equivocadamente.

Dios hizo algo completamente diferente en mi historia de amor.
Cuando yo era apenas una niña Él me dijo con quién me iba a casar. Él no se lo dijo a mi futuro marido— solamente a la flaquita
de mí. ¿Por qué? Dios siempre tiene una muy buena razón. Yo creo
que fue porque mi futuro marido necesitaba, realmente necesitaba
de alguien que orara por él. Yo oré.

¿Habrá algún joven varón que has conocido ocasionalmente y que
has pensado que sería un buen marido? ¿Has estado orando por él,
mencionando su nombre?

Tal vez el cielo está esperando que ores.

CAPÍTULO   1

la CHIQUILLA

Primera Historia

A CABABA DE CUMPLIR LOS TRECE AÑOS CUANDO LO VI POR primera vez, y supe, de alguna manera supe, que ese era mi hombre. Si él me hubiera echado un vistazo y hubiera podido leerme el pensamiento se hubiera reído a carcajadas. Yo misma casi me reía. Era disparatado pensar que yo, una chiquilla escuálida que ni siquiera había pasado por la pubertad, pudiera reclamarlo para mí. Toda la comunidad había estado hablando del famoso joven predicador que había sido invitado a predicar en el retiro para adolescentes de la Primera Iglesia Bautista. Él era todo un hombre, franco y sencillo: medía por lo menos un metro noventa de estatura y tenía una sombra oscura sobre su quijada donde se rasuraba la barba. Mi mente joven pronto lo examinó y evaluó. Era un hombre imponente que impresionaba, el tipo de hombre que puede tomar el control de cualquier situación. Él era viejo, muy viejo, y demasiado grande, pues fácilmente pesaba 45 kilos más que yo. Calculé que tenía por lo menos unos 21 años de edad. Desde mi perspectiva podía igual haber tenido 99 años. Para mí, cualquier persona mayor de 15 años era un anciano.

De cualquier manera, Dios nunca me había hablado antes; ¿por qué había de comenzar ahora y decirme esto? Yo era una chiquilla. ¿Acaso Dios habla con los chicos? Además, yo no era una jovencita muy espiritual que digamos, y no andaba buscando manifestaciones divinas sobrenaturales ni visiones. Y para colmo, yo era bautista y los bautistas no creen en dones, palabra de conocimiento y cosas semejantes. No me malentiendan, sí estaba muy interesada en las cosas de Dios. Me gustaba contar historias bíblicas a los niños pequeños, disfrutaba la iglesia y me fascinaba escuchar predicaciones sobre los tiempos finales, pero nunca me sentí inclinada a buscar una espiritualidad más profunda. Dios tuvo para mí una gran sorpresa ese día. Descubrí que Dios tiene su propio sentido del humor. Siempre hace lo inesperado. Pero hasta el día de hoy, más de 45 años después, éste sigue siendo el mayor evento "inesperado" de toda mi vida. Así es como sucedió.

Ese día había advertencias serias de una tormenta. Y se esperaban tornados. Los líderes de la iglesia casi decidieron cancelar el evento para jóvenes debido a la tormenta, pero como el predicador era tan importante, decidieron correr el riesgo. Estaba sentada en esa cabaña junto con otros 30 jóvenes adolescentes, todos los cuales parecían ser mayores que yo y estar mucho más en su ambiente.

Las chicas adolescentes se portaban como si le tuvieran miedo a la tormenta. Obviamente pensaban que su parloteo nervioso las hacía parecer más femeninamente atractivas. Los muchachos le hacían al macho: "Que venga la tormenta. Podemos enfrenta cualquier tornadillo." Viendo a mi alrededor gemía de disgusto. Todas estas tonterías de adolescentes me parecían tan ridículas. Mi vida eran los caballos, las peleas en el lodo, los rifles de postas, construir fuertes y las bicicletas. Me disgustaban estos juegos dirigidos por las hormonas. Estaba medio enojada porque mi mamá me había hecho venir a esta reunión tan tonta. ¿Por qué tenía que venir a este retiro con esta bola de creídos y arrogantes? Ni siquiera era mi iglesia, así que no conocía a la mayoría de los jóvenes. Estaba claro que me catalogaban como una chica presumida a la que no valía la pena tomar en cuenta.

Luego el predicador y su hermano pequeño se pararon y comenzaron a tocar sus instrumentos y a cantar. Lo hacían bastante bien y realmente lo disfruté. Hasta pensé que el hermanito estaba guapo, aunque ya estaba viejo. Calculé que tenía como unos 17 años. Finalmente, Michael, el hermano mayor comenzó a predicar. No recuerdo si sucedió al principio de su mensaje o a la mitad o quizás cerca del final, pero en algún momento mientras predicaba el evangelio, Dios me dijo: "Él es con quien te vas a casar."

Un momento, pensé, *todavía ni siquiera necesito usar un sostén, y ¿Dios me está diciendo con quién me voy a casar?* Claramente recuerdo haber pensado: *Esto me parece demasiado raro… él es muy viejo y yo soy una chiquilla.* Pero los caminos de Dios no son nuestros caminos. Y cómo me da gusto que así sea.

Hasta donde sé nunca había pensado en que Dios me guiara. Ahora que ya soy vieja, puedo voltear a ver los muchos años vividos y puedo contar con los dedos de mis manos las veces en las que creo que Dios me habló. No son muchas. De cualquier manera, como la niña que era, simplemente le creí a Dios. Era demasiado joven para comprender que había ocurrido un acontecimiento monumental. Puesto que iba a ser mi esposo, pensé que tendría que aprender a aceptar esto y no hacer mucho alboroto; además, eso parecía estar a años luz de distancia, de manera que tenía tiempo para hacer ajustes. Al llegar a casa esa noche le platiqué a mi mamá lo necio que se habían portado los adolescentes mayores durante la reunión por causa de la tormenta. Luego de manera casual le dije que Dios me había dicho que cuando creciera me iba a casar con el predicador. Le entregué el volante que anunciaba el retiro de jóvenes. "Aquí está el nombre del predicador," le dije. Mi mamá lo tomó como cosa de todos los días. Pienso que sí me creyó. Ella era una creyente nueva, así que pienso que estas cosas eran tan nuevas para ella como lo eran para mí. Solamente me dijo: "Bueno, necesitas comenzar a orar por él. Siendo un predicador va a necesitar de mucha oración."

No lo volví a ver, ni oí hablar de él durante los siguientes tres años, pero oraba ocasionalmente cuando veía el volante que se encontraba pegado a la pared junto al teléfono, lo que me ayudaba a recordar su nombre. En la primavera en que cumplí los 16 años, por fin pasé por la pubertad. ¡Ya era tiempo! Ese verano me inscribí para ser consejera y salvavidas en un campamento bíblico organizado por la Alianza Pro Evangelización del Niño. Adivina quién estaba ahí. Adivinaste: Mi futuro esposo, el Sr. Rey en Control, el mismísimo y famoso hombre predicador. Él era el predicador invitado para toda la semana, así que yo tenía bastante tiempo para echarle un buen vistazo. Todo el tiempo en que yo lo estaba observando, él estaba observando a otra de las chicas del campamento.

A mí realmente no me importaba puesto que no tenía ningún apego emocional con él. Mientras estaba en el campamento se me acercó una de las mujeres mayores que era la jefa de las consejeras y me dijo que pensaba que Dios le había hablado acerca de algo. Ella era una mujer sensata y bautista. De nuevo, los bautistas no ponen palabras en la boca de Dios. No obstante me dijo: "Pienso que Dios quiere que sepas que Michael Pearl algún día va a ser tu esposo." Era incómodo para una amiga de mi mamá decirme esas cosas. Cuando llegué a casa le conté a mi mamá, pero su amiga ya le había llamado e informado del asunto. Sin mostrar ninguna emoción, mi mamá me recordó que debía orar por el predicador. Me dijo: "Va a necesitar mucha oración porque está en el ministerio. Debes orar por él todo el tiempo."

Ese mismo verano nuestro pastor dejó la iglesia en busca de pastos más verdes. Mi papá estaba en el comité del púlpito (los hombres responsables de encontrar a otro pastor). Ellos invitaban a diferentes pastores para que vinieran a ser evaluados. Algunos de los pastores no utilizaban la versión de la Biblia KJV, así que fueron descartados; a otros no les gustaban las áreas rurales así que no vinieron. Unos pocos eran demasiado aburridos como para tolerarlos. De manera que semana tras semana la iglesia tenía diferentes predicadores que iban y venían. Era una tarea tediosa que consumía mucho tiempo: localizar y contactar a tanto predicador, luego hacer los arreglos para que nos vinieran a visitar, encontrarles un lugar donde hospedarse, etc.

Finalmente le dije a mi papá: "Oye, el predicador que compartió en el campamento es bastante bueno. Todavía está en el seminario, pero tal vez pueda cubrir los domingos en que no se consiga un predicador que nos visite." Puesto que los hombres en el comité se encontraban en el punto de ya no saber que más hacer, escucharon el consejo sabio de una chica de 16 años. ¿Sabes que Dios a veces usa lo inesperado? Como quiera, mi papá llamó al seminario e invitó a Michael a venir a predicar en nuestra iglesia el siguiente domingo. Durante el siguiente año el joven predicador ocupó el púlpito los domingos por la mañana o por las noches, varias veces al mes. Finalmente, los hombres decidieron invitarlo para que fuera nuestro pastor. De manera que ahora llamaba a mi futuro esposo: "Hermano Pearl." Llegamos a ser grandes amigos pero me seguía tratando como si fuera una chiquilla.

En ese tiempo, en nuestro pueblo estaba la base de entrenamiento naval "tierra adentro" más grande de los EEUU, la cual además tenía un enorme hospital para los

La manera en que conoces a tu futuro cónyuge y el estilo de cortejo que utilices palidece ante la importancia del carácter de la persona. El carácter puede ser refinado por la Escritura: *"Toda la Escritura es inspirada por Dios, y útil para enseñar, para redargüir, para corregir, para instruir en justicia"* (2 Timoteo 3:16). Les animo a escudriñar las Escrituras para determinar si las cosas que se dicen en este libro están de acuerdo con la Palabra de Dios. Las opiniones son tan sólo opiniones, aprendidas o expresadas. Solamente la Escritura es absoluta. Solamente la Escritura tiene el poder de Dios para salvación y obra eficazmente en los que creen (1 Tesalonicenses 2:13).

soldados que regresaban de la guerra en Vietnam. Mike inició un ministerio para los militares en donde necesitaba de un lacayo, es decir, alguien que llevara a cabo lo que él planeaba. Nos convertimos en grandes camaradas. Trabajamos lado a lado repartiendo tratados evangelísticos, compartiendo el evangelio, planeando reuniones, y limpiando y recogiendo después de que el evento había terminado. Y yo oré… realmente oré que Dios lo usara para ministrar a los perdidos.

Michael generalmente llevaba alguna amiga a todos estos eventos. A veces yo llevaba algún amigo. Era realmente raro. Su amiga se sentaba entre nosotros dos de manera que él tenía que inclinarse hacia delante para hablar conmigo acerca de las próximas reuniones o de la estrategia o de lo que estuviéramos planeando. Ahí, en medio de nosotros se sentaba su amiga, sin tener nada que contribuir. A veces orábamos juntos con una chica sentada entre nosotros como si no estuviera ahí. Yo era su ayudante. **Él me necesitaba a mí**. Yo inmediatamente me involucraba en cualquier proyecto que él estaba planeando u organizando, no porque estuviera tratando de atraparlo, sino porque estaba interesada en las cosas en las que él estaba interesado. Compartíamos la visión de Dios de ganar a los perdidos.

Nunca tuvo la menor idea ni indicio alguno de que yo creía que él iba a ser mi esposo. Hasta me contó riéndose de ocasiones en que habían venido jóvenes a decirle que Dios quería que ellas fueran su esposa. Las veces en que me platicaba de esas otras jóvenes me hacía sentir contenta por no haber abierto mi boca. Tengo que admitir que algunas de esas jóvenes parecían mejores candidatas para ser su esposa que yo. Cuando escuchaba que alguna chica le había dicho que iba a ser su esposa, me hacía perder la confianza. Me preguntaba a mí misma: ¿Por qué me escogería Dios a mí en vez de a ella? Cada una de esas jóvenes cantaba, tocaba el piano y se veían, como digo yo, muy elaboradas. Todas hablaban como mujeres distinguidas. Él inconscientemente siempre escogía jóvenes que parecían reinas.

En una ocasión, una de las jóvenes se me acercó y me pidió, puesto que yo era tan buena amiga de Michael, que le dijera a él que ella estaba segura que era la mujer para él. Recuerdo haberla visto directamente a los ojos y le dije: "Tendrás que dejarte crecer el cabello primero. Él nunca se casará conuna mujer con cabello corto." No inventé la idea del cabello corto para que desapareciera. Sabía que él tenía opiniones fuertes respecto al cabello largo en la mujer. La mayoría de los hombres jóvenes las tienen.

Terminé el bachillerato, fui a un instituto bíblico en la localidad hasta que me aburrí de él, y luego comencé a trabajar para uno de mis profesores como secretaria en una iglesia grande. Parecía que los años volaban. Durante el día estaba en la escuela o en el trabajo, luego por las noches teníamos reuniones de oración, estudios bíblicos, reuniones evangelísticas, reuniones al aire libre, o reuniones para planear otros esfuerzos evangelísticos. Michael y yo llegamos a conocernos de una manera muy sana. Nunca compartimos nada profundo acerca de nuestros sentimientos secretos. No nos contamos nuestras confidencias, pero sí me vio enojada como un avispón en un par de ocasiones. Lo observé portarse de manera autoritaria, impositiva y exigente. Además sabía que era el desordenador más prolífico de la historia. Su oficina siempre se veía como si alguien se hubiera metido para tratar de destruirla. Pero sabía que era genuino. Observé que tenía un corazón para ganar las almas perdidas y él observó mi disposición para involucrarme y hacer los trabajos menos agradables pero necesarios por causa del evangelio, y disfrutar cada minuto de ello.

Cuando cumplí los 20 años sabía que el tiempo se estaba acercando. No obstante, parecía que Mike nunca se había dado cuenta de que yo pertenecía al sexo femenino. Después de siete años, esto comenzaba a irritarme, de manera que le jugué una broma. Cada domingo después de la reunión de la iglesia llenábamos de soldados un enorme autobús escolar y los llevábamos a una cabaña en el bosque cercano. Esta, por pura coincidencia, era la misma cabaña en la que conocí a Mike cuando yo tenía 13 años de edad. De todas formas, en ese domingo en particular le pedí a uno de los jóvenes soldados, el cual que era una gran persona y un buen amigo de Mike, que me ayudara a jugarle una broma a mi pastor. Con mi brazo fuertemente entrelazado al brazo del soldado, nos acercamos caminando y riéndonos nerviosa y tontamente hacia donde estaba, sentado y platicando el Hermano Pearl, con algunos de los hombres. Con mucha dulzura volteé la mirada al rostro del soldado y luego hacia Michael, y dije: "Hermano Pearl, me voy a casar." Realmente no sé qué es lo que esperaba que él dijera. Su expresión inmediatamente me hizo estar seria, deseando no haber jugado esa broma. Se veía espantado… horrorizado. Claro que traté de reír para que pasara la tensión, diciendo que solamente era una broma, pero supe en ese momento que algo había cambiado. Él no pensó que mi broma era graciosa.

Después de que nos casamos, me dijo Michael que en ese momento súbitamente me vio de una manera completamente diferente. Me dijo que siempre había dado por un hecho que yo estaría ahí como su compañera, su amiga y su ayudadora. Pero ahora se daba cuenta que había crecido y que pronto me iría. Que sería la esposa de otro hombre, la compañera de otro hombre y la ayudadora de otro hombre. Decidió que no le gustaba esa idea. ¿Pueden creer lo cabeza dura que era este hombre? **Todos esos años, fui su mano derecha y sencillamente nunca se dio cuenta.**

De todas formas él seguía aparentando no ponerme atención… pero yo notaba que era diferente. Con frecuencia detectaba que estaba mirándome como en una actitud de contemplación. Cuando lo volteaba a ver él me seguía mirando como que estaba tratando de leer mi alma. Varias semanas después de mi broma, me llamó al trabajo y me preguntó si le podía acompañar esa noche a una reunión evangelística. Me dijo que había sido invitado a compartir el evangelio a un grupo de hippies (esto fue al principio de los años 1970s). A través de los años con frecuencia me invitaba para que fuera su asistente femenino. Necesitaba tener una acompañante femenina porque siempre tenía mucho cuidado de evitar ponerse en una situación tentadora o comprometedora con alguna mujer. Siempre evitaba estar a solas con una mujer cuando la aconsejaba, inclusive cuando se trataba de compartir el evangelio. Él ha mantenido esta regla a lo largo de su vida.

Me dijo incluso en dónde nos encontraríamos. Él se había propuesto nunca pasar a recogerme a mi casa, para no dar la apariencia de que estábamos saliendo en alguna cita. Era su manera de mantener nuestra relación enfocada estrictamente en el ministerio. De manera que mientras conducía mi VW escarabajo hasta el estacionamiento del templo donde habíamos quedado de vernos, pensaba que esa noche sería como cualquier otra en que hacíamos algo semejante. Era puro ministerio, simple y llanamente… por lo menos eso era lo que yo pensaba.

Esa noche nos apiñamos en un pequeño apartamento en un segundo piso. Estaban presentes unos 40 hippies jóvenes, todos atentos a lo que Michael les compartía. Era diferente en aquel entonces, por lo menos lo fue en esa pequeña ventana en el tiempo. El Espíritu de Dios se movía fuertemente entre las personas. Dios usaba casi a cualquiera que estuviera dispuesto a compartir el evangelio. Hoy en día el cristiano promedio testifica una o dos veces al año, pero en aquel tiempo los cristianos testificaban con denuedo, porque las personas perdidas estaban muy abiertas. Los guerreros de la oración habían abierto las compuertas de los cielos. En esos pocos años vimos milagro tras milagro. Era tan común ver a cientos de personas llorando, pidiendo a Dios misericordia, que lo dábamos por sentado. ¡Oh, si tan sólo orara la gente!

Bueno, pero regresemos a nuestra historia de amor. Esa noche Michael predicó un mensaje sencillo. Todos los presentes estaban en sus años veintes (incluyéndonos nosotros). Al final del mensaje cantamos. Muchos se abrazaban a sí mismos, se mecían de un lado a otro, casi como si sintieran dolor. Algunos lloraban. Michael los llamó a orar y todos se pusieron de rodillas. Yo hablé suavemente con muchacha tras muchacha, respondiendo a sus preguntas y orando con ellas. Varias personas oraron en voz alta, pidiendo a Dios que las salvara. Después de un tiempo, solamente se escuchaban suaves murmullos. Yo me encontraba todavía de rodillas con mis manos sobre el asiento de la silla que estaba enfrente de mí cuando sentí que alguien se me acercó y luego una mano grande tomó una de mis manos. Sorprendida, abrí mis ojos. Era Michael. Me miró a los ojos y luego inclinó la cabeza y siguió orando. Confieso que en ese momento dejé de orar. Era bien conocido en toda la iglesia que Michael no tocaba a las mujeres (ni siquiera a las ancianas que se acercaban para saludarlo de mano al final de una reunión). ¡Ahora estaba sosteniendo mi mano mientras oraba!

No abrió la boca durante el viaje de regreso que nos llevó una hora. Hasta nos detuvimos para cenar pero él permaneció apenadamente callado. Yo estaba tan afectada que hablaba sin parar.

Cuando llegamos al estacionamiento del templo me volví hacia la puerta para comenzar a salir del auto, pero él estiro su mano y volvió a tomar la mía, no obstante seguía completamente en silencio. Era tarde. Estaba exhausta. Había estado despierta casi 24 horas. Mis emociones estaban agotadas. No estaba ni siquiera emocionada, pues estaba muy cansada. Permanecí sentada, sin moverme y en silencio, luego mi lengua cansada expresó mis pensamientos. Le recordé del niño al que él había bautizado el domingo anterior. De cómo después de salir del agua el pequeño daba de brincos para poder ver a sus papás. Luego dije lo impensable: "Sabes, me encantaría algún día darte un hijo."

Hasta donde me acuerdo nunca siquiera había pensado tal cosa, pero lo que se dice queda dicho. Michael reaccionó como un cohete. Salió disparado del auto corriendo hacía la oscuridad y alrededor del edificio. Yo solamente me reí. Estaba demasiado cansada como para preocuparme. Pasó corriendo mientras yo salía del auto y recogía todas mis cosas. Casi llegaba a mi VW cuando Michael salía de darle otra vuelta al edificio. Esta vez corrió hacia la parte alumbrada del estacionamiento, parecía una araña de patas largas. Acabé de guardar mis cosas en el auto y me volví para mirarlo. Vino corriendo directo hacia mí, me tomó de la cintura y me aventó en el aire mientras decía: "Vamos a casarnos." Y así lo hicimos, solamente ocho días después, un domingo por la noche. Como se podrán imaginar fue una boda sencilla. Confeccioné mi vestido de novia de satín blanco al estilo de un vestido campesino. No hubo tiempo para flores, ni decoración de gala, ni siquiera para mandar invitaciones. El templo estaba lleno a rebosar pues todo el mundo vino a ver al famoso predicador casarse con esa chica campesina. Supongo que tenían que ver con sus propios ojos que realmente era cierto.

Es un extraordinario cuento de hadas. He sido su desquiciante y descalza princesa por 40 años. ¿Qué tan bueno puede llegar a ser el matrimonio? Realmente, muy, pero muy bueno.

Puedes pensar. "¡Esto no me puede pasar a mí! Es demasiado… diferente." Cada historia de amor es singular, llena de asombro y romance. La tuya también lo será. Mi meta no es hacer interesante el romance sino hacerte ver que los caminos de Dios son más grandes y mejores que nuestros más grandiosos sueños y esperanzas.

Ahora vamos a ver qué tienes que hacer para conseguirte un hombre que sea digno de conseguir.

PARA ALGUNAS EL AMOR LLEGA SUAVEMENTE; para otras es cuestión de escoger sabiamente; y todavía para otras es un estruendoso momento de amor a primera vista, pero para mí fue una voz callada y firme.

¿Pero por qué me dijo Dios con anticipación quién iba a ser mi marido?

Una cosa sé: Michael era un hombre de Dios, un predicador que necesitaba de un guerrero fiel en la oración. Se encontraba en lo más reñido de la batalla ganando a miles de soldados para el Señor, hombres que en poco tiempo serían enviados a una guerra mortal. Él era alto, de cabello oscuro y tremendamente atractivo, así como medio famoso. Hembras calientes persiguiéndolo serían una constante amenaza a su ministerio, y sí lo persiguieron, por montones. Esto podía haber sido una tentación extrema para su carne.

Piensa en esto: Fueron varias las jóvenes que pensaron que era la voluntad de Dios que Michael fuera su marido. ¿Cómo fue que todas estas buenas cristianas realmente pensaran que él era el hombre para ellas, y no obstante, estaban equivocadas?

¿Y qué si todas ellas tenían la RAZÓN? ¿Estarían siendo movidas por los guerreros de Dios para que oraran por este hombre? Es posible que cualquiera de esas magníficas jóvenes pudiera haber sido una excelente ayuda idónea para Michael. Dios estaba buscando a una ayuda idónea que orara, no una que estuviera buscando un príncipe para sí misma, sino una ayudadora que comenzara a AYUDAR a este guerrero de Dios a hacer el trabajo que Dios tenía para él.

Había una batalla espiritual llevándose a cabo, que era mucho más importante que nuestro momento en el tiempo de amor dulce. Dios necesitaba un guerrero que predicara el evangelio a miles y miles de almas perdidas.

Michael necesitaba de una ayuda idónea que orara por él mucho tiempo antes de que necesitara una esposa. Yo oré. Mi mamá me recordaba que orara. Se nos manda orar por los obreros.

¿Te quedas sentada esperando que Dios te dé, sin embargo nunca pides por el obrero para que Dios le dé fortaleza, honra y denuedo? ¿Qué guerrero joven NECESITA de tus oraciones?

¿Cuáles son las cosas específicas por las que se nos pide orar?

Nuestro deber es orar por aquellos que se encuentran ocupados presentando el evangelio a los que nunca han oído. Podemos hacer y hacemos una gran diferencia en la eternidad cuando oramos. Si esto no fuera cierto, entonces no tendría sentido orar.

"Rogad, pues, al Señor de la mies, que envíe obreros a su mies" *(Mateo 9:38).*

"Y les decía: La mies a la verdad es mucha, mas los obreros pocos; por tanto, rogad al Señor de la mies que envíe obreros a su mies" *(Lucas 10:2).*

En 2 Tesalonicenses 3:1 dice: **"Por lo demás, hermanos, orad por nosotros, para que la palabra del Señor corra y sea glorificada, así como lo fue entre vosotros."**

¿Por qué quiere Dios que oremos?

Nos dice que oremos para que la palabra que están predicando corra; es decir, avance con libertad. Para que los demonios, que de otra manera los estorbarían con enfermedades, disputas y contiendas o con mundanalidad, ¡no puedan desacelerar el avance del mensaje del evangelio!

El versículo dos procede a decirnos cómo orar por los predicadores: **"y para que seamos librados de hombres perversos y malos; porque no es de todos la fe."**

Llamadas a orar

Dios usa las oraciones de sus santos tanto como el mensaje del predicador. **"De cierto os digo que todo lo que atéis en la tierra, será atado en el cielo; y todo lo que desatéis en la tierra, será desatado en el cielo"** (Mateo 18:18).

En Resumen:

Uno de los mandamientos más importantes que Dios nos da en su palabra es que oremos por obreros para los campos, hombres y mujeres que saldrán a compartir el evangelio. Sin embargo, ¿quién obedece su mandamiento de orar por obreros?

- ♥ Tenemos el mandamiento de orar.
- ♥ Tenemos la responsabilidad de orar.
- ♥ ¿Oras para que Dios levante obreros para que compartan el evangelio?

Dios diseñó su voluntad para que llegue por medio de LA ORACIÓN.

¿Oras por aquellos que tienen la responsabilidad de tu bienestar? Tu padre va a necesitar sabiduría para saber cómo tratar con el joven que venga a pedir tu mano en matrimonio.

Tu pastor puede conocer a un joven que pudiera ser un buen cónyuge para ti. ¿Pero por qué habría tu pastor de pensar en comentar con tu padre acerca de ese joven? ¿Has orado para que tu pastor tenga sabiduría y paz? ¿Procuras la bendición de Dios para tu pastor?

Tal vez alguno de los hombres de la iglesia conoce a un joven que trabaja para él que sería un excelente esposo para ti. ¿Oras para que los varones de la iglesia crezcan en Cristo? ¿Acaso tu futuro amado languidece porque no oras por él y por los que son su autoridad?

Si deseas un hilo que se teja a través de tu vida y de tu matrimonio, si deseas tener un príncipe piadoso que te sostenga en sus brazos y que te ame con todo su corazón, entonces entiende: ¡esto comienza con oración! Comienza hoy a orar por tu príncipe que vendrá, para que sea el guerrero que Dios quiere y necesita.

¿Harán tus oraciones una diferencia en la eternidad? ¿Cambiarán los acontecimientos? ¿Implementarán los planes de Dios? ¿Qué está sucediendo en los lugares celestiales?

¿Qué pudiera ser diferente si aprendes a ser una fiel guerrera en la oración? Aquí está la historia de un hombre que aprendió cómo Dios responde a las oraciones.

Batallas en los Cielos

Hay un libro en la Biblia que lleva el nombre del varón cuya historia relata: Daniel. Se trata de un muchacho que fue llevado como esclavo a un país extranjero. Él, junto con otros tres chicos, destacaron como jóvenes esclavos talentosos, educados y disciplinados que podían hacerse cargo de los asuntos del estado. Daniel con frecuencia se veía en situaciones difíciles como resultado de su fidelidad intransigente a la voluntad de Dios. Muchos hombres envidiaban su rápido ascenso al poder y buscaban maneras de acusarlo; no obstante él permanecía firme y fiel a Dios. Tal vez recuerdas algunas de las historias de Daniel que escuchaste cuando eras niña. En una ocasión fue echado al foso de leones, pero las fieras mortíferas no lo tocaron.

En el capítulo 10 del libro de Daniel hay una historia en la cual Daniel le ruega a Dios que le dé entendimiento sobrenatural acerca de las cosas relacionadas con los tiempos finales. Durante veintiún tensos días Daniel oró y ayunó, pero sus oraciones no fueron contestadas. Finalmente, Daniel descubrió porqué se había tardado tanto la respuesta de Dios.

La Biblia describe un evento del tipo de la Guerra de las Galaxias, en el que pelean los ángeles buenos contra los ángeles malos. Hasta se nos dice que las fuerzas espirituales malignas que obstruían la respuesta a las oraciones de Daniel tenían a su cargo el reino de Persia— la nación en donde vivía y oraba Daniel. El Príncipe de Persia y sus demonios serviles fueron capaces de evitar que el guerrero de Dios entregara la respuesta de Dios a las oraciones de Daniel. La batalla celestial duró 21 días; las fuerzas de las tinieblas resistiendo a las fuerzas de la luz. Finalmente, Dios envío a su ángel guerrero Miguel y sus huestes para que atravesaran las líneas enemigas y entregaran la respuesta a Daniel.

Cuando el guerrero llegó con la respuesta, Daniel se encontraba sentado junto al río. Daniel echó un vistazo a este ser de fuera de nuestro mundo y desfalleció cayendo al piso sobre su rostro. El guerrero de Dios sujetó a Daniel y le dijo que se levantara para poder comunicarle la información que había solicitado. El ángel también le dijo que no podía quedarse por mucho tiempo, pues tenía que regresar a la batalla para apoyar a sus compañeros en esta guerra celestial. ¿No te parece extraño todo esto?

¿Cómo pues responde Dios a la oración? Él utiliza nuestras ORACIONES (peticiones) para enviar las fuerzas de Dios con la respuesta. A veces esto ocasiona una gran pelea entre las fuerzas de Dios y los espíritus de las tinieblas. ¿Alguna vez has pensado en lo que tus oraciones pueden estar desatando? ¿Qué si Daniel se hubiera hartado de los hombres que lo fastidiaban a través de los años y se hubiera tomado la libertad de orar por su destrucción? ¿Estaría Daniel orando de manera errada o desafortunada? Dios nos advierte que no debemos orar de manera incorrecta. Las consecuencias son graves y aleccionadoras.

Es interesante notar que la Biblia nos dice varias veces que Daniel era muy amado por aquellos que viven en el cielo. La Biblia menciona a varias personas que eran amadas por Dios, pero Daniel era amado por los que viven en el cielo; esos ángeles justos que son ministros de Dios enviados para ministrar a los que son herederos de la salvación.

¿Por qué son los habitantes del cielo, de entre toda la gente, los que aman a Daniel? Yo creo que se debe a que Daniel oraba y hacía muchas peticiones, las cuales hacían posible que estos ángeles salieran a combatir y a someter a las fuerzas de las tinieblas; algo que les placía hacer en el nombre de Dios. Al leer el libro de Daniel notarás que de entre todos los hombres de la Biblia, es Daniel quien oró y buscó a Dios con más fidelidad con respecto a todo asunto.

Seres Invisibles

Cuando oramos pidiendo sabiduría sobre algún asunto, la mayoría de nosotros pensamos que Dios de alguna manera susurrará dentro de nuestros cerebros de chícharo, y súbitamente conoceremos la verdad. No es así de sencillo. Hay todo un mundo a nuestro alrededor de seres invisibles moldeando nuestras vidas; ocurren muchas cosas extrañas y maravillosas en los cielos inmediatos que nosotros no vemos ni conocemos. Sin embargo, son más reales que nosotros mismos.

Dios no actúa de manera impositiva sobre nosotros ni nos obliga a recibir sus bendiciones. Él confía en que veremos la necesidad y haremos una petición. En otras palabras, dirigimos los asuntos por medio de nuestras oraciones. Dios puede querer ayudar, pero no lo hace sino hasta que se lo pedimos. "No tenéis, porque no pedís."

Así como el comandante en el campo de batalla tiene que anticiparse a lo que va a necesitar y pedir el armamento o tropas de refuerzo, de igual manera Dios ha establecido una cadena de mando que nos deja encargados de la batalla. Él dice: OBSERVEN, OREN, PIDAN... y les será dado. Los ángeles esperan órdenes. Dios espera que nosotros pidamos. Nada más piensa en las veces que el cielo estuvo esperando que pidieras y nunca lo hiciste. Los ángeles quedaron desilusionados y frustrados. Detestan vernos derrotados cuando están tan dispuestos a ayudarnos.

Daniel oró y siguió orando hasta que llegó la respuesta. ¿Qué hubiera sucedido si hubiera dejado de orar después de una semana? **"Pedid, y se os dará; buscad, y hallaréis; llamad, y se os abrirá"** (Mateo 7:7).

La Oración de la Ayuda Idónea

¿Recuerdas mi historia de amor? Yo creo que en algún momento de su juventud Michael le pidió a Dios alguien que orara fielmente por él. Su oración puso a un grupo de ángeles a trabajar. Es posible que los ángeles hayan ido con varias jóvenes para provocarlas a orar. Tal vez las otras oraron mal, no oraron por el guerrero sino para que ellas pudieran conseguirán un magnífico esposo. Un ángel pensó que si conseguía a una chica lo suficientemente joven, ésta no se distraería pensando siempre en el matrimonio. Él peleó una batalla celestial para conseguir mi atención para que orara. Hace cuarenta y seis años Satanás envió una tormenta muy fuerte, pero las fuerzas de Dios convencieron a los líderes de la iglesia que no suspendieran la reunión. El joven varón de Dios se paró a hablar y un ángel se fijó en mí, una chiquilla de 13 años. El ángel consideró a mis padres que eran recién convertidos, quienes realmente creían en la oración. El ángel susurró a mi oído de recién convertida: "Él es." Antes de retirarme ese día, él se aseguró de que me llevara un volante que promovía el evento. Cuando llegué a la casa lo medio sacó de mi bolsa para que yo lo viera y me acordara de platicarle a mi mamá el acontecimiento tan extraño que había sucedido. Mi mamá seriamente pegó el papel en la pared. La oración del joven predicador sería respondida. Mi mamá iba a orar, yo iba a orar y así guerreros de Dios estarían peleando al lado de este joven y ocupado predicador durante los siguientes siete años y más allá. Miles y miles de hombres vendrían a conocer a Cristo a través del ministerio del joven predicador. La gente se iba a asombrar de que Dios hubiera levantado a un hombre tan talentoso y fiel. Dios podía haber levantado a miles de hombres como él si cada uno hubiera tenido a alguien orando fielmente por él.

Tu Cofre del Tesoro

Esta es la primera herramienta que debes incluir en tu cofre del tesoro. Es el principio del Hilo que tejerás en tu vida.

♥ Ora por tu futuro amado. Ora para que sea fuerte. Ora para que ande fielmente.

♥ Establece hábitos que duren para toda la vida: Cuando despiertes por la noche, ORA. Cuando mires al espejo haz una ORACIÓN silenciosa. Cuando te detengas en un semáforo acuérdate de ORAR.

♥ Haz una lista de personas por las que te comprometerás a orar.

Descubriendo
la Voluntad de Dios

Moraleja de la Historia: Dios con frecuencia nos guía por sus veredas a través del consejo de personas más sabias.

Una Advertencia: La obstinación puede arruinar tu vida. El tener ideales demasiado elevados puede hacer de ti una solterona.

¿Cómo sabré con quién quiere Dios que me case?

Esta es una de las preguntas más enunciadas de todos los tiempos. El encontrar y casarte con esa persona especial que Dios hizo para ti, es la decisión más importante de toda tu vida. Puesto que es tan fundamental al éxito del resto de nuestra vida, seguramente Dios debe tener alguna fórmula que debemos seguir, un plan, paso por paso, que no deje lugar al error.

No es así. (Lee los comentarios del hombre de la página 35).

Los caminos de Dios no son nuestros caminos. El camino del corazón— el camino del romance— es un camino de misterio y sorpresas, lleno de pasión y de atracción ilógica. La historia de amor de cada una es una jornada asombrosamente diferente... enseguida presento la historia de Lydia.

CAPÍTULO 2

¿ORTEJO CON quién?

Segunda Historia

MI NOMBRE ES LYDIA. PARA CUANDO cumplí los 23 años comencé a preguntarme si realmente algún día me casaría. Pero no soy del tipo que se queda sentada preocupándose. Ese verano me inscribí para ayudar en varios campamentos para jóvenes. Entre campamento y campamento regresaba a casa por unos días, sin nunca sospechar que mi vida estaba a punto de cambiar para siempre.

Esa primer noche, noté que Papá parecía estar queriendo mandar apresuradamente a mis hermanos menores a la cama, pero cuando se detuvo en mi cuarto a platicar comprendí que algo pasaba. Al sentarse a la orilla de la cama me dijo: "Lydia, un joven ha pedido permiso para cortejarte."

Mi primera reacción fue emotiva; luego corrió por mi cuerpo un sentimiento como si mi alma se fuera a separar de mi cuerpo. Estaba como entrando en una especie de shock severo. Quiero decir, había deseado y esperado este momento, que un tipo magnífico me amara y pidiera mi mano en matrimonio, pero ahora estaba ocurriendo y todo lo que podía experimentar era un extraño sentimiento de desconexión. Escuché la voz de mi papá como si estuviera muy lejos, preguntándome si tenía idea de quién podía ser. Traté de adivinar, y podía haber pasado toda la noche adivinando y nunca hubiera adivinado que era Billy Hills. Lo había tratado a ratos a través de los años en diferentes grupos, pero nunca había tenido una verdadera conversación con él. La última vez que lo había visto fue al inicio del verano y nunca me dirigió la palabra. Realmente, nunca hablaba con las chicas. Parecía distante y frío, y yo le tenía un poco de miedo. Además, yo siempre había pensado que por lo menos conocería al hombre con quien me casaría. Ahora mi mente con vacilación consideraba la posibilidad de que este extraño fuera mi marido; es decir MI marido. Se llevó una hora de amable persuasión por parte de mi padre para que yo finalmente aceptara darle una oportunidad, accediendo a por lo menos conocer al tipo… luego veríamos. No prometí nada.

Nos comunicamos por correo electrónico durante varios días. Principalmente él escribía contestando mis preguntas acerca de quién y cómo era él, y porqué se había fijado en mí y qué quería hacer con su vida (Lea "La Historia de Billy" más adelante en este capítulo).

¿Que si estaba nerviosa? Bromeas, yo era un enredo, un revoltijo. Digo, ¿puedes imaginar que te sucediera esto? ¿Que un completo extraño se quiera casar contigo? ¿Cómo te sentirías? ¡Exacto, así me sentía yo!

La paciencia es un acto de la voluntad, o por lo menos el actuar con paciencia lo es, de manera que me propuse no iniciar ningún tipo de contacto. Si me mandaba un correo electrónico, entonces yo le respondía. Tenía programado ir a otro campamento en unos días y por mi propia salud mental no quería dejar todo flotando en el aire. Realmente nada más quería encontrarme con Billy antes de irme, pero decidí que esperaría a que él mencionara que quería que nos viéramos; yo no iba a decir nada. Era realmente difícil escribir y estar especulando y haciéndome preguntas, pero había pasado 23 años practicando la paciencia para este momento en mi vida, y ahora no era tiempo de hacer tonterías. Sí le informé que regresaría al campamento en unos días. Afortunadamente él era decidido así que no tuve que esperar. Esa noche hizo arreglos para que nuestras familias pasaran el siguiente día juntos, que casualmente era el Día de la Independencia, el 4 de julio.

Mi papá fue completamente fantástico. Hizo todo lo que estaba a su alcance para eliminar la tensión en la reunión, pero yo seguía siendo una bola de nervios. De manera que ahí estábamos los aspirantes a esposo y a esposa, por fin tratándonos frente a frente. Parecíamos dos estatuas de madera torpemente saludándonos de mano. Luché infructuosamente por superar mi súbita timidez. Luego Billy pidió ver el establo. Ese para mí era territorio familiar, así que comencé a relajarme mientras le mostraba mis animales y le contaba de los buenos ratos que había tenido criándolos. Intercambiamos historias que nos mantenían entretenidos y distraídos, pero realmente ambos queríamos llegar a temas más pertinentes. Finalmente, no pude esperar más y sin más rodeos le pregunté qué pensaba que significaba cortejar. Y lo dijo tan claramente como la luz del día: "Quiero llegar a conocerte con la intención de casarnos."

El día terminó y para entonces sabía que por lo menos lo podía soportar.

Eso era progreso.

Mamá y Papá me aseguraron que no me tenía que apresurar, pero al mismo tiempo entendía que no podía quedarme sentada con los brazos cruzados y agonizar para siempre. Tenía que saber. ¿Cómo puede saber una chica si se va a enamorar y estar feliz y maravillosamente casada con un perfecto desconocido? Llamé a Billy y le dije que iba a pasar el día siguiente en ayuno y oración, y le pedí que no me llamara ni me mandara correos para no distraerme.

Oré y hablé con mi papá; luego fui a visitar a una mujer cristiana de mayor edad que en muchas ocasiones anteriores me había aconsejado sabiamente. Después de hablar y orar con ella, regresé a casa y hablé con mi mamá. Medité en cada uno de los consejos que había recibido. Sabía que me amaban entrañablemente y deseaban mi felicidad. Sus consejos fueron dados con cautela dejando lugar para que tomara mi propia decisión. **"Donde no hay dirección sabia, caerá el pueblo; mas en la multitud de consejeros hay seguridad** (Proverbios 11:14). **"Los pensamientos son frustrados donde no hay consejo; mas en la multitud de consejeros se afirman"** (Proverbios 15:22). Para el final del día tenía paz. Me senté y escribí mi respuesta la cual fue pensada cuidadosamente. Llamé a Billy por teléfono y le leí mi respuesta. Le dije: "No te amo, apenas te conozco, pero siento que Dios está en esto; estoy dispuesta a aprender cómo amarte, si tú me enseñas."

La mañana siguiente al día en que acepté ser cortejada salí a trotar. Mientras corría, lloraba y le pedía a Dios que por favor me permitiera enamorarme de ese hombre antes de que nos casáramos.

Un mes después estábamos comprometidos. Sé que parece muy pronto, pero tenía la plena confianza y certidumbre de Dios de que ésta era su voluntad para mí.

Encontré seguridad y reposo en que mis padres lo apreciaban y admiraban. Yo pude honrarlo inmediatamente porque sabía que él andaba de manera honrada y recta delante de Dios. Era profundamente conmovedor ver en los ojos de un buen hombre una intensa gratitud, gozo y amor por mí. Me sentía preciada para él, porque me había escogido por sobre todas las demás. Fue fácil abrir mi corazón a Billy. Y, sí, Dios respondió a mi oración. Me enamoré total y completamente de este hombre maravilloso. Tres meses después nos casamos.

Las recompensas de confiar en Dios han sido mayores a lo que podíamos haber imaginado. Me emociona la oportunidad de contar nuestra historia de amor. Espero que también suceda en tu vida.

La Historia de Billy

P. ¿Qué fue lo que te atrajo a Lydia?

R. Cuando conocí por primera vez a Lydia no fui, como se dice, verdaderamente atraído, ni estaba listo para casarme. Tanto Lydia como yo nos encontrábamos trabajando en un centro para familias. Nuestro primer encuentro fue muy relajado. Ella conocía a mi hermano así que se detuvo a platicar con él acerca de ministrar a los jóvenes. <u>Ella mostraba entusiasmo e interés por lo que hacía. Yo compartía su interés en servir al Señor. Noté que tenía entusiasmo por la vida. Su rostro continuamente reflejaba gozo y un interés activo en la vida y en servir al Señor. Esto es muy atractivo en una mujer.</u>

Estoy de acuerdo con esto. Los muchachos buscan chicas de aspecto alegre, entusiastas y que disfrutan internamente lo que están haciendo o diciendo.

Inconscientemente almacené esa información para un tiempo futuro. <u>Posteriormente tomé nota de que tenía un gran aprecio y admiración por su papá.</u>

Por lo que he observado, esta cualidad existe en la mayoría de las chicas cristianas. Es una cualidad atractiva. Si tienen un buen papá lo deben de apreciar.

Eso me gustó. <u>También me enteré que era feliz viviendo en su casa; sin embargo, estaba muy activa sirviendo en muchos ministerios e invertía su tiempo en actividades productivas.</u>

Sí, es bueno que una mujer joven y soltera que ya terminó la escuela, esté involucrada en actividades sirviendo al Señor. Debe estar invirtiendo su tiempo en actividades loables (recompensas a largo plazo) y no simplemente en pasar el rato con sus amistades (recompensas de corto plazo).

Esto era importante para mí porque sabía que quería una esposa que se sintiera feliz quedándose en casa para atender el hogar, y sin embargo, también quería una mujer con bastante entusiasmo como para lograr que las cosas se lleven a cabo. Aunque todavía no pensaba en ella como futura esposa, este conocimiento fue lo que con el tiempo despertó mi interés.

También me di cuenta que no era una coqueta. <u>Siempre hice caso omiso de las chicas que veía coqueteando o colgándose del brazo de algún muchacho.</u> (**Agarradoras… ¡están advertidas!**)

Estoy de acuerdo. El coquetear abarata a la joven.

P. ¿Cómo llegaste a creer que Lydia era la voluntad de Dios para ti?

R. Había llegado al punto en mi vida en que estaba listo para casarme. Había pasado el año haciendo estudios adicionales y obteniendo certificaciones y <u>sabía que estaba listo para asumir la responsabilidad de una esposa</u>. Mis antenas estaban

Es importante que un hombre sepa cuando está listo para asumir esta responsabilidad.

buscando. A través de los años había sido atraído a distintas jóvenes, pero por una u otra razón salían de mi radar.

Lydia y yo estábamos trabajando en el campamento ese año. La observé, me percaté de su sonrisa a flor de piel. De cierta manera me recordaba a mi mamá. Inesperadamente, me di cuenta que cada vez que oía su nombre anunciado por el altavoz se me "paraban" las orejas. Decidí que antes de que empezara a sentirme muy atraído debía examinar a fondo mis sentimientos. ¿Acaso era Dios quien me dirigía en esa dirección? Realmente apenas conocía a esa muchacha; ¿podía ser esto real?

Una tarde se me pidió que condujera uno de los tres autobuses para el ministerio de las niñas. Era un tiempo perfecto para <u>poner un vellón delante de Dios</u> de manera que pudiera tener alguna evidencia física de que Dios estaba dirigiendo mi camino hacía Lydia. Le pedí a Dios que confirmara su dirección poniendo a Lydia en mi autobús. Pronto comenzó a subir una hilera de niñas hasta

Como un estudio entretenido e iluminador, lee la historia de Gedeón y los vellones (Jueces 6) para comprender el concepto bíblico del término. Puede sorprenderte saber que "poner un vellón" delante de Dios no es algo bueno, sino que es una evidente manifestación de duda. Sencillamente cuenta la cantidad de veces que Gedeón contradice y duda los mensajes que se le dan.

llenar el autobús y luego subió su líder. Hasta exhalé un suspiro de alivio cuando vi que Lydia no estaba en el grupo. Momentos después subió la jefa de las líderes y ordenó que todas se bajaran del autobús. Ahora mi autobús estaba vacío. Me quedé sentado boquiabierto mirando a la puerta, esperando. La puerta se abrió y ahí estaba el rostro sonriente de Lydia, quien dirigió a sus niñas para que se subieran al autobús.

P. **¿En algún momento estuviste aprensivo ante este proceso de cortejar a alguien a quien apenas conocías?**

R. Sí, cuando Lydia subió al autobús sentí pánico total. Era una respuesta positiva tan directa a la prueba del vellón. Ahora tenía que tomar acción en una situación que parecía tan vaga e irreal. Buscar esposa era una vereda por la que yo no había caminado. Era intimidante.

P. **¿Y cómo fue que procediste?**

R. Busqué en el Internet cualquier cosa que ella hubiera escrito a alguien. Encontré su blog y leí todo lo que había publicado ahí. Si hubiera leído <u>disparates y coqueteos, o notado algo que indicara falta de castidad o decencia en su manera de hacer las cosas o si hubiera visto fotos que me alertaran de algo fuera de tono, la hubiera descartado.</u>

Le mandé un correo electrónico a mi hermana, quien era amiga de Lydia, y le hice unas preguntas: ¿Es Lydia trabajadora? ¿Tiene una cabeza sensata sobre sus hombros? ¿Es flexible? También, quería asegurarme que no era legalista. Pregunté acerca de lo que pensaba respecto a la música, su forma de vestir y las películas, pues estas son cosas que afectarían a mis futuros hijos.

Pasé algo de tiempo pensando en todo lo que había leído de lo que ella había escrito y en todo lo que me platicó mi hermana acerca de ella. Todo era bueno. Ella era el tipo de mujer que siempre había querido. Además me sentía fuerte-

La manera en que una persona se expresa nos dice mucho acerca de ella y hacia dónde va con su vida. Hay diferencias notorias entre la persona que dirige su vida (proactiva/sabia) y la que deja que la vida lo dirija a él (reactivo/necio). La persona reactiva habla de deseos y sueños mientras que la persona proactiva habla de planes con una acción definida. La persona reactiva habla de personas, cosas, chismes y noticias sensacionalistas, mientras que la persona proactiva habla de conceptos, oportunidades y de eventos actuales significativos. La conversación del necio consiste en vanas palabrerías, lisonjas y calumnias, mientras que el justo habla sabiduría, justicia y lo que es digno de alabanza. Santiago compara la lengua con el timón de los buques y el freno de los caballos. Según la lengua dirige, el resto del cuerpo sigue (Santiago 3:1-12). No puedes dirigir tu vida con palabras necias, críticas y murmuraciones y luego esperar una vida de bendiciones y significado. ¿Cuáles son los temas de tus conversaciones?

mente atraído hacia ella. Regresé a casa ese fin de semana y hablé con mi papá. Mi papá se ofreció para llamar a su papá y así continuó.

"Hijo mío, [e Hija mía] no te olvides de mi ley, y tu corazón guarde de mis mandamientos; porque largura de días y años de vida y paz te aumentarán. Nunca se aparten de ti la misericordia y la verdad; átalas a tu cuello, escríbelas en la tabla de tu corazón; y hallarás gracia y buena opinión ante los ojos de Dios y de los hombres. Fíate de Jehová de todo tu corazón, y no te apoyes en tu propia prudencia. Reconócelo en todos tus caminos, y él enderezará tus veredas"

(Proverbios 3:1-6).

Dios realmente me bendijo con una joya.

Veamos cómo enfocó Lydia su búsqueda de la voluntad de Dios

- 💜 Durante toda su juventud se mantuvo ocupada caminando con Dios y orando por sabiduría.
- 💜 No anduvo persiguiendo a Billy para atraparlo.
- 💜 No respondió de manera negativa cuando su papá la sorprendió con el ofrecimiento de alguien a quien apenas conocía.
- 💜 Buscó el consejo y apoyo en oración de sus padres y de otra hermana mayor, sabia.
- 💜 Oró y ayunó, pidiéndole dirección y sabiduría al Señor.
- 💜 Estaba abierta para considerar a Billy porque él había demostrado ser un hombre recto y piadoso.

¿Qué fue lo que hizo Billy que le ayudó a entender cómo Dios lo dirigía a una compañera?

- 💜 Pasó su juventud reflexionando en lo que quería en una mujer.
- 💜 Se esperó hasta que llegó a un punto en su vida en que consideró que ya estaba listo para mantener y cuidar de una esposa antes de comenzar a buscar seriamente.

♥ Mantuvo los ojos abiertos, tomando nota de las jóvenes castas que podían ser una posibilidad algún día, descartando a aquellas que demostraban no ser el tipo de mujer que quería como madre de sus hijos.

♥ Siguió sus emociones e intereses naturales para considerar a Lydia.

♥ Buscó a Dios para que le diera una respuesta clara.

♥ Una vez que tuvo lo que consideraba era una respuesta afirmativa de parte de Dios, Billy todavía utilizó la mente que Dios le dio para buscar información que indicara qué tan idónea era Lydia para ser su esposa y la madre de sus hijos.

♥ Cuando obtuvo toda la información necesaria de cómo era Lydia, Billy procuró el consejo de su padre.

♥ Cuando todo estaba en su lugar, persiguió y buscó con diligencia a la mujer que había escogido hasta ganarse su amor.

 No todas las historias son como ésta. Es grandioso que estén felizmente casados, pero no toda relación tiene que avanzar así de rápido.

Dios obra a través del hombre y de la mujer, aunque el hombre es quien tiene la última palabra.

Recordarás que en la "Historia de Amor de una Chiquilla," varias jóvenes se acercaron con Michael para decirle que pensaban que Dios les había dicho que él sería su esposo. Él no se impresionó, ni se emocionó, ni tampoco tomó alguna acción. Michael sabía que Dios tendría que hablar con él primero y antes que nada, respecto a esta importante decisión. Él comenzaría su matrimonio siendo el líder espiritual como era la intención de Dios que el hombre fuera. Aunque sentí que Dios me había hablado, nunca dije nada. Pero estuve disponible para trabajar, servir y ministrar. ¡No obstante por siete años él ni cuenta se dio!

¿Cómo obtiene dirección una chica para saber con quién quiere Dios que se case?

♥ Honra a Dios en su juventud.

♥ Está abierta a recibir consejo. Procura obtener conocimiento y sabiduría de otros. Sabe que la obstinación es insensatez.

♥ Manifiesta ser una mujer trabajadora y dispuesta a ser una buena esposa.

♥ Ora por aquellos que están en autoridad sobre ella para que estén vigilando y buscando a un joven que pueda ser una buena pareja para ella.

♥ Espera con paciencia y gozo.

♥ Busca oportunidades para servir.

♥ Cuando un hombre de honor la desea conocer mejor con fines matrimoniales, y aquellos que han estado en autoridad sobre ella consideran que es un buen hombre, entonces ella genuinamente busca la dirección del Señor.

Valor y Lealtad

Dos libros de la Biblia llevan el nombre de la mujer cuya historia relatan, Ester y Rut. Ambas tuvieron matrimonios que fueron arreglados o planeados por otros.

Ester era una joven huérfana judía que vivía con su tío y tenía la mala fortuna de ser extremadamente hermosa. Un día unos oficiales del gobierno llegaron por ella a su casa y se la llevaron al palacio. Ahí se le dijo que estaba siendo considerada, junto con muchísimas otras jóvenes, como posible esposa del rey pagano. Él había descartado a su primera esposa porque no lo había obedecido. Después de pasar una noche con el rey, éste la eligió para que fuera su reina. ¿Pueden imaginar lo traumático que debió haber sido esta experiencia para la joven virgen?

Pero su tribulación apenas comenzaba. Por medio de intrigas políticas las leyes fueron cambiadas y las vidas de los judíos amenazadas. Nadie sabía que Ester era judía. Ella podía haber permanecido callada y a salvo, pero Ester sabía que Dios la había puesto en ese lugar y en esa posición por alguna razón. Ella tenía que encontrar la manera de vencer a un líder político malvado. Requirió de valor, sabiduría y una

Escudriña las Escrituras y descubrirás que en ningún lugar dice que Dios te dirá con quién te debes de casar ni que Él confirmará tu decisión. Dios nos da un bosquejo de las cualidades de carácter del hombre piadoso y promete dar sabiduría a los que se la pidan, pero es tu vida y tu decisión. Sí, muchas veces Dios obró y dirigió muy específicamente las vidas de hombres, inclusive en este asunto del matrimonio, pero debemos reconocer que lo hizo para promover sus propios planes y voluntad, no por razón de los individuos. Él orquestó varios matrimonios en el Antiguo Testamento porque necesitaba de un linaje específico desde la nación de Israel hasta Jesús y no por razón de las personas involucradas.

Si deseas saber cuál es la "voluntad de Dios," lee la Biblia, porque la Biblia es el registro escrito de la voluntad de Dios para el hombre. Por tanto, si la persona en la que estás interesada llena las cualidades de Dios para un hombre piadoso, entonces la decisión es conforme a la voluntad de Dios (salvo que existieran cuestiones intangibles).

Dios aprecia al hombre prudente que mira hacia el futuro y planea con anticipación. Lee Santiago 4: 13-15 y nota que no es malo tener planes; lo malo es tenerlos y no dejar lugar a la intervención de Dios. Él tiene sus propios planes específicos y a veces se cruzan en nuestro camino, y cuando esto sucede, debes estar preparada para ceder los tuyos.

gran cantidad de astucia. Al final se ganó el favor del rey y salvó al pueblo de Israel. **Porque una joven fue sabia y sensata, y porque estuvo dispuesta a entregar su vida, una nación entera fue salvada.**

Reflexiona en cómo fue su vida. Su matrimonio fue arreglado. No pudo escoger. Su esposo era un pagano divorciado. Sin embargo, nunca despertó en la noche y pensó para sí misma: "Dios, ¿por qué me has puesto aquí?" Su historia es una de valor.

El otro libro trata de una mujer llamada Rut. Era una viuda joven que cuidaba de su suegra. A Rut se le había dado la oportunidad de dejar a la anciana, pero había escogido qued arse y ayudarla. Esto había limitado grandemente sus oportunidades de volverse a casar y de tener hijos. Cada día Rut trabajaba en los campos de los parientes de Noemí para conseguir alimento para ambas. Un hombre rico llamado Booz se fijó en esa joven tan trabajadora que laboraba en sus campos, recogiendo el grano que quedaba después de que habían pasado recolectando los segadores. Booz quedó impresionado por su arduo trabajo y por su lealtad a su suegra, sin embargo nunca la consideró para esposa. Fue la anciana Noemí la que tomó el asunto en sus manos, obligando a Booz a fijarse en la joven Rut. Cuando leemos la historia nos damos cuenta que Rut confiaba y obedecía a Noemí en lo referente a Booz. El primogénito de esta pareja está en la línea directa de descendencia de Jesús. Rut es una historia de lealtad y fidelidad. La fidelidad es altamente valorada en la Biblia.

A mí me parece interesante que de todas las mujeres que han vivido, Ruth y Ester tienen libros que llevan su nombre y relatan sus historias de valor y lealtad. Piensa en esto: valor y lealtad. Nueve veces en la Escritura aparece la frase: ***"Sed fuertes y valientes."***

Lee las historias de estas dos mujeres jóvenes, Rut y Ester. Estas historias fueron escritas para ti. Llega a conocer a estas jóvenes. Piensa en sus apuros y dificultades, en sus dolores, temores, preocupaciones y victorias. Ponte en sus zapatos y pregúntate cómo hubieras respondido tú a las situaciones que ellas enfrentaron.

Tu Cofre del Tesoro

Nuestras nociones románticas con frecuencia toman precedencia sobre la voluntad de Dios.

♥ ¿Estás dispuesta a buscar consejo sabio?

_____

_____

_____

_____

_____

♥ ¿Estarás abierta para recibirlo cuando te sea dado?

_____

_____

_____

_____

_____

♥ Haz un compromiso por escrito ahora.

_____

_____

_____

_____

_____

_____

_____

_____

El Hombre con Temperamento de Profeta

MORALEJA DE LA HISTORIA: Sé flexible por tu hombre.

UNA ADVERTENCIA: Tu trabajo más importante como esposa de un Profeta es mantener una actitud y conversación casta y con sentido común (no hablando mal de las personas). Sin esto tu matrimonio será miserable.

¿Qué tipo de hombre te atrae? ¿Enérgico, gentil, artístico considerado, atlético, inteligente?

¿Sabías que Dios creó a los hombres para que expresaran diferentes aspectos de Su imagen?

¿Cuál de estas expresiones es la que mejor se adapta a tu manera de ser?

CAPÍTULO 3

el ROFETA

DIOS NOS DICE EN EL mero principio de la Biblia que creó al hombre a su imagen. **"Entonces dijo Dios: Hagamos al hombre a nuestra imagen, conforme a nuestra y semejanza"** (Génesis 1:26). ¿Qué es la imagen de Dios? ¿Cuál es su semejanza? La palabra NUESTRA es plural. ¿Por qué se refiere Dios a sí mismo como más de uno?

Aunque te parezca extraño, las respuestas a estas preguntas te ayudarán a comprender a los hombres; y lo que es más importante, al adquirir conocimiento en esta área estarás mejor preparada para ser una buena esposa. Comencemos con una pregunta sencilla:

¿Qué significa la palabra *semejanza*?

Cuando te ves en el espejo lo que te está viendo a ti es tu semejanza. Es asombroso pensar que Dios creó al hombre a su semejanza.

¿Y qué comunica la palabra *imagen*?

Cuando la Biblia utiliza la palabra imagen, generalmente se refiere a los ídolos que las personas utilizaban en sus cultos. Imagen se refiere a la forma de algo. Dios hizo al hombre a su imagen… en su semejanza, como ÉL.

¿Por qué se refiere Dios a sí mismo como NUESTRA?

Dios es Tres Personas

¿Cuándo piensas en Dios piensas en Dios el Padre? ¿O viene Cristo a tu mente, o tal vez el Espíritu Santo? La Biblia declara que el Dios único se manifiesta en tres personas. Es imposible que lo podamos entender cabalmente, pero Dios se ha presentado a sí mismo como Padre, Hijo y Espíritu Santo.

Ahora regresando a la imagen de Dios.

Dios creó al hombre a su misma imagen. ¿Cuál imagen? Pues, todas las tres personas, por supuesto. La relación de Dios para con nosotros y su ministerio para con nosotros es diferente con cada persona de la deidad.

Tu futuro esposo encajará en una de las siguientes tres categorías. Él será como Dios el Padre, un Rey, o lo que yo llamo un Hombre Dominante, que comanda. Él podrá ser un hombre sanador y amable como Jesús, o lo que he llamado un Hombre Estable. O podrá ser en la imagen del Espíritu Santo, un hombre tipo Profeta o un hombre con ideas. Yo llamo a este tipo de hombre un Visionario.

Cuando seas capaz de identificar cuál de estos tres rasgos manifiesta un hombre (tu papá o tus hermanos), esto te ayudará a comprender a los hombres en general. Nunca he conocido a un hombre que sea el equilibrio de los tres tipos. A veces un hombre es mayormente uno de los tipos con un poco de otro, pero nunca equilibrado. Lo que estoy diciendo es que no es realista esperar que todos los hombres estén perfectamente equilibrados. Necesitamos apreciarlos como son.

¿Y qué de nosotras las mujeres? ¿También venimos en tres expresiones diversas de la imagen de Dios? Ah… este es un tema totalmente diferente que comentaré más adelante en el libro… y quedarás sorprendida. Por ahora, estamos discutiendo al varón. Las siguientes maravillosas historias de amor que estás por leer, te ayudarán a entender a los hombres.

No tiene caso volver a inventar la rueda, de manera que las siguientes páginas serán una versión modificada de la información que se encuentra en mi libro anterior, *Creada Para Ser Su Ayuda Idónea*.

¿Quién será tu Hombre?

Profeta

DIOS ES UN PROFETA COMO LO MANIFIESTA EN SU PERSONA EL ESPÍRITU SANTO. Él hizo a algunos hombres en la imagen de esa parte de su naturaleza. Conforme el hombre avanza en edad, desde el final de sus años veintes hasta el principio de los treintas, su imagen se verá más marcada. Algunas de ustedes se casarán con hombres que serán movedores, cambiadores y soñadores. Una palabra que los describe es: Visionarios. Ellos ven lo que puede ser o cómo debe ser, y buscan cambiar las cosas.

El Profeta o Visionario es la "voz que clama en el desierto," esforzándose por cambiar la manera en que se hacen las cosas, o la manera en que se comporta o piensa la humanidad. Los hombres tipo Profeta son los predicadores al aire libre y por las calles, los activistas políticos, son los organizadores o instigadores de cualquier asunto social de primera línea. Disfrutan la confrontación y detestan el estatus quo. "¿Por qué dejar las cosas como están cuando pueden cambiarse?" Son los hombres que impiden que el resto del mundo se estanque y se aburra. Son consumidos por la necesidad de expresarse en palabras, música, escritos, arte o acciones. El Profeta siempre tiene una "causa."

Los Profetas con buen corazón pueden ser muy divertidos. Nunca son el Sr. Aburrido. Pueden amar con pasión y ser agresivamente leales a sus amigos y familia. Pueden tomar el liderazgo en llamar al mundo al arrepentimiento y en mostrarles el camino de la justicia.

Sin embargo, si no están equilibrados, este tipo de Profetas / Visionarios pueden enfocarse fanáticamente en uno o dos asuntos medio raros, y en el proceso alterar o causar malestar a toda la familia. Se les puede oír hablar y hablar sobre temas tales como si debemos o no celebrar la Navidad; si las iglesias deben o no registrarse con el gobierno; si el creyente debe o no ser miembro de un sindicato. ¿Para qué ir al médico? ¡Nada de control de la natalidad! Pueden tomar posiciones extremas en su separación del "mundo." Los asuntos en los que se ocupan pueden ser serios, y tal vez valga la pena comprometernos en ello, pero en diferentes grados estos hombres pueden ser cerrados de mente, enfocándose tenazmente en un solo tema. Pueden volver locas a algunas mujeres.

El tipo Profeta puede ser un excelente novio porque se dedicará completamente a su "amorcito." Será muy romántico; te obsequiará flores y regalos. Si atrapas el corazón de un Profeta, serás la pasión que lo consuma, su mayor desafío, su sueño hecho realidad. Pero pocas semanas después de la boda su atención y enfoque se encaminará a otros desafíos. Como su esposa reciente sentirás abandono. Es importante para todas las jóvenes, entender la siguiente gran verdad independientemente de con qué tipo de hombre te cases: <u>Necesitas tener una vida, una vida vibrante antes de que tu hombre entre en escena. Una esposa pegajosa e inútil a la que le falta motivación, metas, ambiciones o sueños es nada más eso...una inútil.</u> Ahora mismo, ¿tienes una vida con propósito? Si es así, entonces cuando tu nuevo esposo Profeta / Visionario súbitamente comience a interesarse y a enfocarse en algún nuevo y extraño proyecto que lo atrae y motiva, tu vida podrá continuar tranquila y felizmente. No te sientas ofendida cuando su enfoque e interés esté en otra cosa y no en ti. Así es su naturaleza. No puede portarse de otra manera. Por supuesto, como esposa necesitarás estar lista con tus "aah y ooh" cuando regrese a compartir contigo su nueva visión. Cuando vuelva a poner su atención en ti todas las demás mujeres estarán celosas, pues tendrás al hombre más romántico de alrededor.

Si te casas con uno de estos tipos medio locos, prepárate para ser rica o pobre, es poco probable que seas clase media. Puede ser que invierta todo lo que tiene en alguna visión y lo pierda todo o haga una fortuna. No será el tipo que trabaja en el mismo lugar de 8:00 a. m. a 5:00 p. m. durante treinta años para luego retirarse y vivir la buena vida. Si trabaja en un trabajo regular, puede ser que no se presente la mitad del tiempo o que trabaje 80 horas a la semana y disfrute cada minuto. Puede comprar una granja de cocodrilos en Florida o un centro para esquiar en Colorado o puede comprar una casa remolque vieja por $150 dólares con la esperanza de repararla y venderla en $10,000 dólares, sólo para enterarse que está tan deteriorada que no se

Una joven que vive una vida estática porque está esperando casarse, no es atractiva. Piensa en lo que eso comunica: "Me sentaré aquí ociosamente mientras espero que alguien venga y me dé propósito, una casa, dinero, comida, me haga feliz y me ame." Está muy necesitada. Un hombre busca una compañera; no hacer una obra de beneficencia.

puede mover del lugar en el que está. Entonces hará que su esposa y los muchachos le ayuden a arrancar la lámina del trailer para venderla y guardará los ejes en la cochera, que ya se encuentra totalmente llena, con la idea de construir un remolque para usar en la granja. Luego, cuando ya tenga el remolque para la granja, como no tiene animales, comprará dos o tres vacas enfermas para tener qué transportar en el remolque. Nunca será rico en dinero pero será rico en experiencias.

Él fácilmente puede juntar sus cosas y cambiarse de ciudad sin siquiera tener idea de qué es lo que va a hacer para ganarse la vida en la nueva localidad. En su celo por la verdad puede terminar dividiendo a la iglesia. Puede ser un fanático en su demanda de pureza doctrinal, de vestimenta modesta y de conducta apropiada. Como Profeta, le llamará la atención a las personas por sus inconsistencias.

Estoy segura que fueron hombres de este calibre los que conquistaron el viejo oeste. Así debían haber sido los exploradores, que escalaban la siguiente montaña buscando nuevos conocimientos y aventuras. No eran los granjeros que se establecían en un lugar.

El lado positivo del Profeta / Visionario es su creatividad y su tenacidad ante la adversidad.

El inconveniente del tipo Profeta es que si no es sabio, pueden ser un verdadero necio que fuerza o impone su agenda, obligando a otros a seguir el camino que él fija.

Las buenas intenciones no siempre evitan que los Profetas causen mucho daño. Si no son sabios pueden comenzar a preparar una limonada y terminar preparando un brebaje tóxico. Frecuentemente la diferencia entre un Profeta productivo y un Profeta destructivo es una buena mujer estable que lo apoye. Una mujer insensata con palabras negativas puede convertir a un Profeta en un anticristo y a un inventor en un destructor. Todo, pero todo Profeta, necesita de una buena esposa, prudente, sabia, estable y que tenga una perspectiva positiva de la vida.

Ahora que lo pienso mi esposo tiene algo de Profeta. Recuerdo en más de una ocasión haber ido a demoler el viejo granero de alguien con el propósito de traernos toda esa chatarra a nuestra casa para llenar nuestro granero. Esta es una nueva idea que debes tener en mente. La mayoría de los hombres son una mezcla de los tres tipos pero uno es el que predomina.

Si eres lo suficientemente afortunada de capturar la atención de un chico Profeta / Visionario, nunca estarás aburrida. De hecho, para disfrutar la jornada vas a tener que ser un poco temeraria y hasta estar medio ciega de un ojo. Si terminas casándote con uno de estos chicos, necesitarás aprender dos lecciones importantes: aprende a ser flexible y aprende a ser siempre leal a tu hombre. Te va a sorprender cuánto más feliz puedes ser y cuan divertida puede ser la vida, si tan sólo aprendes a irte con la corriente—su corriente. La vida se convertirá en una aventura. Y una vez que te metas en la cabeza, que tu esposo no tiene que estar "en lo correcto" para que lo sigas, entonces FINALMENTE podrás decir adiós a las preocupaciones y temores de tus papás, aun cuando a gritos te digan.ture. que te casaste con un loco. Las personas que los observen se maravillarán de cómo puedes amar y apreciar a tu marido, pero tú tendrás mejor entendimiento porque verás su grandeza.

La grandeza es un estado del alma, no una lista de logros. Tomás Edison fue grandioso después de su fracaso número 999 al hacer una bombilla eléctrica, aunque en ese tiempo la gente no lo reconocía como tal. Los hermanos Wright fueron grandiosos cuando descuidaron su lucrativo negocio de reparación de bicicletas y "perdieron el tiempo" tratando de hacer que una de ellas volara. Si la bombilla eléctrica nunca hubiera funcionado y el avión nunca hubiera volado, y nadie se acordara de sus nombres hoy en día, ellos hubieran seguido siendo los mismos hombres, sus vidas hubieran sido igual de plenas y sus días igual de demandantes. ¿Acaso la esposa de Edison lo consideró un gran hombre cuando utilizó su último centavo en otra idea que fracasó? Si no lo hizo, imagínate de todo lo que ella se perdió.

El hombre Profeta necesita del apoyo de su mujer, y lo apreciará cuando lo reciba de ella libremente. Sin ella, se siente solo. Al principio va a ser difícil vivir con él. Pleitos grandes y salvajes serán el principio común, si una buena muchacha se casa con uno de estos "tipos raros."

Ese Chico Loco

El contar con la bendición y dirección de los padres es invaluable por muchas razones. Estás emprendiendo una nueva vida… comiénzala bien. Una vez casados, la Escritura dice, *"Por tanto, dejará el hombre a su padre y a su madre, y se unirá a su mujer, y serán una sola carne"* (Génesis 2:24). Cuando te cases, tu padre *te dará* en matrimonio. Pertenecerás a otro hombre. Si te casas con un hombre del tipo Profeta, este versículo de la Escritura tomará un significado mucho mayor. Por esta razón, si tu madre tiene un espíritu amable y compasivo, tendrá muchas dificultades para comprender al "loco" de tu marido. Su corazón amable ha procurado "nunca ofender a nadie" a pesar del error que haya cometido la persona, pero si tu esposo tiene corazón de Profeta él sostendrá la verdad sin importarle "quién se ofende."

Pobre de tu amable mamá… le llevará algo de tiempo (tal vez para después del tercer hijo) llegar a apreciar a ese HOMBRE que reina como líder tuyo y de tu hogar.

Dios, en su gran sabiduría, sabía lo desalentada que estaría la mamá con corazón amable, de Emanera que dio instrucciones a Adán y a Eva y, por extensión, a todas las parejas que seguirían, como lo vemos repetido en los libros de Mateo, Marcos y Efesios. La necesidad de observar este precepto es revelada en Marcos 10:4-8, donde dice: **"Ellos dijeron: Moisés permitió dar carta de divorcio, y repudiarla. Y respondiendo Jesús, les dijo: Por la dureza de vuestro corazón os escribió este mandamiento; pero al principio de la creación, varón y hembra los hizo Dios. Por esto dejará el hombre a su padre y a su madre, y se unirá a su mujer, y los dos serán una sola carne; así que no son ya más dos, sino uno."**

En nuestro ministerio recibimos miles de cartas pidiendo ayuda para matrimonios que están sufriendo. Muchas cuestiones se podrían resolver instantáneamente si tanto el hombre como su nueva esposa obedecieran esta sencilla regla de *dejar y unirse*. Hay buenas razones de por qué la palabra "suegra" tiene connotaciones negativas en las mentes de muchos. Una vez que te casas, tu honor y tu lealtad pertenecen a tu hombre. Ahora bien, es probable que olvides lo que está escrito aquí… así que tengo una idea para ayudarte a que tengas esta porción de información lista para el día por llegar.

El Pergamino

Toma una hoja de papel hermoso y anota el siguiente compromiso: "Yo, _____, me comprometo este día _____, a honrar, reverenciar y obedecer a mi esposo Profeta / Visionario por el hombre que es. Valoraré sus sueños; no escucharé a la persona que hable mal de él, y recordaré que yo soy su ayuda idónea para estar a su lado en todo lo que quiera alcanzar," etc.

Enrolla el documento y átalo con un listón, y luego guárdalo en tu baúl especial. Si llegas a casarte con uno de estos briboncillos tipo Profeta… el compromiso contenido en este rollo podrá evitarle bastantes irritaciones a tu esposo. De tiempo en tiempo, cuando revises las cosas en tu baúl, verás el rollo y permanecerá fresco en tu mente.

Dios necesita que estos Profetas puedan funcionar teniendo sus mentes despejadas y disponibles. Si permaneces a su lado confiando en que él es el hombre que se supone que es, le permitirás hacer precisamente eso.

En Resumen

Si te casas con un Hombre Visionario, aprende a disfrutar del viaje, porque si algún día fabrica una mejor bombilla, querrá que seas tú la que la encienda por primera vez en público. Será tu rostro en donde él va a mirar para ver lo maravilloso de la gran cosa que ha hecho. Tú eres su admirador más importante. Cuando sabes que tu hombre realmente te necesita, puedes ser feliz con casi cualquier cosa.

❤ El Hombre Profeta / Visionario no se fija en lo que come, así que no te ofendas si no expresa apreciación por lo que cocinas. Lo que sí aprecia es tu interés en su más reciente proyecto, no tu opinión, ni siquiera tus sugerencias, nada más la luz en tus ojos mientras lo escuchas explicar su más reciente y alocada idea.

❤ El Hombre Profeta / Visionario hablará y hablará y hablará a su amorcito, si ella aprueba lo que él es y hace. Él será subjetivo, pensará en sentimientos, estados de ánimo y sus percepciones espirituales. Una de sus más grandes necesidades será que su esposa piense objetivamente (en lo que es la verdad comprobada) y haga uso del sentido común, lo que evitará que sus pies se eleven demasiado del suelo firme. Él pasa su vida viendo a través de un telescopio o de un microscopio y se sorprende de que las personas no tomen nota ni les importe lo que él ve (o piensa que ve). Cualquier cuestión pequeña le puede ocupar todo su pensamiento, y necesitará que su esposa de manera casual hable de lo que es la situación general o completa y los posibles resultados finales en las relaciones, finanzas o salud si él continua enfocándose completamente en su interés actual. Su amada necesita permanecer en un estado mental positivo, y evitar saltar dentro del mundo ilusorio de su marido tratando de ser la porrista en asuntos que son un callejón sin salida. Déjalo que se consuma en cosas que no son sabias pero no le eches agua a su fuego. Déjalo encontrar su propio equilibrio dándose de topes con la cruda realidad.

❤ El Hombre Profeta / Visionario es un iniciador y un provocador. Es un hombre de punta, un pionero abridor de brechas, y una voz para lograr que se hagan las cosas. Él iniciará la fiesta y la mantendrá funcionando hasta que el Hombre Rey /Dominante llegue a tomar el liderazgo.

💜 El Hombre Profeta / Visionario tiene un enfoque tan intenso que algunas cuestiones pueden fácilmente salirse de su debida proporción. La esposa debe cuidarse de no hablar mal de las personas. Un comentario negativo de parte de ella puede resultar en el final de alguna relación que hayan tenido por años. Esto es cierto de todos los hombres, pero particularmente de los Profetas. Si practicas esto desde antes de casarte, evitarás ser un instrumento de Satanás para enviar dardos de fuego a tu marido.

💜 El Hombre Profeta / Visionario, con su perspectiva limitada y mente cerrada puede gastar dinero de manera insensata, dejando a su esposa sintiéndose insegura. Para continuar feliz al lado de un hombre así, debes recordar que tu tesoro no está en este mundo. Atesora a tu esposo y a tus hijos y no lamentes la pérdida de cosas materiales.

Comienza ahora a escudriñar tu corazón para descubrir qué te motiva a decir lo que dices de otras personas. ¿Cuál es tu intención al hablar? ¿Criticas a otros para verte bien y hacer pensar a los demás que solamente tú eres perfecta? Si mencionas a personas en tu plática y las haces ver un poco mal y te presentas como la "sufrida" o la "menospreciada," tu esposo pudiera pensar que esos amigos o la familia te están tratando injustamente y pudiera empezar a sospechar y a distanciarse de esas personas. Pudieras involuntariamente hacer a tu esposo incapaz de ser instruido. Si quieres que tu esposo crezca para ser un hombre de Dios confiado y sociable, entonces necesita tener una consciencia limpia respecto a sus amigos y la familia. Dios dice que la conversación de una mujer puede ganar a su esposo inconverso. De la misma manera, la conversación ociosa y negativa de una mujer puede incapacitar a un hombre fuerte y causar que se convierta en un hombre contencioso, enojón y divisorio.

"Asimismo vosotras, mujeres, estad sujetas a vuestros maridos; para que también los que no creen a la palabra, sean ganados sin palabra por la conducta de sus esposas, considerando vuestra conducta casta y respetuosa" (1 Pedro 3:1-2).

"Porque: El que quiere amar la vida y ver días buenos, refrene su lengua de mal, y sus labios no hablen engaño..." (1 Pedro 3:10).

♥ El Hombre Profeta y Visionario necesita a una mujer que no se da fácilmente por ofendida. Ella necesita ser fuerte. Él necesita que su dama sea llena de vida y de gozo. Su mujer tendrá que aprender a refrenar sus labios temblorosos, enderezar sus hombros y sonreír ampliamente.

♥ Los Hombres Profetas / Visionarios pueden llegar a ser líderes pero como son de mente más cerrada y de perspectivas más limitadas, su liderazgo tendrá un enfoque más reducido.

Tu Cofre del Tesoro

*"Con sabiduría se edificará la casa, y con prudencia se afirmará;
y con ciencia se llenarán las cámaras de todo bien preciado y agradable"*
(Proverbios 24:3-4).

♥ ¿Qué puedes hacer para prepararte para ser una buena esposa de un Profeta?

_____

_____

_____

_____

_____

_____

♥ ¿Comenzarás a orar hoy por este hombre medio loco y salvaje?

_____

_____

_____

_____

♥ Encuentra todas las oraciones que describen lo que necesitas llegar a ser, para ser una buena ayuda idónea para un Hombre Profeta.

_____

_____

_____

_____

_____

El Hombre con Temperamento de Sacerdote

MORALEJA DE LA HISTORIA: La esposa de un hombre tipo sacerdote necesita estar tan activa ayudando a otros como lo está su esposo. Esto honrará a su marido.

UNA ADVERTENCIA: El deseo del Sacerdote es complacer. Tu impaciencia o ingratitud pueden destruir su visión de servir a otros, así como destruir tu propia salud.

CAPÍTULO 4

el

SACERDOTE

LOS ESTUDIANTES DE LA BIBLIA RECONOCEN QUE EN LA DEIDAD, Jesucristo es el Sacerdote. Su ministerio en la tierra fue principalmente sacerdotal, y en un grado menor el de un profeta. Pero algún día regresará como profeta para juzgar y luego reinará en la tierra como rey, cumpliendo de esta manera los tres roles y manifestando la imagen completa de Dios. Todo hombre sobre la tierra manifiesta una de estas tres imágenes de manera predominante sobre las otras dos.

Puedes casarte con un hombre que tenga el temperamento de sacerdote. Él será el más estable y tranquilo de los tres tipos; no tenderá a ser extremista. La naturaleza estable del tipo Sacerdote se refleja en su tendencia a no tomar decisiones precipitadas, a no invertir hasta su último centavo en su nueva idea; y tampoco procura decirles a otras personas lo que deben hacer. Evita la controversia. No inventa la bombilla eléctrica como el Profeta, pero él será el que construya la fábrica y administre la línea de producción que produce la bombilla y el avión. Él nunca encabezaría una revolución contra el gobierno ni contra la iglesia. Calladamente ignorará la hipocresía en otros. Como regla general, él será fiel hasta el día que se muera sobre la misma cama en la que durmió por los últimos 40 ó 50 años. <u>Este hombre está contento y se regocija con la mujer de su juventud.</u>

Hace poco supe de una señorita muy intrépida y con gran gusto por las aventuras que se comprometió para casarse con un tipo Sacerdote. Unos pocos años antes nadie hubiera imaginado que pudieran ser pareja. Pero conociendo el carácter fiel de él, no es de sorprender que ella haya sentido mucha seguridad en eso.

Gozo y Tribulaciones

Si te casas con uno de esto hombres estables con temperamento de Sacerdote, tu nuevo esposo nunca te presionará de manera inapropiada para que hagas milagros. No esperará que seas su sirviente como es el caso con el tipo Rey. No tendrás que pasar el día apagando fuegos emocionales como sería el caso si te hubieras casado con uno tipo Profeta. Rara vez te sentirás apresurada, empujada, presionada o forzada. Las mujeres casadas con Profetas te ven y se maravillan de que tu esposo sea tan estable y equilibrado. La esposa de un Hombre Rey se maravilla del tiempo libre que tendrás. Si sucede que tu papá es un Hombre Sacerdote / Estable, entonces es probable que aprecies el estilo de vida práctico, sensato y realista de tu esposo y lo valores como un tesoro.

El inconveniente de un hombre con temperamento de Sacerdote es la irritación que su misma estabilidad produce en una mujer romántica e impaciente que necesita de algo intrépido, de algo aventurado y emocionante para darle sabor a su vida.

Este tipo de hombre es estable y precavido, y a una jovencita mimada y consentida le es difícil apreciar sus cualidades y batalla para honrarlo sin vacilar. Casi parece viejo cuando todavía es joven. Parece que simplemente permite que las personas lo usen. Su fuerza está en ser una persona social. A todos les cae bien, disfrutan su manera sencilla de ser, y se sienten a gusto a su alrededor; no se sienten juzgados ni ignorados por él. A él le gustará ayudar a otros y tener su hogar abierto para reuniones informales y recibir visitas. Una buena esposa aprenderá a conformarse a los dones de su marido.

El Hombre Sacerdote / Estable no es una persona que procure ejercer poder e influencia. Aunque no esté contento con el estado de las cosas, él será el último en decir algo. Su temperamento equilibrado le evita tener manifestaciones emocionales, dramáticas y aparatosas, como las que se pudieran ver en el caso del Profeta. La falta de fervor en su expresión religiosa puede hacer que la esposa piense que no es espiritual. Las esposas están cegadas por la norma de la iglesia del "hombre espiritual" y comienzan a criticar a sus nuevos esposos.

El hombre con temperamento de Sacerdote / Estable está completamente contento con tomarse todo el tiempo que necesite para tomar una decisión importante. Tiende a ser más precavido que sel tipo Profeta. **Una joven esposa impaciente con frecuencia encuentra difícil tener que esperar calladamente hasta que él se decida.** En su malestar, externa críticas que desgarran su confianza y provocan que sea todavía más precavido y evasivo. Él solamente quiere tranquilidad, que se le deje en paz para hacer su rutina diaria y disfrutar de la compañía de personas que no están todas alteradas, apasionadas y criticando.

¿Estás tratando de controlar?

¿Qué puedes hacer ahora para cambiar tu actitud para que no seas culpable de intentar renovar o remodelar lo que Dios diseñó?

Conoce a tu Hombre

Jovencita, esperas ser el don de Dios para un joven varón, pero necesitas saber que vienes desensamblada, y él también. Tú no vas a llevar al matrimonio todas las habilidades necesarias para hacer que sea un cuento de hadas hecho realidad. Tienes que ser lo suficientemente humilde para doblarte y fusionarte en una nueva identidad. Cuando logres entender a los hombres como Dios los diseñó, dejarás de desperdiciar tu matrimonio tratando de cambiar a tu nuevo esposo en lo que tú crees que debe ser.

La clave es conocer a tu hombre. ¿En cuál imagen lo ha creado Dios? Tú como su ayuda idónea tendrás que aprender a conformarte a tu hombre. La palabra de Dios en Hebreos 13:8, dice: **"Jesucristo es el mismo ayer, y hoy, y por los siglos."**

De los tres tipos, el Sacerdote es quien más querrá complacer a su esposa. **"Como aguas profundas es el consejo en el corazón del hombre; mas el hombre [también una esposa] entendido lo alcanzará"** (Proverbios 20:5).

Ese es un muy buen punto acerca de los cuentos de hadas. Se fijan como los cuentos de hadas nunca son acerca del matrimonio; siempre son de cortejos románticos turbulentos. Se ocupan de unos pocos años y luego terminan con un "para siempre", que, en realidad, dura diez veces más que el cuento de hadas. Los cuentos de hadas hacen un pésimo trabajo de preparación en las jóvenes para un matrimonio que les ocupará la mayor parte de sus vidas.

Si consigues un hombre así, tendrás que aprender a estarte quieta y a escuchar. Procura siempre tener un espíritu apacible. Busca la palabra "pudor" en la Biblia, y aprende lo que significa. Este estudio te moldeará en lo que necesitas llegar a ser. Comienza ahora a orar por tu futuro esposo para que tenga sabiduría.

Esto va a sonar diferente, pero muchos de estos "buenos" hombres prefieren que sus esposas muestren algo de iniciativa. Un hombre Rey te dice qué hacer y cómo servirlo, y el Profeta quiere que hagas lo que él está haciendo. Pero si te casas con un Hombre Sacerdote, él querrá que camines a su lado pero que crezcas por derecho propio delante de Dios y de los hombres.

Estoy de acuerdo con esto. El peligro aquí es que la mujer pudiera intentar tomar el rol dominante y tratar de guiar, lo que no funciona.

A los hombres Sacerdotes les gusta que sus esposas se involucren en negocios. Él estará orgulloso de tus logros. Él querrá que utilices tus impulsos, destrezas y habilidades naturales. Tus logros serán un honor para él, pero si eres floja o perezosa, esto lo desanimará grandemente. Estudia lo que dice la palabra de Dios acerca de la ociosidad para que no seas víctima de la pereza.

A todos los hombres les molesta que sus esposas pierdan el tiempo o desperdicien el dinero. El comportamiento tonto y necio apesadumbra mucho al esposo, le roba su orgullo y placer en su nueva esposa. Un Hombre Sacerdote realmente valora a una mujer trabajadora e ingeniosa, quien muestra dignidad y honor. Es muy importante para el Hombre Sacerdote que su esposa sea autosuficiente en todas las tareas de la vida diaria. Si te casas con un Sacerdote serás alentada a utilizar tu propio genio creativo.

Los hombres pueden ser un poco raros en la cuestión del dinero. Para muchos hombres hay una relación directa entre su productividad y su auto-estima. El dinero, por su valor numérico, es una medida concreta de la productividad. Esta es la razón por la que cuando la esposa gasta a la ligera el dinero que él ganó con tanto trabajo le es difícil al marido. Se sentirá defraudado y denigrado porque tienes en tan poca estima el resultado de su esfuerzo y tiempo. Cuando compras algo, le muestra al hombre que tú equiparas ese artículo con esa cantidad de su vida (que es su tiempo) y él puede calcular mentalmente el número exacto de horas que tuvo que trabajar para que tú pudieras comprar ese artículo superfluo o innecesario.

Comienza hoy a aprender cómo <u>pagar cuentas, hacer citas y entretener invitados</u> con una competencia que traerá satisfacción a tu futuro esposo. Tus pasatiempos deben ser creativos y útiles, de manera que aprendas cosas que te van a ayudar a instruir a tus hijos. Si estás ocupada y haciendo cosas productivas ahora, así continuarás después de casada. Tus habilidades y tus logros serán el currículo de tu esposo. Cuando aquellos que están fuera se den cuenta de tu sabiduría y competencia, hará que tu esposo se vea bien. Al final del día, tu marido Sacerdote se deleitará al evaluar lo que ha logrado más lo que tú has logrado y se regocijará en el valor de tener una pareja digna en la gracia de la vida.

> Sí, muy útil.

♥ Tu Sacerdote / Estable no esperará que tú cocines, limpies y le sirvas, pero <u>pudiera ser que disfrute estar en la cocina cocinando juntamente contigo</u>. Si lo hace, y si tú eres una perfeccionista que se inconforma con su cooperación, entonces estarás robándole algo precioso a tu matrimonio. ¡Una buena cocinera puede contratarse! Él se casó contigo para que fueras su ayuda idónea.

> De acuerdo. Me gusta ayudar al lado de otras personas. Me gusta estar involucrado de alguna manera en el trabajo o en la preparación, para saber que estoy siendo productivo. Obtengo satisfacción en esto.

♥ Él estará en un estado de contemplación silenciosa gran parte del tiempo. Querrá compartir sus pensamientos y sentimientos más profundos contigo, así que permanece quieta hasta que él encuentre cómo hacerlo. Disfrutará de la compañía de otros y se sentirá a gusto platicando sobre lo que sea con cualquiera que llegue. De los tres tipos, él es el que más le simpatizará a la gente.

♥ Tu Sacerdote siempre estará muy solicitado. Todo el mundo lo necesita, para que les ayude a repara el auto, construir una casa, instalar su computadora, averiguar por qué no funciona el teléfono, para que los sane de cáncer… la lista continúa. Comenzarás a preguntarte si algún día lo tendrás solamente para ti. La respuesta es, No. Él pertenece a la gente. Cuando necesites tiempo especial con él, váyanse de vacaciones y dejen el teléfono celular en casa.

♥ Tu amable futuro esposo será maravilloso con aquellos que se duelen, están enfermos o se están muriendo. Le encanta consolar a las personas y parece saber lo que necesitan las personas cuando están muy afligidas. Su presencia tranquila y serena trae paz. <u>Con el Hombre Rey/Dominante esto no ocurre más que por un milagro.</u>

Creo que siento una envidia sana del Hombre Sacerdote. Pienso que vale la pena para una chica atrapar a casi cualquier hombre sacerdote.

💜 Este tipo de hombre no se enfoca en el panorama eterno, ni tampoco está viendo los detalles a través de un microscopio, pero sí considera ambas perspectivas como importantes. Su visión es como la de un hombre que ve la vida tal como es. Puede alzar sus ojos al cielo y saber que allá hay más de lo que puede ver, y reflexiona sobre eso, o puede fijar la vista en un estanque lodoso y reconocer que ahí debajo existe todo un mundo del que él sabe muy poco. En la mayor parte de la vida él es un puente entre los otros dos tipos de hombres. Es una expresión muy necesaria de la imagen de Dios.

💜 Un Hombre Sacerdote no desperdiciará el dinero ni tomará riesgos temerarios. Si te casas con este tipo de hombre, nunca te sentirás insegura. Aunque podrá ser un poco agarrado a la hora en que tú quieras gastar dinero.

Sabiduría Ante Todo

Como joven soltera te deberás estar preguntando, ¿cómo sé qué tipo de hombre será mi esposo y cómo le deberé responder? ¿Cómo saber si solamente soy una facilitadora— alguien que trata de ser de tanta ayuda que el resultado es que él permanece débil, y de esta manera evito que asuma su justa responsabilidad— o si lo estoy alentando hacia la grandeza?

"Sabiduría ante todo; adquiere sabiduría; y sobre todas tus posesiones adquiere inteligencia" (Proverbios 4:7). **Luego el Señor añade: "El principio de la sabiduría es el temor de Jehová; buen entendimiento tienen todos los que practican sus mandamientos; su loor permanece para siempre"** (Salmo 111:10).

Para ser una verdaderamente buena ayuda idónea se requiere, primeramente, un corazón para hacer la voluntad de Dios, y segundo, un entendimiento básico de los requerimientos de Dios como se revelan en su Palabra, y en tercer lugar, sabiduría. Sin sabiduría vacilarás en la confusión y la duda. Cuando tengas hijos te sentirás frustrada al no saber cómo responder ante situaciones difíciles. La sabiduría abre las puertas al descubrimiento; la sabiduría susurra paz, porque tu alma puede descansar cuando conoce la verdad.

La sabiduría será tu amiga cuando todo lo demás falle. **"Di a la sabiduría: Tú eres mi hermana, y llama a la inteligencia tu mejor amiga"** (Proverbios 7:4 LBLA).

Cualquiera puede tener sabiduría, pero pocos la alcanzan. Es un don prometido por Dios para todos los que la pidan. ¡Imagínate! En Santiago 1:5 Dios nos promete: *"Y si alguno de vosotros tiene falta de sabiduría, pídala a Dios, el cual da a todos abundantemente y sin reproche, y le será dada."*

Nada más el pedir sabiduría la pone a nuestro alcance. Ya hemos estudiado acerca de la oración. ¡Ahora ponla en práctica! Pide a Dios que te dé sabiduría, y espera que los ángeles de Dios pronto comiencen a llevártela. No te detengas ahí. Pídele a Dios que también le dé sabiduría a tu futuro esposo, y continúa orando esto cada día del resto de tu vida. Dios responde a las oraciones. Tiene bodegas llenas de sabiduría que no se ha usado y que nadie le ha pedido; qué desperdicio de los recursos celestiales invaluables.

"Porque mejor es la sabiduría que las piedras preciosas; y todo cuanto se puede desear, no es de compararse con ella" (Proverbios 8:11).

¡Este es un día para tomar el Hilo! Es el momento en tu vida en el cual puedes comenzar a edificar con el don divino de la sabiduría para que te ayude en tu propósito de algún día llegar a ser madre y esposa. **"Porque Jehová da la sabiduría, y de su boca viene el conocimiento y la inteligencia"** (Proverbios 2:6).

Tu Cofre del Tesoro

Si te casas con un Hombre Sacerdote / Estable tendrás que estar muy ocupada preparándote para ese nuevo lugar en su vida.

♥ ¿Cuáles son algunas de las cosas que tienes que estar estudiando?

_____

_____

_____

♥ Escribe en tu cuaderno una lista de cosas que te estás comprometiendo a aprender para llegar a ser una mejor ayuda idónea para un Sacerdote.

El Hombre con Temperamento de Rey

Moraleja de la Historia: La esposa de un Rey tiene que aprender a servirle con honor.

Una Advertencia: No te ofendas porque no te sirva ni ayude en las cosas mundanas de la vida.

Dios el Padre es dominante—soberano y tiene el mando. Él es el Rey de reyes. Él creó a unos pocos hombres que son como Él en este aspecto; son hombres tipo rey. En mi libro *Creada para ser su Ayuda Idónea* los llamé Hombres Dominantes, porque ese es su rasgo predominante. Aunque los hombres en general son dominantes comparados con las mujeres, el tipo Rey viene investido con una dosis mayor, ostensiblemente con una deficiencia en gentileza y paciencia. Frecuentemente son escogidos por otros hombres para ser comandantes en las fuerzas armadas, políticos, predicadores y directores de empresas.

CAPÍTULO 5

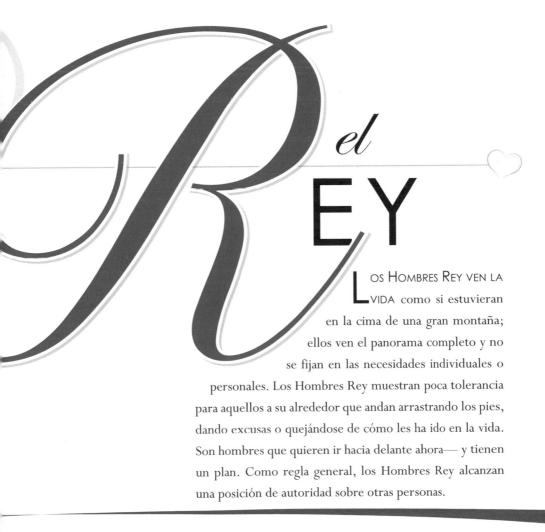

el REY

LOS HOMBRES REY VEN LA VIDA como si estuvieran en la cima de una gran montaña; ellos ven el panorama completo y no se fijan en las necesidades individuales o personales. Los Hombres Rey muestran poca tolerancia para aquellos a su alrededor que andan arrastrando los pies, dando excusas o quejándose de cómo les ha ido en la vida. Son hombres que quieren ir hacia delante ahora— y tienen un plan. Como regla general, los Hombres Rey alcanzan una posición de autoridad sobre otras personas.

Si llegas a casarte con un Rey, necesitarás estar preparada para honrarlo y reverenciarlo todos los días, si quieres que él sea un varón de Dios benévolo, honesto, fuerte y realizado. Todo rey quiere una reina. Él podrá realizar mejor su potencial de llegar a ser un líder efectivo si cuenta con la confianza y admiración de la reina que está a su lado.

En el capítulo que aparece más adelante en este libro, titulado "Pulgas", estudiarás la palabra reverenciar en detalle. Si llegas a casarte con un Hombre Rey, este estudio contribuirá para que tu matrimonio sea glorioso y no una continua angustia en el corazón. El ser reina viene con placeres y honores, pero también exigencias extremas. Es una vida de servicio, primero para tu rey y luego para aquellos que están bajo el cuidado de tu hombre.

Qué Esperar si te casas con un Rey

Estos tipos son conocidos por esperar que sus esposas los atiendan en toda manera posible. El Hombre Rey no quiere que su esposa se involucre en ningún proyecto que le vaya a estorbar o impedir servirle a él. Si eres bendecida ganándote el favor de un hombre fuerte, impositivo y mandón, entonces es muy importante que aprendas a servir con gozo.

Los Hombres Rey no cuentan sus cosas íntimas ni son tan vulnerables como otros hombres que comparten sus sentimientos personales con sus esposas. Parecen suficientes en sí mismos. Esto puede hacer que la mujer sensible se sienta dejada fuera. La mujer casada con un Hombre Rey se tiene que ganar su lugar en el corazón de él, demostrando que ella estará junto a su marido, de manera fiel, leal y obediente. Cuando se haya ganado su confianza, él la apreciará al extremo.

Un hombre con temperamento de Rey tiene la tendencia a rodearse de aquellos que le ayudarán a establecer su reino y desechará a todo aquel que se interponga en su camino. Si la esposa apoya a su Rey, él la honrará con gloria, pero si ella se convierte en su opositora, él continuará sin ella. Puede ser dejada sintiéndose terriblemente sola, pues el Hombre Rey podrá no detenerse para que ella llore sobre su hombro; él podrá seguir adelante dejándola para que llore sola.

Ella tiene que estar disponible cada minuto del día. Su hombre quiere saber dónde está, qué está haciendo y por qué lo está haciendo. La corrige sin pensar. Para bien o para mal, es su naturaleza controlar.

Si te casas con un Hombre Rey, llevarás un yugo más pesado que la mayoría de las mujeres, pero puede ser un yugo muy remunerador. Siempre sabrás exactamente qué es lo que se espera de ti. Para una mujer sabia esto puede traer un tranquilo sentido de seguridad y descanso.

El Hombre Rey siente que es su deber y responsabilidad liderar a la gente, y eso hace, ya sea que quieran que lo haga o no. Asombrosamente esto es lo que la gente quiere y así se siente más a gusto. Muy pocas personas tienen la suficiente confianza para lanzarse solos. El temor a ser culpado de los errores, cohíbe y detiene a muchos hombres. El Hombre Rey está dispuesto a correr el riesgo, y para este propósito creó Dios a estos hombres. Su camino no es fácil, pues Santiago dijo. *"Hermanos míos, no os hagáis maestros muchos de vosotros, sabiendo que recibiremos mayor condenación"* (Santiago 3:1). Si te casas con este tipo de hombre, él necesitará que estés a su lado apoyándolo. Crecerá mucho más rápido como hombre y como líder si marchan hacia adelante como pareja unidos en mente y corazón. Si oras por él, lo apoyas, alientas y actúas como su fiel mano derecha, tendrá más capacidad de servir a un gran número de personas, con humildad y sabiduría. TÚ podrás ser una bendición o una maldición a mucha gente, dependiendo de la manera en que te relacionas con tu Hombre Dominante.

Un buen Rey ve el panorama completo y se esfuerza por ayudar a la gran mayoría, aun si le cuesta la vida y la vida de aquellos a quienes ama. Si es un hombre honrado, sufrirá pérdida económica con tal de ayudar a liderar a aquellos que lo necesitan, pero al final de cuentas saldrá ganando. Si no es un hombre honrado, actuará de manera egoísta y utilizará los recursos de otros para su provecho personal. Una buena esposa puede hacer y hace la diferencia en cómo un líder puede liderar.

Un Rey quiere una Reina, y es la razón por la cual un hombre en autoridad quiere una esposa fiel que comparta su fama y gloria. Sin la admiración de una mujer, sus victorias enmudecen. Si una esposa aprende desde temprano a tomar el asiento trasero, y si no se da por ofendida por la agresividad obstinada de su marido, ella será la que se siente a su lado derecho y será adorada, porque este tipo de hombre adorará completamente a su mujer y la exaltará. Ella será la persona más cercana a él y en ocasiones su única confidente. Con el paso de los años, el Hombre Rey puede llegar a ser más condescendiente y amable. <u>Su esposa descubrirá puertas secretas hacia su corazón.</u>

Y no todos los Hombres Rey son faltos de gentileza. Yo he sido elogiado por ser amable, de manera que hay esperanza para nosotros los monarcas jóvenes.

Un Rey que se ha "echado a perder" tenderá a ser abusivo, egoísta, dominante y arrogante. Es importante recordar que la manera en que reacciona un Hombre Rey depende en gran parte de la reverencia (respeto) que le tenga su esposa. Cuando un Hombre Rey (creyente o inconverso) es tratado con honra y reverencia, una buena ayuda idónea descubrirá que su hombre le proveerá un magnifico apoyo y protección. En la mayoría de los matrimonios la lucha no es porque el hombre sea cruel o malvado, sino porque espera obediencia, honor, reverencia, y no la está recibiendo. Por tanto, reacciona mal.

♥ A los Reyes generalmente les gustan buenas comidas servidas a tiempo y de la manera apropiada. Si tú eres una muy buena cocinera, tus dones serán grandemente apreciados. Un Hombre Rey no es el tipo que se va a meter a ayudar en la cocina.

♥ A los Reyes les gusta hablar acerca de sus planes, ideas y proyectos en proceso. Serán muy objetivos, muy poco emocionales, y no disfrutarán de las pláticas triviales. Su visión es como la de un hombre que mira desde la cima de una montaña y se enfoca en su objetivo distante. La esposa del Rey necesita recordarle acerca de las necesidades de los individuos.

♥ Un Hombre Rey se sentirá muy incómodo y sin saber qué hacer cuando tenga que tratar con alguna persona enferma, desvalida o moribunda. Donde no hay esperanza no hay necesidad de un Rey. Si te casas con un Rey, no te sientas ofendida si rehúye estar con los enfermos o los débiles.

♥ Un líder por nacimiento es un hombre que puede, cuando sea necesario, adaptar principios o reglas a las circunstancias para el mayor bien del mayor número de personas.

♥ Un Hombre Rey no consulta con su esposa respecto a la manera en la que él gasta el dinero. Si su esposa "siente" que es su derecho ayudar a decidir cómo se va a gastar el dinero, se enfrascará en una guerra que nunca ganará. Aunque no forma parte del proceso de toma de decisiones, la esposa de un Rey se sentirá segura en la habilidad de su esposo para "cuidar de ella" por su imponente confianza.

Mamá Dice Que Él No Vale La Pena

Si tu padre es un hombre amable y gentil, y si tu mamá siempre ha sido… cómo diremos… un poquito dominante, entonces lo que estoy por enseñarte puede salvar tu futuro matrimonio. Cuando te cases o incluso cuando estés siendo cortejada, tu madre impositiva no comprenderá ni apreciará al Rey Dominante que te desposó. Ella podrá decir que le falta humildad, y que eso indica falta de espiritualidad. Si es obvio, y claramente aparente para todos los demás que sí ama y honra a Dios, entonces ella simplemente dirá que él es arrogante y egoísta. Como el tipo Rey que es, podrá ser un poco prepotente. Va con su manera de ser. Esperará que se le sirva, y dará por sentado que tú saltarás de gusto para hacer lo que pida. Es su naturaleza.

Si no eres sabia, te dejarás persuadir por el menosprecio de tu madre. ¡No permitas que eso suceda! Si eres sabia reconocerás que tu madre mide a todos los hombres con base en el temperamento de Sacerdote de tu padre. Para ella un buen hombre es gentil, amable y considerado. A través de los ojos de tu mamá solamente podrás ver el lado negativo del tipo que es tu esposo, y eso hará que tú también tomes una actitud crítica contra él. Sé paciente con ella. Ella está honrando a tu papá al medir a todos los hombres conforme él es, pero tu Hombre Rey andará por un camino distinto.

Ahora mismo, si tú sabes que tu callado y considerado papá es del tipo Sacerdote y que tu mamá siempre ha "mandado" en el hogar, entonces tendrás que hacer un documento semejante al que hiciste en el capítulo del hombre tipo Profeta. Este tendrá que ser más personal que el primero que escribiste relacionado con el Hombre Profeta porque va a ser leído por ti (que probablemente eres de un corazón apacible) y por tu convincente mamá.

Toma una hoja bonita de papel y escribe una carta para ti misma, para ser leída en algún tiempo futuro cuando te esté siendo difícil sujetarte a tu hombre dominante. Explícate a ti misma este problema potencial y cómo responderás si llega a ocurrir esta situación. Haz verdaderos compromisos. Fecha la carta. Luego enróllala como pergamino y átalo con un listón. Pon este documento en el baúl donde guardas esas cosas especiales que atesoras para cuando te cases. Algún día, antes de lo que piensas, estarás casada. Llegará el tiempo en que te sientas desanimada por causa de tu exigente esposo y comentarás algo negativo de él a tu mamá. Ella aprovechará la oportunidad para decirte lo que "ha llevado en su corazón." En ese momento te acordarás del documento enrollado. Irás por él, lo leerás, y cambiará la actitud de tu corazón. Y al mostrárselo a tu madre quedará la esperanza de que ella también cambie su actitud.

Estos documentos son aparte de los contenidos en el Cofre del Tesoro de este libro, pues son un testamento escrito para ti, para tu futuro matrimonio. Puede ser que se te olvide lo que escribas en las páginas de este libro, pero cuando preparas los documentos atados con el listón y los guardas en tu baúl especial, no te olvidarás fácilmente. El simple acto de prepararlos hará que su contenido quede escrito en las páginas de tu corazón.

Recuerda que tu mamá no es tu enemiga. Es una mamá. Ella es la que cuidó de ti cuando enfermabas; ella es la que seguía creyendo en ti cuando estabas desanimada. Ella es la que hubiera dado hasta su propia vida por ti si hubiera sido necesario, pero, porque es mamá, será la primera en decir algo cuando crea que sufres. Atesórala por la maravillosa amiga que es, pero recuerda, una vez casada tu lealtad cambia. Al mero principio de la Biblia, Dios nos dice: **"tu deseo será para tu marido, y él se enseñoreará de ti"** (Génesis 3:16). Algún día tú serás la mamá de una hija crecida, y en ese día comprenderás el instinto protector que tu madre tiene por ti. Hasta entonces, sé sabia, sé amorosa, sé paciente con tu madre, pero toma tu lugar al lado de tu hombre.

Este es otro momento para hilvanar el Hilo; sólo que en esta ocasión utilizamos el listón.

Tu Cofre del Tesoro

♥ Si te casas con un Rey tendrás que tener en mente que él no está tratando de enseñorearse sobre ti... solamente está hecho a la imagen de un líder supremo.

♥ Escribe tu compromiso con tu Rey.

_____

_____

_____

_____

_____

_____

_____

_____

_____

_____

_____

_____

_____

_____

_____

_____

_____

_____

_____

_____

_____

_____

Soñadoras, Siervas y Emprendedoras

MORALEJA DE LA HISTORIA: Aprende y vive bien.

UNA ADVERTENCIA: La obstinación cierra la puerta al entendimiento.

Dios tiene dos juegos de patrones para la raza humana: uno para el varón y otro para la mujer. El interior es tan diferente como lo es el exterior. Dios nos creó diferentes y espera que seamos diferentes en la manera en que funcionamos y nos relacionamos en la vida y en el matrimonio. Esto suena absurdamente obvio, pero las implicaciones prácticas son controversiales.

La GRAN pregunta: ¿Qué tipo de hombre es mejor para mí?

CAPÍTULO 6

TRES *tipos de* MUJERES

Cuando Dios vio lo solitario que estaba el pobre de Adán, dijo: "No es bueno que el hombre esté solo; le haré ayuda idónea para él." ¡Todas las mujeres están de acuerdo con Dios en que no es bueno que esos maravillosos hombres solteros casaderos estén solos! Algunos hombres son más lentos para darse cuenta de su necesidad de tener a su lado a una tierna dulzura que otros, pero la mayoría de los hombres finalmente llegan a un lugar en el que se sienten genuinamente solos y quieren una compañera.

Después de haber observado a todos los animales en parejas y de nombrarlos (por ejemplo: Sr. y Sra. Jirafa), Adán llegó a comprender la necesidad que sentía. Fue hasta entonces que Dios lo despertó con su nueva esposa. La Biblia registra cómo fue el encuentro de esa primera pareja. Fue una boda llevada a cabo en un jardín. **"Entonces Jehová Dios hizo caer sueño profundo sobre Adán, y mientras éste dormía, tomó una de sus costillas, y cerró la carne en su lugar. Y de la costilla que Jehová Dios tomó del hombre, hizo una mujer, y la trajo al hombre. Dijo entonces Adán: Esto es ahora hueso de mis huesos y carne de mi carne; ésta será llamada Varona, porque del varón fue tomada"** (Génesis 2:21-23).

De este pasaje vemos que la mujer fue hecha del cuerpo del hombre… a la imagen del hombre. La mujer refleja al hombre del cual fue formada. Ella fue hecha de él y para él. Eva (y por extensión, toda mujer) fue creada para satisfacer una necesidad en el hombre. Él necesitaba de un ayudante que pudiera satisfacer sus necesidades. De manera que una ayuda idónea, es decir, un ayudante adecuado fue provisto. Su cuerpo, alma, mente y emociones fueron creados para ser una bendición y ayuda a Adán.

La razón por la que una buena porción de tus pensamientos giran alrededor de ciertos jóvenes y de la esperanza de casarte, es porque fuiste ensamblada con la apremiante necesidad de ser esposa y madre. Es una necesidad dada por Dios que solamente un hombre puede satisfacer. No puedo pensar en ninguna otra cosa que pudiera preferir por encima de un hombre que verdaderamente me ame. Es lo máximo. Una persona encantadora es fácil de amar. Esa es nuestra meta. Dios quiere que llegues a ser una ayuda idónea encantadora. El ser una buena ayuda idónea requiere de esfuerzo… de mucho esfuerzo.

¿Pregunta?

Esto nos presenta otra pregunta: Bueno, si la mujer fue creada a la imagen del hombre, y los hombres vienen en tres tipos, ¿acaso las mujeres también vienen en diferentes tipos?

Bueno, de cierta manera. Puesto que somos mujeres, prefiero referirme a una versión más femenina del Profeta, Sacerdote y Rey. Voy a llamar a las chicas Soñadoras, Siervas y Emprendedoras. Para que todo esto quede claro aquí está una tabla:

Yo soy una Soñadora, semejante al tipo Profeta. Los tipos de personalidad en las mujeres no son tan predominantes como en los hombres. Recuerda, el hombre fue creado a la imagen de Dios y nosotras a la imagen del hombre, así que estamos más distantes del original, lo que, afortunadamente, modera y atenúa nuestros extremos. ¿Eres una Soñadora? ¿Te gusta crear, coser, pintar, diseñar o escribir? Las pequeñas de tres años de edad a las que les encanta vestirse de bailarinas o de princesas son Soñadoras. Si eres una Soñadora entonces necesitas mantener tu cabeza fuera de las nubes mientras bailas

Tipo Profeta	Tipo Sacerdote	Tipo Rey
Hombre Visionario	Hombre Estable	Hombre Dominante
Chica Soñadora	Chica Sierva	Chica Emprendedora

en la dirección de tu visión del futuro. No te involucres en proyectos que te alejan de tu responsabilidad de honrar a tu marido. Pasa tu juventud afilando tus dones, talentos y habilidades. Algún día, si honras a tu hombre, tus dones beneficiarán grandemente a tu matrimonio. Las chicas que son Soñadoras tienden a convertirse en jóvenes Inquietas e Impacientes cuando las cosas no parecen estar ocurriendo tan rápido como uno piensa que deben ocurrir.

Elías es el ejemplo de un Profeta en las Escrituras. ¿Lo recuerdas? Es el hombre que hizo descender fuego del cielo. La mayoría de los profetas del Antiguo Testamento, aunque no todos, son Profetas por temperamento. No es fácil identificar la versión femenina del Profeta/Visionario/Soñador, sin duda, en parte, porque hay muchas menos mujeres que figuran en la Biblia. Obviamente, hay varios ejemplos negativos de la mujer con temperamento de Profeta. La más destacada es Dalila. Su historia aparece en Jueces capítulo 16. Ella era el objeto de los sentimientos tiernos de Sansón, así como de su lujuria descontrolada. La historia de Dalila es la de una mujer malvada que trataba de descubrir el secreto de la fuerza de Sansón. Cuando él repetidamente rehusó revelar el secreto, ella utilizó todas sus artimañas y encanto. Lloró como si se le hubiera desgarrado el corazón, lo reprendió por no confiarle los secretos de su corazón y lo acusó de no amarla. Dio resultado. Fue engañado a revelar que el secreto consistía en un pacto que había hecho con Dios, y la señal de ese pacto era su cabello largo. A la primera oportunidad ella le cortó el cabello, dejándolo indefenso y sin poder. Él pagó con su vista y luego con su vida. Discúlpenme todas ustedes las Soñadoras por darles este mal ejemplo. Puedo pensar en varias mujeres increíbles que conozco que son Soñadoras, incluyéndome yo, por supuesto.

La Sierva

Mi hija, la que escribió la Guía para la Maestra de este libro, es una Sierva semejante al tipo Sacerdote. Desde que era pequeña, la hacía de "mamá" para su hermanita. Ella siempre disfrutó cuidar de los ancianos. Fue una joven e hija magnífica, ayudándome a hacer cualquier cosa necesaria en el hogar. Ella es una pacificadora, amable y considerada. Porque era bien conocido que era una maravillosa chica, tuvo 27 diferentes ofrecimientos de matrimonio. Mis otras hijas no tuvieron un registro así… ni siquiera se acercaron a la marca. Los hombres no se sienten intimidados por una mujer que tiene corazón amable de Sierva. Es tan femenina, muy diferente a los hombres. Este tipo definitivamente tiene sus ventajas.

Es importante que una Sierva no caiga en la trampa de sentir lástima por ella misma. Mantén tu individualidad y desarrolla tus dones. Siempre ten en mente que es bueno ser una Alentadora, pero no es bueno ser una Facilitadora. Una persona Alentadora ayuda a las personas a mejorarse a sí mismas, mientras que una Facilitadora hace cosas por otros que deberían estar haciendo ellos mismos, como sanar las heridas que ellos mismos se infligen, y simpatizando con sus vicios, al grado que se les facilita continuar con su comportamiento negativo sin enfrentar las consecuencias o asumir la responsabilidad de cambiar. Este concepto sencillo pudiera ser fundamental en tu vida.

Tipo Sierva/Flor Escondida

Las chicas que son del tipo Sierva, tienden a convertirse en Flores Escondidas (hermosas pero nadie las ve) si no se mantienen enfocadas en servir al mayor número. Sigue buscando una visión. Fíjate un propósito en la vida que sea mayor que tú, que educar en el hogar y que la familia. La oración será una parte importante de tu ministerio.

Un ejemplo de un hombre tipo Sacerdote / Siervo que vemos en la Escritura es, por supuesto, Jesús. El apóstol Juan también debe haber sido del tipo Sacerdote. Un ejemplo en mujer debe ser Rut quien fielmente sirvió a su suegra.

La Chica Emprendedora

La esposa de mi hijo, Zephyr, es una chica Emprendedora, similar al tipo Rey. Con esto no quiero decir que sea abiertamente mandona; ella sabe cuál es su lugar como esposa. Pero ella es fuerte, capaz y tiene el sentido de cuidar del mayor número de personas. Las chicas Emprendedoras rebosan confianza, tienen opiniones fuertes y son buenas para organizar a las demás personas. Este tipo con frecuencia tiene una presencia tipo Reina. Cuidado: las chicas que son así de dominantes, fácilmente se pueden convertir en Agarradoras.

Un ejemplo de un Hombre Rey en la Escritura es el rey Salomón. David fue de hecho rey pero en su temperamento manifiesta ser el tipo Sacerdote. Un ejemplo femenino del tipo chica Emprendedora es Débora. Su historia se encuentra en Jueces 4. Ella era juez en Israel y tenía una personalidad tan fuerte que los ejércitos no salían a la batalla a menos que ella fuera con ellos.

Ejemplos

Cuando pienso en una chica Reina / Emprendedora, vienen a mi mente dos mujeres. Una es la esposa de un pastor. Él actúa con realeza y ella también. Cuando entra en una habitación, echa un vistazo a los presentes con su cabeza erguida. La combinación Hombre Rey con Mujer Reina con frecuencia es mala, pero, porque ella se ha propuesto en su corazón servir y honrar a su esposo, su matrimonio es poderoso. Ella trae al matrimonio fuerza y honor. Su determinación le permite a él crecer como ministro sin tener que tomarse el tiempo de consentirla o mimarla como vaso más débil. Juntos hacen un buen trabajo de criar a una familia en medio de un ministerio desafiante. En la parte final del libro, su esposo contará una impresionante historia acerca de su esposa fuerte y capaz.

La segunda mujer Emprendedora que viene a mi mente es una muy querida amiga mía de mayor edad, quien está casada con un tipo Profeta. Ella le ha servido, le ha comprendido cuando todos los demás meneaban la cabeza en perplejidad, y le ha sido de ayuda en todo lo que él ha emprendido, sin importar qué tan "callejón sin salida" pareciera el proyecto. Conforme avanza en años sus rasgos de Profeta han ido perdiendo intensidad, pero su amor por ella brilla como un faro, para que todo el mundo lo vea.

Mis Dones

El hombre tiene la necesidad natural de proteger, defender y cuidar amorosamente, y por tanto se siente atraído hacia un vaso más frágil. La necesidad de la mujer de tener alguien que cuide de ella hace que se sienta atraída hacia el hombre que la hace sentir segura. Estas necesidades naturales nos ayudan a encontrar a nuestras parejas para la vida, que mejor se acomodan a nuestras habilidades e impulsos. Pero luchas por el poder todavía surgen, especialmente cuando la chica no ha sido instruida acerca de lo que Dios dice respecto a honrar a su marido.

Algunas de ustedes que tienen dones fuertes podrán preguntarse: "¿Y qué de los dones e impulsos que Dios me ha dado a mí? ¿Acaso se supone que las mujeres simplemente debemos hacer a un lado nuestras habilidades y dejar que el hombre haga lo suyo, aun cuando ella puede tener más habilidades y ser más capaz que él?" ¡Sí! Así es exactamente como debe de ser, y a la vez no, no en lo absoluto. La clave está en reconocer cuál es tu temperamento natural, no para que tomes el liderazgo, sino para que puedas comprender, cómo éste, puede debilitar o apoyar tu servicio a quien es tu comandante—tu esposo (Efesios 5: 22-24).

¿ Por Qué?

¿Por qué puso Dios al hombre como encargado? ¿Por qué no puede, la más fuerte de las dos personalidades ser el líder, o la más inteligente de las dos tomar las decisiones?

Dios sabía que nos habríamos de quejar, de manera que nos dio una respuesta cuidadosa y lógica. Ahora bien, ustedes jóvenes que viven gobernadas por sus sentimientos (como yo), sé que es doloroso, pero traten de pensar lógicamente por un momento. La respuesta se encuentra en la misma naturaleza del hombre y en la naturaleza de la mujer. El entender y apreciar estas realidades bíblicas es el fundamento de todo lo que constituye una ayuda idónea muy amada.

La Naturaleza Masculina: Dios no creó al hombre con conocimiento del bien y del mal. Fue creado para que desarrollara y alcanzara un plano más elevado en sabiduría y carácter. Dios sabía que este proceso de crecimiento sería desafiado por el diablo y por la tendencia innata del propio hombre de promoverse a sí mismo. Había peligro en crear al hombre con autonomía, como lo evidencian los perpetuos fracasos del género masculino. Pero Dios, en su sabiduría, creó al varón con una precaución innata y un escepticismo natural, enraizado en su lógica fría y respuestas desapasionadas. Ahora bien, admitimos que aquello que lo protege para no creer una mentira puede ser torcido para convertirse en la base para rechazar la verdad; como lo demuestra la historia. El diablo es el maestro del engaño. Es el padre de mentiras (Juan 8:44). Con argucias y artimañas gana adeptos. Nadie jamás seguiría las mentiras de Satanás a menos que fuera engañado a creer que eran la verdad. De manera que Dios creó al hombre con una resistencia, renuencia e intransigencia extremas y con una mente escéptica.

La Naturaleza Femenina: Dios creó a la mujer para que expresara en exceso una franja más estrecha de la imagen de Dios. Ella es el lado más suave, amable y creíble. Dios diseñó a la mujer para que fuera sensible y vulnerable, por razón de los pequeños a quienes tiene que nutrir y formar. El alma de una madre debe ser pronta para sentir, para dolerse, para amar, para tener compasión, para recibir al que se duele y para creer lo mejor. La vulnerabilidad es tanto su más grande cualidad natural como su más grande debilidad. Nuestra misma naturaleza nos hace susceptibles a ser engañadas. Fuimos creadas para ser protegidas por nuestros hombres, mientras cuidamos de la familia y mantenemos una conexión con el lado emocional de Dios.

El hombre y la mujer juntos completan la imagen de nuestro Creador, pero somos inmensamente diferentes. Cada uno tiene sus fortalezas y sus debilidades. Nuestros roles fueron diseñados alrededor de estas fuerzas y debilidades. Ninguno puede desempeñar bien el rol del otro.

El Ayudante

La palabra hebrea *Ayzer,* de donde obtenemos las palabras ayuda idónea, significa uno que ayuda. La mujer fue creada para ser una ayudante del hombre que estuviera equipada para satisfacer las necesidades del hombre, para hacer lo que no se expresa pero es obvio. La mujer es una imagen más suave, más distanciada del original. Yo soy sus curvas. Yo soy su dulzura, consideración, compasión, sensibilidad, etc. Fui creada para ayudarle a ser exitoso, para dar a luz a sus hijos y para entrenarlos de acuerdo con su voluntad. Dios no creó una ayuda idónea para la mujer, pues la responsabilidad no es de ella. El varón es quien es responsable y está en autoridad. Él necesita una ayuda idónea. 1 Corintios 11: 8-9 dice, **"Porque el varón no procede de la mujer, sino la mujer del varón, y tampoco el varón fue creado por causa de la mujer, sino la mujer por causa del varón."** Este pasaje debe modificar en algo nuestro concepto del matrimonio. Tal vez lo que nos debemos estar preguntando es "¿Acaso seré yo una buena ayudante para ese hombre? ¿Seré capaz de satisfacer todas sus necesidades, de llenar el vacío en su corazón y de servirle de una manera que lo ayude a ser exitoso en todo lo que intente hacer?" Y luego, también cambiaríamos la manera en que oramos: "Señor, ayúdame a aprender a ser la clase de mujer que un buen hombre va a necesitar para que le ayude en todas las cosas."

La Mujer Fue Engañada

Satanás podía haber tentado a ese hombre solitario en cualquier momento, pero el Engañador se esperó hasta la creación de ese vaso más débil y necesario. **"Porque Adán fue formado primero, después Eva; y Adán no fue engañado, sino que la mujer, siendo engañada, incurrió en transgresión"** (1 Timoteo 2:13-14). Satanás sabía que el hombre no podía ser engañado fácilmente, pero la mujer sí.

El primer mandamiento que Dios dio a una mujer fue: **"Tu deseo será para tu marido, y él se enseñoreará de ti"** (Génesis 3:16). Luego más adelante Dios nos dice, **"Pero quiero que sepáis que Cristo es la cabeza de todo varón, y el varón es la cabeza de la mujer, y Dios la cabeza de Cristo"** (1 Corintios 11:3).

"Porque el marido es cabeza de la mujer, así como Cristo es cabeza de la iglesia, la cual es su cuerpo, y él es su Salvador" (Efesios 5:23).

Dios le dio al hombre la clase de naturaleza que sería adecuada para mantener el cargo superior en la línea de mando. La posición de la esposa bajo su marido es donde

Dios la puso para su propia seguridad espiritual, emocional y física. Es la única posición en la que una esposa encontrará su verdadera realización como mujer.

Dios no está impresionado por nuestros dones, nuestros tipos de personalidad o nuestras fortalezas. Él está impresionado por nuestra disposición a valorar y sujetarnos a su programa, al conformarnos a las necesidades de nuestro hombre. Dios llama a las mujeres casadas, ayudas idóneas. Él NUNCA llamó a un hombre para que fuera la ayuda idónea de su mujer. Esta no es una calle de doble sentido. Dios nos manda a nosotras las esposas a sujetarnos, obedecer y reverenciar a nuestros maridos. También nos dice por qué nos ha asignado el rol de ayudante.

"Porque el varón no debe cubrirse la cabeza, pues él es imagen y gloria de Dios pero la mujer es gloria del varón. Porque el varón no procede de la mujer, sino la mujer del varón, y tampoco el varón fue creado por causa de la mujer, sino la mujer por causa del varón" (1 Corintios 11: 7-9).

"Pero quiero que sepáis que Cristo es la cabeza de todo varón, y el varón es la cabeza de la mujer, y Dios la cabeza de Cristo" (1 Corintios 11:3).

"Grande es este misterio; mas yo digo esto respecto de Cristo y de la iglesia… y la mujer respete a su marido" (Efesios 5:32-33).

Creada Para El Hombre

Ahora que sabemos lo que Dios dice, podemos ver con más claridad nuestro rol como ayudas idóneas. Todo regresa a una verdad importante. Fuimos creadas para nuestro hombre. Es nuestro trabajo encajar en su vida, siendo lo que sea que él necesite. Tenemos que pensar en cómo usar mejor nuestros dones, talentos y nuestro tipo, en este lugar honroso de segundo de abordo.

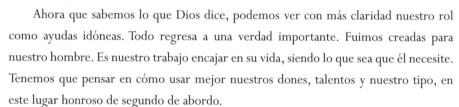

Piensa en esto: Yo estoy casada con un tipo Rey, y sin embargo estoy escribiendo este libro, lo que significa que estoy utilizando mis impulsos de Soñadora. Lo primero es servir a mi esposo, pero cuando el hombre sabe que su esposa lo está sirviendo primero y ante todo, los dones de ella se convierten entonces en una extensión de los dones de él. Yo complemento a mi esposo; no compito con él. La Escritura dice que llegamos a ser una sola carne; somos coherederas. Si buscamos a Dios al desempeñar nuestros roles y andamos juntos como uno, creamos una imagen completa de la persona que Dios quiere que seamos. Somos más fuertes, más astutos, más ingeniosos, más talentosos y más capaces de ayudar, si trabajamos como equipo. Amos 3:3 dice: **"¿Andarán dos juntos, si no estuvieren de acuerdo?"**

Creando el Equilibrio

Dios creó los géneros diferentes, para que juntos podamos traer equilibrio, como pareja, en las luchas de la vida. Conozco a un matrimonio formado por dos personalidades tipo Sacerdote. Dudo que alguna vez hayan tenido algún alboroto. Son las personas más amables que pudieras conocer, pero su hijo mayor es del tipo Rey, y es un verdadero tormento para sus hermanos, hermanas y la gente en general. Él necesita que por lo menos UNO de los padres sea dominante para que lo pueda mantener en su lugar. Me da lástima el muchacho, pues tendrá que crecer encontrando su propio camino como Rey. Es muy raro encontrar un matrimonio donde los dos sean tipos Sacerdote.

Como regla, los opuestos se atraen. Una persona encuentra interesante a otra del tipo opuesto debido al misterio, pues esa persona posee rasgos que la otra envidia y encuentra atractivos por la misma falta de ellos en su persona. Voltea a tu alrededor y notarás que los Hombres Sacerdotes se sienten atraídos por las mujeres Emprendedoras y las Soñadoras. Los Hombres Reyes generalmente se casan con mujeres Siervas. Los Profetas también generalmente se casan con chicas Siervas. Claro, que una influencia femenina positiva en la vida de un muchacho, puede cambiar su perspectiva de lo que valorará en una esposa. Lo mismo sucede con una influencia negativa. <u>Si la mamá de un muchacho es una Soñadora que ha permitido que sus emociones inestables gobiernen a la familia de una manera destructiva, él de manera inconsciente evitará a las chicas que tengan esos mismos impulsos.</u>

Esta es la razón por la que pienso que <u>el joven varón necesita ENCONTRAR a la mujer</u> que le atrae a él y no que sea inicialmente escogida por los padres o alguna otra persona en autoridad. El hombre sabe qué tipo de mujer es la que le llama la atención.

Es bueno que los opuestos se atraigan, porque cuando una pareja con diferentes tipos de personalidades trabajan juntos como uno, se acercarán más al equilibrio en

Yo me siento atraído principalmente a Soñadoras que muchos de mis amigos no consideran que sean bonitas. Las Emprendedoras parecen ser del tipo divas o celebridades que con frecuencia son físicamente bellas, lo que capta la atención de algunos de mis amigos. No tiene nada de malo la belleza externa, pero ese no es un rasgo que tenga suma importancia para mí. Si estoy emocionalmente atraído a una chica, me puede parecer la chica más bella del mundo, interna y externamente, aunque otros puedan pensar que su belleza física es promedio o inferior.

Sí. Sin embargo, pienso que en la mayoría de las culturas occidentales (o por lo menos en la cultura norteamericana) los padres no procederán con un "arreglo" si el hombre expresa una obvia aversión por la chica.

la imagen de Dios de lo que un hombre solo pudiera hacerlo. Por ejemplo, mi esposo es el tipo Rey. Yo soy una Soñadora, pero como su esposa, primero funjo como Sierva. Noten el triángulo de los tres tipos. Yo sé que como pareja nos hacen falta algunos de los atributos del Sacerdote, pero juntos nos acercamos más a tener un equilibrio de los tres tipos de lo que lo haría mi esposo si caminara solo. Como esposa puedo ayudar a traer el balance. Puedo terminar la ilustración, completar la imagen.

De manera que la pregunta no es: "¿Qué soy?" Una mejor pregunta que nos podemos hacer es: "¿Qué tipo de hombre es al que mejor puedo complementar con mis dones?" Este tema se ve más a fondo en la Guía para la Maestra en la parte final del libro. Shalom, mi hija la intermedia, comenta acerca de las diferentes combinaciones de parejas y las trampas y goces de cada una.

Ahora resumamos los tipos Profeta, Sacerdote y Rey para que sean fáciles de detectar.

Cómo Detectar a un Profeta

Es divertido observar a los hombres para tratar de adivinar si son Profetas, Sacerdotes o Reyes. Aquí está una sencilla guía: según los porcentajes hay muchos Sacerdotes, pocos Profetas y menos Reyes. La mayoría de los hombres son una mezcla de dos tipos, aunque uno típicamente predomina, lo que contribuye a traer un mejor balance a sus personalidades. Los Profetas tendrán un poco de Rey o Sacerdote para atenuarlos. Si son puramente Profetas / Visionarios serán fáciles de identificar.

La mayoría de los jóvenes varones han sido entrenados para conformarse a lo que sus padres consideran como aceptable, y muchos chicos Profetas / Visionarios han sido enseñados a controlar su tendencia a mirar en una sola dirección, a tener visión de túnel. Aun desde pequeño, los rasgos de Profeta serán obvios en el niño. Un niño Profeta se obsesionará con ideas, cosas mecánicas, o con situaciones problemáticas sociales o espirituales que él siente necesitan ser atendidas. Estos jóvenes generalmente tienen almas sensibles. El Profeta puede ser un perfeccionista, lo que significa que juzgará a otros y a sí mismo, a veces ásperamente. Él, en comparación con los otros tipos, será más propenso a la frustración y las depresiones. Este tipo de varón se enfocará en buscar la excelencia en áreas como la música, el arte o hasta en las ciencias computacionales, pero es más probable que se lance a realizar investigaciones en áreas poco conocidas y encuentre algo diferente de lo que es el status quo. Será propenso a hablar sobre algún tema con extrema profundidad, hasta que haya examinado detenidamente todas sus partes y descubierto algo que nadie más jamás había pensado.

El hombre que diseñó la portada del libro Creada Para Ser Su Ayuda Idónea es un Profeta. Lo puedo ver sonriendo mientras lee esto, y su respuesta es: "¿Ah, sí de verdad? Él es un artista. Su mirada puede trabarse en algo, o lo que es peor, en alguien, y se ve como si estuviera fuera de este mundo, y en cierto sentido lo está. Pero él necesita una ayuda idónea que sonría cuando percibe cómo su mirada se va perdiendo, porque ella sabe que detrás de esa mirada hay una obra de arte que está siendo construida o una idea en nacimiento. Él necesitará un alma alegre como esposa, una no dada a ofenderse ni que parlotee negativamente. Una mujer tipo Sierva dispuesta a servir y a disfrutar de sus talentos le agradaría grandemente. Sin embargo, si se casara con una mujer Emprendedora, y si ella realmente supiera que su lugar es servirle, ¡entonces lo pondría en el mapa! Su arte pudiera ser conocido en el mundo entero, debido a la firme tenacidad y habilidades de su esposa. No depende tanto del tipo de mujer, sino más bien depende de su corazón para servir a un hombre.

Una de mis hijas está casada con un Profeta total. Él tiene una visión de túnel que sólo puede ver en una dirección, de manera que cuando está trabajando en algún proyecto se olvida de comer y de dormir. Mi hija, su esposa, también es una Soñadora. Ellos son los dueños de y operan la tienda Bulk-HerbStore.com. Afortunadamente, ella ha sido enseñada a ser en primer lugar su esposa, y en segundo lugar a ser creativa. Juntos son un pararrayos de ideas. Si ella no siguiera el plan de Dios para la mujer, entonces ni su matrimonio ni su negocio podrían soportar tal ebullición de energía, a veces desarticulada. Puesto que ella sí lo sigue, son en verdad un dúo dinámico. 💜

Al final no depende tanto de cuál tipo eres, sino de si estás o no dispuesta a poner los talentos y ambiciones de él en primer lugar, y luego utilizar tus dones para apoyarlo. Aunque no lo creas, aunque este enfoque pueda parecer como que estás subyugando tu personalidad y enterrando tus talentos, al final, si logras establecer un matrimonio balanceado y hacer que tu hombre sea exitoso, habrás descubierto la más grandiosa y satisfactoria expresión de tus talentos.

Aunque se obtiene cierta percepción al entender los diferentes tipos de personas, al final la salvación y el carácter son las cualidades más importantes.

Cómo Detectar a un Sacerdote

El tipo Sacerdote / Estable es el buen chico tranquilo y despreocupado. Él no es acelerado, no es explosivo, no es temerario, y como regla le gusta tener un trabajo común y corriente. Los granjeros con frecuencia son del tipo Sacerdote. Él es el escogido por toda mamá como el esposo perfecto para su hija.

Lo divisarás porque le gusta hacer cosas para otros. Todo el mundo le llama cuando hay una necesidad, porque es agradable pasar tiempo con él.

Estoy de acuerdo. Estos comentarios me caen como anillo al dedo. También me gusta pensar que la gente me llama cuando hay una necesidad, porque puedo ayudarles a resolver esa necesidad y no porque sea "agradable pasar tiempo con él."

Generalmente, es un buen papá y proveedor. Cualquier chica que haya estado en alguna relación difícil pensará que este muchacho es enviado del cielo. Todas las divorciadas están buscando este tipo de hombre, porque están hartas de Profetas de mirada salvaje y Reyes Dominantes. El Sacerdote es la sal de la tierra. Estoy segura de que puedes pensar en varios hombres mayores que encajan en esta descripción, y te caen bien. Hay muchos tipos Sacerdotes porque… los necesitamos.

Generalmente, la chica que tiene bastante de Soñadora o de Emprendedora es la que se fija en el Hombre Sacerdote que está haciendo las cosas. El Sacerdote reacciona positivamente a su admiración. Es por esto que hombres tranquilos, amables y callados con frecuencia se ven atraídos a los tipos de mujeres más extrañas—dominantes, mandonas, obstinadas en sus opiniones y tal vez, hasta algo deslumbrantes. He conocido a hombres Sacerdotes muy complacientes, quienes están casados con las mujeres más resueltas y atrabancadas, sin embargo parece que los hombres realmente disfrutan de sus esposas. A veces he percibido un brillo tenue en los ojos del hombre cuando cruza una mirada con su esposa después de que ella dijo o hizo algo que se pasa de la raya. La única manera de describir ese brillo es que a él le pareció divertido.

Desafortunadamente, la mayoría de las jovencitas tienen estrellas en los ojos, tan románticas, que lo primero que hacen es desmayarse delante del tipo Rey, porque él es el que está parado al frente liderando. Luego su atención es desviada hacia los dos o tres Profetas que ahora están gritando y diciendo que todos tienen que dejar de perder el tiempo y que se debe continuar con el proyecto. El Sacerdote se da a notar cuando calladamente está haciendo algo… porque así es como él es. Si una joven es bendecida con

Da risa pero es cierto. El atrevimiento de algunas mujeres me divierte. Pero la impetuosidad de mal gusto es algo diferente; es muy poco atractiva.

la oportunidad de trabajar en el proyecto junto a un Sacerdote, llegará a apreciar que es un hombre bueno y estable. Él, es el hombre amable, al cual "hay que llegar a conocer" para que te puedas dar cuenta de que realmente es una persona fascinante.

Todos los hombres parecen florecer, después de que se casan (si sus esposas son de un espíritu con ellos), en una versión mejor y más fuerte de lo que eran cuando estaban solteros.

> Yo sé que eso me pasó a mí en grande. Pregunten a cualquiera que me conocía cuando era soltero.

Un Sacerdote puede tomar ciertas características del tipo Rey. Un Profeta puede actuar de manera más moderada y comportarse más como un Sacerdote. Un tipo Rey puede tomar unos pocos rasgos de Sacerdote. Es común oír que las jovencitas digan de algún recién casado: "Parece tan diferente ahora que está casado. Hay cosas en él que no había notado antes. Realmente es un hombre fuerte. Quizá está vistiendo de manera diferente."Yo simplemente sonrío. La ropa no cambia a un hombre, pero una buena mujer que sirve a su marido hará que salga el HOMBRE en él.

Las chicas no necesariamente son atraídas por lo bien parecido que sea el muchacho, mientras que la mayoría de los hombres ponen la belleza física como el requisito número uno para cualquier mujer que estén considerando.

Las mujeres son atraídas a diferentes tipos. De manera que cuando tus hermanas, tu mamá o tus amigas se queden boquiabiertas ante tu elección de un hombre, necesitas entender que no tiene nada que ver con tu hombre; tiene que ver con **su** tipo versus **tu** tipo.

Yo sé que la mayoría de ustedes se están preguntando qué tipo de hombre es mejor para el tipo de mujer que son. El problema de ser una jovencita y escoger el tipo de hombre con el que preferirías casarte es este: probablemente eres voluble y caprichosa, y no sabes qué es lo que mejor te queda. No estoy intentando ofenderte, es solamente una observación franca de cómo son las jovencitas. Pero puedes tener en mente que generalmente los opuestos se atraen.

> Esto es cierto, pero no subestimen una cosa: La vivacidad y el gozo harán cien veces más, para que una joven se vea atractiva de lo que puede hacer el mejor maquillaje y el mejor estilista que el dinero pueda comprar.

> Amén a eso hermano. Vean estos dos versículos, Proverbios 17:22 dice: **"El corazón alegre constituye buen remedio…"** y **"El corazón alegre hermosea el rostro…"** Proverbios 15:13. De manera que el rostro hermoseado es como un buen remedio (paráfrasis mía).

Cómo Detectar a un Rey

Tenemos un niño en la iglesia que es el tipo Rey. Es tan lindo. Desde que era pequeño ha conducido a sus hermanos y hermanas, incluyendo a una hermana mayor que él,
al frente y los ha dirigido cantando números especiales. Todos ellos lo ven con honor y
reverencia conforme dirige sus pasos. Él sonríe como si ellos fueran su orgullo y gozo.
Todos sus hermanos van a hacerlo mejor porque él está ahí apreciando el esfuerzo de su
equipo. Los tipos Reyes son con frecuencia los varones primogénitos o primeros nacidos.

Mi hijo mayor, aunque es el segundo nacido, es un Rey. Hasta camina como si fuera
dueño del mundo, con los hombros hacia atrás, y avanzando dando largas zancadas. Exuda liderazgo y mando.

Son fáciles de identificar aun en su juventud. Mira alrededor a los niños mayores en
tu iglesia. ¿Ves a algún Rey en proceso de formación? ¿No es cautivador ver su liderazgo
y confianza? A veces estos chicos tendrán serios conflictos con Papá y Mamá, porque
inconscientemente esperan que sus padres se inclinen ante su liderazgo. Si la mamá del
chico es una mujer de carácter fuerte, la puede acusar de rebeldía y falta de sumisión. Si
su papá es de carácter fuerte, puede haber una "batalla de toros." Los padres necesitan una
dosis adicional de gracia para criar a un Rey a través de sus años de adolescencia. Pero
bien vale la pena el esfuerzo.

Comienza a orar por los chicos tipo rey que conozcas, para que tengan la sabiduría
y amabilidad que van a necesitar para navegar a través de su juventud. También acuérdate
de orar por sus padres.

Los tipos Rey que son fuertes no son comunes. Parece como que sólo hay uno en
cada grupo. No todos los tipo Rey tiene don de enseñanza, de predicación o de dirigir a
una empresa, pero sí tienen una tendencia natural a liderar. Este tipo es continuamente
criticado, porque son los hombres que toman el mando. Santiago 3:1 dice: **"Hermanos
míos, no os hagáis maestros muchos de vosotros, sabiendo que recibiremos
mayor condenación."**

Los líderes son culpados si las cosas no resultan como se espera. Es la naturaleza
humana. La esposa del Rey debe entender esto. Ella debe más que entender; debe tener
la sabiduría para verlo, desechar el clamor de los demás, y al mismo tiempo recordar que
su hombre, como todos, tiene lugares suaves y tiernos en su corazón que necesitarán de
la mano gentil y sanadora de su esposa. Independientemente de su tipo, la esposa de un
Rey requerirá de mucha sabiduría.

Tu Cofre del Tesoro

♥ ¿Podrás servir a un Rey?

♥ Busca a Dios para que te dé esa sabiduría que necesitarás para ayudarle a ser todo lo que Dios quiere que él sea.

♥ Escribe los siguientes versículos en tu cuaderno y en las páginas de tu corazón:

"Asimismo vosotras, esposas, sujetaos a vuestros propios maridos; para que también los que no creen a la palabra, sean ganados sin palabra por la conducta de sus esposas, al observar ellos [el marido incrédulo] vuestra casta conducta que es en temor. Que vuestro adorno no sea exterior, con encrespamiento del cabello y atavío de oro, ni vestidos costosos; sino el del hombre interior, el del corazón, en incorruptible ornato de espíritu humilde y apacible, lo cual es de grande estima delante de Dios. Porque así también se ataviaban en el tiempo antiguo aquellas santas mujeres que esperaban en Dios, siendo sujetas a sus maridos; como Sara obedecía a Abraham, llamándole señor; de la cual vosotras sois hechas hijas, haciendo el bien, y no teniendo temor de ninguna amenaza" (1 Pedro 3:1-6 RVG).

♥ Explica lo que significa "sino el del hombre interior, el del corazón."

_____

_____

_____

_____

_____

_____

_____

_____

_____

_____

Aprende y Vive Bien

Moraleja de la Historia: El conocimiento puede salvar tu vida.

Una Advertencia: El hacer caso omiso y no querer aprender puede ser devastador.

La vida de casada no es puro romance y pasión; tal vez sólo el cinco por ciento de ella lo sea. El resto de tu tiempo está dedicado a la rutina de vivir. Ocurrirán pruebas y tribulaciones inesperadas que te tomarán a ti y a tu amado totalmente por sorpresa. Si tu familia, por no mencionar tu pasión, ha de sobrevivir a las tribulaciones, dependerá del conocimiento… del tuyo.

CAPÍTULO 7

CONOCIMIENTO

LA MAYORÍA DE LAS PERSONAS vive la totalidad de sus vidas detrás de puertas cerradas, hablando en términos figurados. Se asoman por la ventana y ven a otras parejas viviendo sus vidas con gran satisfacción; pero para ellos todo parece tan distante; tan difícil, tan inalcanzable.

Un hombre viene al matrimonio creyendo que su esposa será el cumplimiento de todos sus anhelos, de todos sus sueños, de todas sus expectativas. Después de tan sólo unas pocas semanas lamira a los ojos y solamente ve insatisfacción. La esposa culpa al marido de ser un perdedor porque pasa su tiempo viendo televisión o pasa su vida en alguna otra actividad inútil, que solamente le hace perder el tiempo. El esposo se siente frustrado porque las cosas no son como deberían ser. Él ve la desilusión en los ojos de su esposa y lo deja impotente para seguir adelante, de manera que se sienta en la silla más cercana y se hunde en pasatiempos tontos. Así que se para detrás de la puerta cerrada pensando que sus sueños juveniles eran simplemente una vana ilusión, no algo realizable. Pierde la esperanza. Sin la visión de él, ella no tiene visión, o se dedica a perseguir su propia visión aparte de él. La mitad de los matrimonios cristianos se conforman con vidas aburridas y faltas de interés. La otra mitad sigue el camino de la separación, y luego lo vuelven a intentar otra vez, y otra vez y tal vez otra vez, con diferentes cónyuges. Los fracasaos continúan apilándose, con la esperanza de encontrar una solución que funcione. **"Donde no hay visión el pueblo perece"** (Proverbios 29:18 LBLA).

Para la mayoría de las personas es la simple falta de conocimiento lo que los man-tiene encadenados al piso, pasando sus vidas soñando despiertos un día a la vez. El vivir detrás de puertas cerradas significa siempre vivir expectantes, esperando, esperando, nunca haciendo algo mejor con sus vidas. ¿Estás tú ahora mismo soñando despierta día tras día? Es una señal de las cosas por venir.

En realidad, si tuviera que señalar un momento en mi vida cuando vi con claridad la necesidad de hacer uso de todo lo que estuviera a mi alcance para aprender y crecer en sabiduría, sería la noche en que el Ángel de la Muerte me vino a visitar. Fue entonces que finalmente me apresuré a cruzar la puerta de estar activamente involucrada en buscar la verdad y jamás he regresado. Les contaré la historia pero primero necesitan comprender unas cuantas verdades sencillas.

Proverbios 24:3-5 dice: **"Con sabiduría se edifica una casa, y con pruden-cia se afianza; con conocimiento se llenan las cámaras de todo bien pre-ciado y deseable. El hombre sabio es fuerte, y el hombre de conocimiento aumenta su poder"** (LBLA).

La vida no es tan complicada. Solamente hay unos pocos y sencillos principios que Dios estableció, que hacen que todo el proceso no solamente funcione adecuadamente sino que realmente vuele.

Proverbios 24:14 dice: **"Así será a tu alma el conocimiento de la sabiduría; si la hallares tendrás recompensa, y al fin tu esperanza no será cortada."**

Dónde Comienza

Muchas jóvenes desperdician su juventud dejándose entretener por películas o no-velas, haciendo compras, jugando el juego social, colgándose del teléfono, chateando, etc., o simplemente recostándose a esperar que pase una de estas cosas. Cuando alguien

"El corazón de los sabios está en la casa del luto; mas el corazón de los insensatos, en la casa en que hay alegría" (Eclesiastés 7:4). La casa de luto es un lugar de muerte, pesadumbre y fin. Hace que el corazón reflexione y considere su propia mortandad y el corazón del sabio está ahí, considerando temas de vida y muerte, de propósito y de vanidad. Busca sabiduría y cómo redimir el tiempo que Dios le ha concedido. Hay valor en entretener ese tipo de pensamientos pero no aquellos que hay en la casa de fiesta y alegría. El corazón del necio está lleno de pensamientos de entretenimiento y placeres, de algarabía y risas. Su búsqueda es de diversión y abundancia. Nunca considera el futuro; para él todo lo que existe es el día de hoy. ¿Qué valor traen estas cosas al co-razón? ¿Cómo redimen el tiempo? El compañerismo, la alegría, la risa y el entretenimiento son un condimento para la vida pero, ¿quién serviría una comida solamente de canela molida o de sal? Qué dieta tan desbalanceada sería. Los condimentos por sí mismos no son un alimento sustancioso y nutritivo, pero existen para hacer resaltar y contrastar el sabor del platillo principal. ¿Dónde mora tu corazón? Los temas en los que piensas te darán la respuesta. Tus acciones y tu pasado, ¿de qué dan testimonio?

les da un libro como este, hacen un gesto y dicen: "No soy muy dada a la lectura…es tan difícil; es aburrido," o "Estoy tan ocupada, no tengo tiempo de leer ese tipo de libros; además, anteriormente ya leí un libro como ese." Y así su vida queda limitada por la falta de conocimiento, entendimiento, y sabiduría, Este capítulo es un llamado para que despiertes.

La siguiente historia es mi testimonio de cómo finalmente desperté a los extremos de la vida, y de cómo me decidí a tener hambre por la verdad y por la sabiduría. Se requirió de un gran ángel malo para captar mi atención completa.

EL ÁNGEL DE LA MUERTE

La mayoría de las personas que escuchan mi historia piensan que solamente fue mi imaginación que me jugó una broma. Pasó hace más de 35 años. Era yo una joven esposa cuando me visitó el Ángel de la Muerte, pero estoy convencida hoy, como lo estuve entonces, que esto realmente ocurrió así como lo relato.

Vivía en una pequeña comunidad donde la mayoría de las familias eran parejas jóvenes de militares. Todas las familias jóvenes estaban esperando, o ya tenían uno o dos bebés. La chica que vivía enfrente de nuestra casa tenía diecinueve años y estaba casada con un soldado de la misma edad que estaba siendo adiestrado para ser enviado a Vietnam. Su bebé nació unos pocos días antes del mío. Una fría mañana me vino a visitar y me platicó que las autoridades militares le habían mandado llamar para recordarle que el Departamento de Salud había determinado que los bebés de dos y medio meses de vida debían iniciar con sus vacunas. Este era un nuevo mandato, que obligaba a iniciar la vacunación más temprano que antes. En algún lugar yo había leído que había problemas con este tipo de vacunas, especialmente en bebés tan pequeños, ¿pero quién era yo para cuestionar al Departamento de Salud? Además, las vacunas eran gratuitas, ¡y eso si estaba a nuestro alcance! Mi mejor amiga, Carla, que vivía en la casa de al lado, también tenía un varoncito de dos meses, pero cuando la invité a que me acompañara para llevar a nuestros bebés a vacunar, ella no estaba interesada en ponerle las vacunas a su hijo. La Sra. Esposa del Soldado y yo, llevamos a nuestros bebés y nos formamos en una fila al aire libre frente a un trailer que fungía como el Departamento de Salud de la localidad, esperando nuestro turno para vacunar a nuestros bebés. Platicamos y pasamos el rato sin ninguna preocupación más que mantenernos calientitas. Me regreso a ese día, y me pregunto a mi misma, ¿cómo habríamos de saber lo que iba a ocurrir? Luego me pregunto: ¿Por qué no nos tomamos el tiempo para hacer preguntas y exigir información, o buscar consejo? Sé la respuesta: Éramos jóvenes, pensábamos que todos los demás sabían más que nosotras. Hasta ese momento ninguna de las dos habíamos estado antes en una posición para saber lo terriblemente mal que puede salir algo por falta de conocimiento.

La Sra. Esposa del Soldado me llamó esa noche para preguntarme si mi bebé tenía una mancha grande roja y caliente en el lugar donde había recibido la inyección. La tenía. Ambos bebés tenían alta temperatura. Supe que iba a ser una noche larga. Mientras mecía a mi hijo tratando de reconfortarlo, comencé a preguntarme por qué Carla se había resistido a llevar a vacunar a su hijo. Sinceramente deseé haberla escuchado cuando trató de explicarme lo que había leído acerca de esas vacunas. Por fin, la medicina que di a mi hijo lo ayudó a dormir. Hacía frío en nuestra vieja casa de granja, así que acurruqué a mi hijo junto a mi cuerpo y me quedé dormida. Pasó la noche llorando y durmiendo intermitentemente.

Desperté en algún momento de la madrugada, en la parte más oscura de la noche. Aparte de los gemidos suaves de mi recién nacido y del ligero ronquido de mi marido, la noche estaba totalmente silenciosa; como cuando cae una fuerte nevada que ahoga los sonidos. No puedo decir por qué, pero yacía tensa y temerosa, esperando… qué, no lo sabía. Tenía miedo. Me moví cuidadosamente para poner mi mano sobre la cabeza de mi hijo. Casi quemaba de lo caliente que estaba. Moví mi cabeza sobre su pequeño pecho y escuché un sonido extraño y rasposo. Me sobrecogió un terror profundo que causó que todo mi cuerpo transpirara. Luego, casi como si pudiera ver su figura, supe que el Ángel de la Muerte estaba ahí al pie de la cama. Mi cuerpo estaba rígido, mi boca seca. Traté de controlar mi respiración, pero solamente luchaba para jalar aire. Razonaba conmigo misma diciéndome que solamente era una mujer emocional, y que realmente no había nada ahí. Sin embargo, la convicción se arraigó en mi mente y en mi alma… sabía lo que sabía. El Ángel de la Muerte había venido a nuestra casa.

Desistí de la idea de convencerme de que no era real, y comencé a orar como nunca había orado antes. Apreté fuertemente a mi bebé contra mi pecho, desafiando a la figura al pie de la cama que se había atrevido a entrar en este cuarto. El tiempo pasó mientras rogaba a Dios por misericordia. Comencé a orar en voz alta, subiendo la voz y orando con mayor insistencia conforme aumentaba mi pánico. Finalmente jale las cobijas de encima de Mike y grité: "Despierta ahora mismo y ora. ¡El Ángel de la Muerte está en el cuarto! ¡Ora por nuestro hijo!" Mi sobresaltado esposo se sentó, confundido y alarmado. Luego me arrebató las cobijas, balbuciendo que yo había perdido la cabeza. Le volví a arrancar las cobijas y le di un golpe con mi mano en la espalda mientras decía a gritos: "¡Levántate y ora por tu hijo!" Para entonces ya estaba bien despierto y realmente preocupado por mi cordura. Trató de consolarme, pero no me importaba ser consolada, lo que quería era oírle orar, pidiendo a Dios por misericordia y ordenando al Ángel de la

Muerte que dejara la habitación. Le dije a mi marido lo que debía de orar. Me recordó que yo podía pedir lo mismo que podía pedir él, ¿que para qué lo había despertado? Pero él era mi cabeza espiritual y yo sabía que ahora era el tiempo para que el comandante supremo orara. Con el frío calándole hasta los huesos, volvió a tomar las cobijas para acostarse pero esta vez su esposa que normalmente era obediente exclamó: "¡No volverás a dormir hasta que ores por tu hijo!"

Se dio la vuelta y trató de verme en medio de la oscuridad, tratando de percibir qué es lo que había provocado tanta pasión. Lo que yo estaba haciendo no correspondía con mi forma de ser, de manera que estaba genuinamente desconcertado y algo intrigado. Se preguntaba si a lo mejor yo tenía la razón, si a lo mejor verdaderamente el Ángel de la Muerte estaba ahí en el cuarto. No soy del tipo "espiritualmente sensible"—lista para guiarlo a toda verdad. Él siempre ha sido el líder espiritual de nuestro hogar; cualquiera lo atestiguaría. Podía sentir que había tomado una decisión. Estiró su brazo por encima de mí y puso su mano sobre la cabeza de nuestro hijo y oró. Mientras oraba sentí que el Ángel de la Muerte dejó la habitación. Por primera vez en varios minutos, la constricción sobre mi pecho cesó; podía respirar otra vez. Nuestro bebé cayó en una somnolencia por agotamiento. Ahí yacíamos bien despiertos, marido y esposa en la oscuridad, mirando al techo, hablando en voz baja acerca de lo que acababa de pasar. Él me creyó. Así permanecimos viendo cómo la luz del amanecer lentamente entraba por la ventana y alumbraba nuestra recámarason.

Súbitamente luces rojas y amarillas atravesaban velozmente el techo de un lado para otro. Me senté, corrí la cortina y me asomé por la ventana. El vidrio de la ventana estaba empañado así que lo limpié para poder ver la calle. Entonces vi que una ambulancia estaba estacionada enfrente de la casa de la Sra. Esposa del Soldado. Todavía recuerdo ese profundo sentido de alivio que me envolvió. Y también recuerdo la pena y vergüenza que sentí enseguida. *¿Fue librado mi hijo… pero el de ella fue llevado?* Seguía mirando cuando llegó la patrulla. *¿Por qué la policía?*

Rápidamente nos vestimos. Mike se apresuró para ir a averiguar lo que había ocurrido, y se le dijo la siguiente historia:

Toda la noche el bebé había estado llorando. A la joven pareja solamente le quedaban un par de noches juntos antes de que él fuera enviado a la guerra. Cuando despertaron por la mañana el bebé ya no respiraba. Al principio la joven pareja fue acusada de negligencia porque las autoridades pensaban que el bebé había muerto de frío. Posteriormente se determinó que el bebé había fallecido por "muerte súbita en la cuna" que era común antes de los tres meses. Nadie se atrevía a culpar a la vacunación que nuestros bebés habían recibido el día anterior.

¿Aprendí algo? Esa noche cambió mi vida. Nunca jamás volvería a formarme en una fila como tonta oveja para recibir lo que los "profesionales" dicen que debo recibir. Aprendí que los "profesionales" eran personas que simplemente estaban siguiendo las órdenes de otras personas, cuya única meta era obtener una ganancia. Es cierto que pudieron haber ido a la escuela unos cuanto años adicionales y aprendido un vocabulario distinto; pero no eran la mamá de mi bebé, y ellos no podían tomar decisiones sabías por él. El tiempo me ha hecho todavía más resuelta en esto. Entre más vieja y más "profesional" me vuelvo, menos respeto al "profesionalismo" como la voz de conocimiento, entendimiento y sabiduría. Ahora, cualquiera que fuera el asunto, antes de someterme, APRENDERÍA todo lo que me fuera posible saber en aras de la salud de mis hijos y por el bienestar de mi familia. La puerta se había abierto. Comencé a aprender… a realmente aprender.

Necesitas aprender acerca de:

LAS RANAS

¿Sabías que allá en las selvas del Amazonas hay una rana que tiene sobre su espalda un veneno terriblemente tóxico? Este veneno no aparece en ningún otro lugar de la naturaleza excepto en los intestinos de los esquizofrénicos (personas con personalidades múltiples). ¿No es esto extraño? ¿Qué tiene que ver el intestino con el cerebro? Este veneno no aparece en los intestinos de las personas sanas. ¿Acaso aparece en algún otro tipo de persona enferma?

Gracias a unos padres quienes estaban desesperados por encontrar ayuda para su hijo autista, es que ahora sabemos que esa misma toxina también se encuentra en los intestinos de los niños autistas. ¿De dónde la obtuvieron sus cuerpos? ¿Se habrá desarrollado en su interior por algo que comieron? ¿Cómo se relaciona el intestino con un desorden cerebral llamado autismo? Ahora eres soltera y el autismo no es una cuestión que te afecte, ¿pero qué tal en dos años o más? ¿Cuáles son las probabilidades de que tengas un niño autista en dos años? ¡Más elevadas de lo que piensas! En un tiempo era una enfermedad desconocida; ahora el autismo está destruyendo las vidas de uno de cada

Todo mundo tiene opiniones y agendas. Si tienes una base razonable sobre la cual están fundamentadas tus preocupaciones, creencias, esperanzas y opiniones, entonces aférrate a ellas, permaneciendo al mismo tiempo abierta a ser instruida. Tú, y sólo tú, eres quien va a vivir con las consecuencias de las decisiones que tomes respecto a tu vida; tú llevas esa responsabilidad. Como adulto, no te apures en delegar a otros las decisiones que van a afectar el resto de tu vida. ¿Con qué facilidad aceptas el consejo "experto" de otros, sabiendo que la mayoría camina por ese camino amplio que lleva a la destrucción (Mateo 7:13) y son gobernados por su corazón el cual es *"engañoso más que todas las cosas, y perverso" (Jeremías 17:9)*?

cien niños. Cada año aumenta el porcentaje de niños saludables de dos años de edad que súbitamente desarrollan trastornos digestivos extraños y problemas de comportamiento sumamente raros. Cuando los perturbados padres llevan a su hijo para que se le hagan pruebas, se les informa que el niño es autista. ¿Por qué? ¿Qué es lo que está ocasionando que estos niños se enfermen? ¿Qué puedes hacer para evitar las posibilidades de que tu hijo desarrolle autismo?

Jaloneada de Aquí para Allá

¿Qué tienen que ver las ranas y el autismo con prepararte para que seas una ayuda idónea? Puedes pensar que ando saltando de un lado a otro en este libro. ¿Qué acaso no podía haber conseguido que el editor hubiera ordenado el material de manera más uniforme? Quiero que entiendas que la VIDA te va a jalonear de aquí para allá. ¡Prepárate! Pasas tanto tiempo esperando ser esa novia hermosa en un precioso vestido blanco que fluye mientras caminas y luego en espacio de unas pocas semanas sientes como que accidentalmente abordaste un tren bala. Pasas de esos largos y tranquilos días de la soltería a súbitamente tener que estar disponible las 24 horas del día los 7 días de la semana. Cuando te sientes cansada, cuando te duele la cabeza, cuando estás "de malas", cuando no quieres levantarte a cocinar, bueno, pues lo tienes que hacer porque ya estás casada. A las pocas semanas de haberte convertido en una gloriosa princesa casada te encontrarás agachada frente al inodoro vomitando casi hasta tus tripas, porque tienes a un pequeño que viene en camino. No suena como a una princesa, ¿verdad? Sé estas cosas porque ya soy una señora mayor. Ya estuve ahí, ya pasé por eso y lo he visto ocurrir miles de veces. Tu turno está por llegar.

 ### Entrenamiento de Choque

Me casé con un predicador. Realmente, él era el pastor de una iglesia cuando nos casamos. Te puede pasar a ti. Aprende ahora. Apenas dos semanas antes de que nos casáramos yo era solamente una chica medio loca de 20 años de edad que se encontraba disfrutando tranquilamente esa vida fácil que la mayoría de las chicas de 20 años disfrutan. No tenía ni idea de que estaba próxima a casarme. (Puedes leer el resto de mi historia en *Creada para ser su Ayuda Idónea*)

Ahora que era la esposa de un pastor, se esperaba que yo supiera todo, hiciera todo y fuera todo. Súbitamente era responsable de mantener limpia una casa grande, lavar toda la ropa sucia, lavar todos los platos, cocinar todas las comidas, entretener a numerosos grupos de personas sin previo aviso y hacer rendir el dinero estirándolo hasta que el empleado de la tienda no pudiera verle ni el color al billete. Además de todo esto, como esposa del pastor, se esperaba que yo supiera cómo aconsejar a las mujeres, dar estudios bíblicos, y en general, ser una mujer de Dios sabia y con discernimiento. ¡En medio de toda esta responsabilidad tenía que aprender a vivir con y servir a, un esposo desordenado y exigente!

Yo me casé con mi motor faltándole varios pistones. No permitas que esto te pase a ti. Pasas tu tiempo languideciendo por ese amor verdadero y de repente… ¡ya estás casada! Y te das cuenta que es mucho más de lo que te imaginabas. Ahora es el tiempo para prepararte para ser una ayuda idónea.

Preparándote para ser Mamá

Casi todas las jovencitas piensan que van a pasar muchos meses…tal vez hasta años antes de que llegue un bebé. ¡Sorpresa! El embarazo no es tan fácil de controlar como piensan la mayoría de las chicas. Ahora es el tiempo para aprender lo que se debe hacer para tener bebés saludables y qué hacer si tu hijo llega a tener problemas de salud.

En un jardín, las plantas fuertes y sanas llegan a serlo porque se plantaron en una tierra fuerte, saludable y balanceada. Tu cuerpo es la tierra donde van a ser plantados tus hijos. La buena salud comienza desde antes de la concepción. Entre más sepas ahora, mejor preparada estarás para manejar lo que te mande la vida. Es tiempo de comenzar a leer acerca de cuestiones de salud para tus futuros embarazos. Hay una lista de buenos libros en la parte final de este libro.

Preparación Básica de Alimentos para una Ayuda Idónea

Toda chica debe saber cómo preparar diferentes tipos de comidas. Debes saber cómo comprar y preparar verduras frescas. Es muy importante saber cómo usar frijoles secos. Utilizando los frijoles secos como base puedes alimentar de manera sabrosa y saludable a muchas personas y con poco dinero. Otra porción de información importante es cómo y dónde comprar alimento saludable a un mejor precio que la tienda de alimentos de la esquina. Escucho a algunas decir: "Mi mamá no sabe todas estas cosas, y le ha ido muy bien." Pues sí, pero dependerá de con quién te cases si la haces o no con solamente un diez por ciento de conocimiento. Mi mamá sabía mucho, pero nunca se casó con un pastor, y esto agrega muchas cosas a tus responsabilidades. Si te casas con un médico o con un granjero o con un abogado entonces tendrás otra lista de responsabilidades.

Si entretienes la idea de casarte con un granjero tendrás otra lista de cosas que hay que aprender. Ya deberías haber aprendido a hacer mantequilla, queso, yogurt, kéfir. La mayoría de ustedes piensa que nunca tendrán la oportunidad de adquirir leche bronca y que por tanto no es necesario aprender a hacer yogurt. ¿Pero, y qué si te casas con un granjero? ¿Sabrías siquiera los fundamentos de cómo cultivar una huerta o un jardín? Aprende cómo hacerlo, ofreciéndote a ayudar a alguien que tenga uno. Lee libros de jardinería.

No des por sentado que la vida vaya a continuar así como va, pues la vida te sorprenderá. Es tu responsabilidad estar lista. El conocimiento vale más que cualquier otra cosa cuando llegan los malos tiempos. Casi todas las familias pasan por malos tiempos de algún tipo. Un poco de información puede ayudarte a navegar esos malos tiempos con menos dolor, así que es parte de prepararse para ser una ayuda idónea. Comienza a leer libros de cocina. Mi favorito es *Nourishing Traditions* (Tradiciones Nutritivas) por Sally Fallon.

Control de la Natalidad

Quisiera poder evitar este tema, pero será el tema de mayor discusión una vez que te hayas casado. Esta es una muestra de cómo será tu futura conversación:

Él dirá: "Necesitamos usar algo."

Ella responde: "Decidimos antes de casarnos que no usaríamos nada."

Él demanda: "¡Es que tenemos que hacer algo! ¡Tres bebés en dos años, y además estás totalmente confinada a la cama durante los primeros cinco meses del embarazo!"

Ella quejándose dice: "Qué, qué quieres usar?"

Él alzando las manos dice: "Yo no sé, ¡pero algo! Tú eres la mujer, ¿qué sugieres?"

Ella viéndose desconcertada responde: "Yo no sé… ¿Por qué habría yo de saber qué hacer?"

Él insiste: "Bueno, pues, ¡ve y averígualo!"

Si eres como la mayoría de las chicas, el tema del control de la natalidad ni siquiera ha cruzado por tu mente. Algunas jóvenes y algunos chicos vienen al matrimonio con una convicción por cuestión de principios en contra de hacer algo para limitar o controlar la frecuencia de las concepciones. Otros se oponen firmemente a cualquier medio mecánico o químico para controlar la natalidad, pero están dispuestos a practicar la abstinencia o un método del ritmo (midiendo el tiempo) para evitar embarazos no deseados. Ciertamente ningún cristiano estaría dispuesto a utilizar algún método que destruyera al feto después de la concepción.

Mi objetivo aquí es que conozcas acerca de tu cuerpo, que llegues a comprender el proceso completo, y lo que Dios dice acerca del tema. Si no reflexionas sobre este tema ahora, probablemente estarás embarazada y vomitando a las tres semanas de casada. Tu primer bebé será una mujer. Ahora, ¿cómo puedo saber eso? Porque si eres como la mayoría de las chicas, planearás tu boda para una semana después de que termine tu regla. Es cuando la mayoría de las mujeres son fértiles. Durante los primeros tres días de fertilidad el ligero desecho de la mujer es favorable para el esperma femenino. Al cuarto día, el ligero desecho de la mujer es beneficioso para el esperma masculino. ¿Siquiera sabías que hay esperma masculino y esperma femenino?

¿Cómo sé todo esto? Pues, yo estudio. El conocimiento es provechoso.

El control de la natalidad es un tema que necesitas estudiar. Cuando Eva pecó, Dios puso una maldición sobre ella. **"A la mujer dijo: Multiplicaré en gran manera tus dolores y tus preñeces; con dolor darás a luz los hijos; y tu deseo será para tu marido, y él se enseñoreará de ti"** (Génesis 3:16).

La maldición de trabajo arduo para el hombre se encuentra en Génesis 3: 17-19 donde dice, **"…maldita será la tierra por tu causa… Espinos y cardos te producirá… Con el sudor de tu rostro comerás el pan."**

La maldición sobre la mujer, y sobre toda hermana de Eva, es la ovulación múltiple; el tener bebés con más frecuencia. Según este pasaje, parece que la mujer probablemente no tenía un ciclo cada mes como lo tiene ahora. El ciclo de la mujer podía haber ocurrido únicamente cada seis meses o hasta una vez al año como sucede con muchos mamíferos. De cualquier manera, la maldición de la multiplicación de las preñeces, significa que los ciclos serían más frecuentes, lo que se traduciría en embarazos más cercanos. Esto es pesado y difícil para el cuerpo de la mujer, pero es parte de la maldición.

Como joven soltera, necesitas decidir antes de casarte si estás dispuesta a alegremente y confiadamente secundar los deseos de tu marido, sabiendo que después puede cambiar de opinión. Él puede comenzar el matrimonio creyendo en el control de la natalidad, pero luego puede cambiar su manera de pensar. Nunca te cases pensando que tú lo puedes hacer cambiar de manera de pensar. Esa actitud es controladora.

Este es un punto en el que tienen que ponerse de acuerdo antes de casarse o habrá contención en el matrimonio. Una vez casada, si te opones a tu marido… te estarás oponiendo a Dios. Conoce lo que piensas; asegúrate de que ambos estén de acuerdo antes de comenzar a planear la boda. Familiarízate con diversas formas naturales de control natal, así como los tiempos de tu propio cuerpo en caso de que tu esposo quiera espaciar a los hijos.

No te dejes convencer por alguna enfermera de una clínica de control natal cuando diga que los DIU no son abortivos, o que "la píldora" no es problema. Los profesionistas adiestrados están entrenados para mentir.

Es tu cuerpo. Para que tengas un cuerpo fuerte y sano, y para que tengas bebés fuertes y sanos, necesitas aprender.

Hay buena información piadosa en: www.familyplanning.net

La Práctica Hace al Maestro

(Ideas para hacer como tarea)

Pienso que estas ideas son buenas y prácticas.

Hospitalidad

Tarea a realizar: Sal y gana algo de dinero. Toma esa pequeña cantidad y planea invitar a cuatro familias a comer. Que no sean familias que te hagan sentir cómoda, sino familias que necesitan que alguien sea su amigo. Haz toda la preparación previa y también la limpieza al final.

Haz Rendir tu Dinero

Tarea a realizar: Sal y gana algo de dinero. Busca una familia que esté batallando económicamente. Dile a la mamá que estás haciendo un proyecto *Preparándote para ser una Ayuda Idónea* y quieres saber cuánto puedes comprar para sus hijos con un presupuesto pequeño y limitado. Pídele las tallas de sus hijos y las preferencias que puedan tener. Dile que es su día de suerte, porque como un proyecto de aprendizaje es necesario que tú cubras todos los gastos. Busca por ahí hasta que encuentres una buena tienda de segunda y visita las ventas de cochera. Comienza a comprar. Aprende a hacer rendir el dinero. Aprende a agradar a cada uno de los niños. Aprende a tomar decisiones sabias rápidamente. Asegúrate de comprar algo para la mamá también.

Responsabilidad

Tarea a realizar: Diles a tus padres que quieres aprender cómo se siente tener la responsabilidad completa de cuidar a una familia durante una semana. Pídeles que te ayuden a escoger una familia. Ofrece tus servicios, ajustándote al tiempo que más le convenga a la familia. La mayoría de las mamás que están sobrecargadas de trabajo aceptarán tu ofrecimiento de inmediato. Ve preparada para lavar, cocinar, limpiar, cuidar a los niños, ayudar con la escuela en el hogar, llevarlos y traerlos de sus actividades y hasta cuidar de la abuelita. Sé una sierva y pídeles que califiquen tus servicios. ¡No te ofendas cuando te digan que te tardaste demasiado haciendo algo o que te irritaste o que algo no estuvo bien hecho! Si te ofendes con su calificación, pasarás los primeros años de tu matrimonio ofendida. Parte del ejercicio es aprender a <u>no</u> ofenderte cuando eres juzgada y hallada con faltas.

 Úsalo como una motivación para mejorarte a ti misma.

Educación en el Hogar

¡La educación en el hogar para tus futuros hijos comienza hoy! Hace muchos años leí un libro acerca de cómo iniciar a un bebé en la buena música e inculcarle un talento musical natural. Para cuando nació mi primer bebé, yo ya había comprado un viejo tocadiscos y discos de una tienda que vendía artículos usados. Desde sus primeras horas de vida ella comenzó a escuchar piezas tocadas por los mejores violinistas de todos los tiempos. ¿Resultó? Sí resultó.

Para cuando nació mi segundo hijo, yo ya había leído acerca de cómo iniciar a un recién nacido en las matemáticas. Eso también funciona. El tiempo para leer acerca de este tipo de temas es ahora.

A veces me pregunto cómo hubieran salido mis hijos si hubiera aprendido toda esa información antes de haberme casado. La buena educación en el hogar no viene únicamente de los libros de texto; también viene de lo que uno investiga y de la vida.

Tarea a Realizar

Comienza hoy a recorrer los pasillos de la biblioteca y planea estudiar un tema nuevo cada semana. O, si te gusta usar la computadora, pasa tu tiempo estudiando temas vitales en vez de perder el tiempo navegando ociosamente. Yo era una mamá joven cuando decidí dejar de perder mi tiempo con entretenimientos y me propuse tratar de aprender. Mi primer tema fueron los champiñones. Fue fascinante. El tema de los champiñones expandió el estudio a otro tipo de hongos. Este año pasado cuando cosechábamos nuestro maíz, noté que unas pocas mazorcas tenían granos de color púrpura. Prontamente puse ese maíz raro en una pila para ser quemado. Me recordó una plaga de hongos en la cebada acerca de la cual había estudiado hace ya muchos años. Esta plaga que ocurrió en Europa hace varios siglos no destruyó el grano; solamente causó que algunos de los granos se vieran como engordados y extraños. Fue la misma gente común la que finalmente llegó a comprender que eran los granos enfermos los que estaban destruyendo el cerebro y haciendo que la gente se volviera completamente loca.

A través de los años he estudiado temas muy raros, y algunos de ellos me han servido en los momentos más singulares. Hace cuarenta años comencé a estudiar las hierbas y plantas medicinales, y ahora dos de mis hijos son herbólogos. Después estudié el espacio, el movimiento del aire y el vuelo. Uno de mis hijos es piloto aviador. Mi estudio fue su escuela.

¿Por qué les relato estas cosas raras? Quiero que sepan que el atravesar por la puerta del conocimiento las hará personas más fuertes, saludables, listas y contarán con mayores recursos. Hará de ti una esposa más capaz, una madre más sabia y una persona interesante. Lo que aprendas pudiera salvar tu vida o la vida de alguno de tus hijos.

El cerebro humano no fue hecho para almacenarlo todo, pero una buena biblioteca, en línea o en libros, puede hacer posible que seas una experta en muchos temas. Enseguida aparece una lista de libros (y DVDs) que sugiero adquieras, utilices y agregues a tu Baúl Especial.

SALUD Y HERBOLOGÍA

(Algunos libros se han traducido al español; otros no.)

Nutritional Herbology (Herbología Nutricional) por Mark Pederson

ABC Herbal (Herbario ABC) por Steven H. Horn

The Whole Soy Story (Toda la Historia de la Soya) por Kaayla Daniel

The Herbal Drugstore (La Farmacia Herbaria) por Linda White MS y Steven Foster

Nourishing Traditions: The Cookbook that Challenges Politically Correct Nutrition and the Diet Dictocrats (Tradiciones Nutritivas: El Libro de Cocina que Desafía la Nutrición Políticamente Correcta y a los Dictadores de las Dietas) por Sally Fallon.

Organic Body Care Recipes (Recetas Orgánicas para el Cuidado del Cuerpo) por Stephanie Tourles.

Seeds of Deception, genetically altered seeds (Semillas de decepción, semillas alteradas genéticamente) por Jeffrey M. Smith

ENTENDIENDO A LOS HOMBRES

For Young Women Only: What You Need to Know About How Guys Think (Para Mujeres Jóvenes Únicamente: Lo que necesitas saber acerca de cómo piensan los muchachos) por Shaunti Feldhahn y Lisa A. Rice

The Truth About Guys (La Verdad Acerca de los Chicos) por Chad Eastham

Understand Your Man: Secrets of the Male Temperament (Entiende a tu Hombre: Secretos del Temperamento Masculino) por Tim LaHaye

JUVENTUD Y ADULTEZ FEMENINA

Passion and Purity: Learning to Bring Your Love Life Under Christ's Control (Pasión y Pureza: Aprendiendo a Sujetar tu Vida Amorosa al Control de Cristo) por Elisabeth Elliot

Let Me Be A Woman (Dejadme Ser Mujer) por Elisabeth Elliot

Before You Meet Prince Charming (Antes de que Conozcas a tu Príncipe Azul) por Sara Mally

A Chance to Die: The Life and Legacy of Amy Carmichael (Una Oportunidad para Morir: La Vida y Legado de Amy Carmichael) por Elisabeth Elliot

Authentic Beauty: The Shaping of a Set Apart Young Woman (Belleza Auténtica: La Formación de una Joven Mujer Apartada) por Leslie Ludy

The Ministry of Motherhood (El Ministerio de la Maternidad) por Sally Clarkson

RELACIONES

Created To Be His Help Meet (Creada Para Ser Su Ayuda Idónea) por Debi Pearl

When God Writes Your Love Story: The Ultimate Guide to Guy / Girl Relationships (Cuando Dios Escribe tu Historia de Amor: La Guía Fundamental de las Relaciones Chico / Chica) por Eric Ludy y Leslie Ludy

The Five Love Languages for Singles (Los Cinco Lenguajes del Amor para Solteros) por Gary Chapman

I Kissed Dating Goodbye (Le Dije Adiós a las Citas Amorosas) por Joshua Harris

When Dreams Come True: A Love Story Only God Could Write (Cuando los Sueños se Hacen Realidad: Una Historia de Amor que Solamente Dios Podía Escribir) por Eric Ludy y Leslie Ludy

FINANZAS

Total Money Makeover (Renovación Financiera Total) por Dave Ramsey

ENTRENAMIENTO DE LOS HIJOS

To Train Up A Child (Para Entrenar a un Niño) por Michael y Debi Pearl

Hints on Child Training (Pautas para Entrenar a los Hijos) por H. Clay Trumball

Standing on the Promises (Plantados en las Promesas) por Douglas Wilson

VIDA FAMILIAR

Homesteading for Beginners Volumes I-II (Estableciendo un Hogar para Principiantes Tomos I-II) por Erin Harrison

Tu Cofre del Tesoro

"Con sabiduría se edificará la casa, y con prudencia se afirmará; y con conocimiento se llenarán las cámaras de todo bien preciado y agradable" (Proverbios 24:3-4).

♥ Escribe un resumen de lo que has aprendido en este capítulo.

_____

_____

_____

_____

_____

_____

_____

_____

_____

_____

_____

_____

_____

_____

_____

_____

_____

_____

_____

_____

_____

_____

_____

En la Búsqueda de: Y Vivieron Felices para Siempre...

MORALEJA DE LA HISTORIA: Como joven soltera, activamente procura una vida dinámica de ministerio, aprendizaje y servicio.

UNA ADVERTENCIA: Una advertencia obtenida de esta historia es: Sé paciente y espera en el Señor (y en tu hombre).

"Hay asimismo diferencia entre la casada y la doncella. La doncella tiene cuidado de las cosas del Señor, para ser santa así en cuerpo como en espíritu; pero la casada tiene cuidado de las cosas del mundo, de cómo agradar a su marido." (1 Corintios 7:34).

En la siguiente historia de amor conocerás a una princesa llamada Ellie. Ellie era activa, paciente y agresiva. Servía y ministraba. Conforme vayas leyendo su historia, pon atención al tiempo en su vida cuando adquirió el verdadero propósito para su vida. Fíjate en el pasaje bíblico que la guió. Esta es la historia de Ellie.

CAPÍTULO 8

el PRÍNCIPE ITALIANO

Tercera Historia

MI NOMBRE ES ELLIE. Estaba por cumplir mis diecinueve años cuando me preguntaba si realmente existirían algunos muchachos buenos por allá afuera, en algún lado. Pensé que la mejor persona a quien podía preguntar era a mi hermano mayor, mi protector. De manera que un día en que platicábamos por teléfono le solté despreocupadamente la pregunta: "Adán, ¿has conocido algunos buenos chicos que serían buenos para mí?" Ahora bien, hasta este momento, mi hermano le había echado su mirada hostil a todo pretendiente potencial que había vuelto su mirada hacia mí, sin aprobar a ninguno, pero esperaba que en sus viajes recientes hubiera conocido a alguien a quien aprobara.

Sin vacilar, respondió: "Sí, conocí a uno."

"Qué bueno," dije. No le pregunté nada más acerca del hombre misterioso.

No estaba tratando de que arreglara una oportunidad para conocerlo; solamente me preguntaba si habría por allí algún chico que valiera la pena.

Ya había tenido mi experiencia con una persona encantadora hacía tres años. Tenía quince años y mi familia había comenzado a ir a una iglesia nueva en Denver. Había un chico mayor y guapo que noté inmediatamente porque en el mismo primer domingo que estuvimos allí clavo su mirada en mis ojos. Era claramente una mirada especial; y me sentí emocionada por haber logrado su atención. Pronto nos hicimos amigos. Pasamos tiempo platicando, jugando juegos en grupo y riéndonos juntos, y para el final del año yo me sentía profundamente encaprichada con él.

Nuestra relación tuvo un giro inesperado. Llegó un día en que ocurrió una situación incómoda, cuando su mamá se acercó conmigo y me dijo: "Estoy buscando una buena esposa para mi hijo."

Quedé sobresaltada. ¿Sabía ella que yo secretamente había pensado en la posibilidad de casarme con él?

Probablemente. Los padres tienen una vista muy aguda y generalmente observan más de lo que dan a conocer.

Me sentía confundida y sin saber qué hacer, así que busqué a Dios. ¿Sabías tú que hay situaciones en la vida de una persona que la hacen cambiar de rumbo? ¿Momentos cruciales que deciden su futuro? Dios está esperando a que decidas en qué dirección quieres ir. Estoy agradecida de que en ese momento solamente quería lo que Dios tenía para mí.

Fue la verdad, que leí en 1 Corintios 7:34, que hizo que apartara mi corazón del hijo de esa mujer.

"Hay asimismo diferencia entre la casada y la doncella. La doncella tiene cuidado de las cosas del Señor, para ser santa así en cuerpo como en espíritu…"

Lee la vida de Daniel. Acontecieron muchos momentos cruciales (de vida o muerte en su caso) en su vida, pero no fue así al principio. Su primera "prueba" ocurrió poco después de haber sido llevado en cautiverio y habérsele ofrecido la carne y los manjares del Rey para comer. Era una decisión que tenía que ver con el régimen alimenticio. ¿Comería la excelente comida que le ofrecían de la cocina del Rey Nabucodonosor o se adheriría a las leyes dietéticas de su pueblo y se abstendría? Era un asunto menor, pero él fue fiel. Años de fidelidad en asuntos cada vez más serios lo llevaron a tomar decisiones cruciales. Jesús explicó en la parábola de los talentos: "sobre poco has sido fiel, sobre mucho te pondré."

Si sientes como que Dios no está impulsando o haciendo progresar tu vida, o tu andar espiritual, pregúntate a ti misma: "¿He sido fiel con las cosas que se me han dado y con la verdad que se me ha revelado? ¿He sembrado las semillas que se me han dado?" Demuéstrale a Dios, a ti misma y a todos los demás que has florecido y crecido con lo que tienes.

Mi vida tomó un rumbo completamente diferente. Puse a un lado eso de andar detrás de los chicos y me dediqué a vivir una vida buscando conocer y servir a Dios. Cuando tenía dieciséis años tuve unas horas de trabajo cuidando niños. Tomé cursos adicionales de arte, música y comunicación oral. Fui certificada por el Instituto para Floristas, como diseñadora de arreglos florales. Comencé a dar cursos de inglés a inmigrantes en la ciudad de Denver, y pasé de ser maestra de escuela dominical a ser la directora de la escuela dominical, junto con mi hermano. <u>Mi hermano y yo también realizamos nuestro primer viaje de costa a costa juntos, antes de que cumpliera los diecisiete años.</u>

Un viaje largo puede ser uno de los mejores momentos para hablar acerca de nuestras metas y perspectivas con miembros de la familia.

Con el tiempo inicié mi propio negocio. Lo llamé Diseños Ellie y comencé haciendo diseños florales para bodas y otros eventos. También trabajé en decoración de interiores, jardinería, decoración de jardines y limpieza de casas. Cuando no estaba trabajando estaba ocupada en el ministerio, tomando cursos y pasando el tiempo con jóvenes que tenían una manera de pensar similar a la mía.

Un día, como tres o cuatro meses después de haberle preguntado a mi hermano si conocía algún chico que fuera bueno para mí, sonó el teléfono. Era un chico preguntando por mi hermano mayor. Le dije que mi hermano se encontraba fuera de la ciudad pero con todo gusto podía tomar un mensaje para él. Me dio su nombre y me dijo que se iba a cambiar a nuestra área para asistir a un Instituto Bíblico. Más tarde, ese mismo día, llamó mi hermano. Platicamos por un rato y luego me acordé de la llamada que había recibido. Le dije: "Alguien llamó buscándote."

"¿Quién era?" preguntó.

"Creo que dijo que se llamaba Anthony Taylor."

Mi hermano permaneció callado por unos segundos y luego preguntó de manera un poco brusca: "¿Y qué quería?"

"Dijo que se iba a venir a vivir acá para ir al Instituto Bíblico."

Otra vez mi hermano no dijo nada por unos segundos y luego agregó: "Oh, no. ¡Ten cuidado!"

Me sobresaltó su reacción y le pregunté: "¿Qué? ¿De qué estás hablando?"

A lo que respondió: "Ah, no es nada; olvídalo."

No tuve que esperar mucho para conocer al hombre misterioso. Mi hermano ya estaba de regreso en casa cuando Anthony vino por primera vez a nuestra iglesia y se sentó con nuestra familia durante el culto de la mañana. Ya me andaba por que terminara su mensaje el predicador para que mi hermano me presentara al chico con la advertencia de "ten cuidado." Tan pronto terminó la reunión me volví hacia mi hermano con expectación, pero él rápidamente se dio la vuelta y acompañó a su amigo fuera de la banca sin hacer ninguna presentación. ¡Me sentía tan decepcionada!

Unos minutos después entré al área de recepción y ahí estaba Anthony, recargado en la pared. Estaba bien vestido, y mi primer pensamiento fue que se parecía a un príncipe italiano súper-guapo. Nunca volteó hacia donde yo estaba, y pronto se había marchado. Como unos diez minutos después, oí el timbre de la puerta trasera del templo. Bajé los escalones para abrir la puerta y vi a Anthony parado afuera. Abrí la puerta y comenzó a entrar y a pasar frente a donde yo estaba sin siquiera decir: "Gracias," así que estiré mi mano y dije: "Hola, me llamo Ellie." Me saludó rápidamente y luego sin siquiera echarme un vistazo, continuó andando.

Poco a poco nos hicimos amigos durante los dos años siguientes. Era muy discreto con las jóvenes, así que era difícil llegar a conocerlo bien, pero su pasión por el ministerio y las cosas de Dios era evidente. Quería llegar a conocerlo mejor así que comencé a organizar juegos de futbol, de ping-pong y de voleibol. Pasaron muchos meses antes de que comenzara a venir, un par de veces a la semana, a las actividades que yo estaba organizando. Por supuesto que preparaba comidas fantásticas y excelentes postres y me aseguraba de que me viera arreglada y atractiva para las reuniones.

Lo pude observar bajo muchas circunstancias diferentes. En una ocasión estábamos jugando un juego y alguien se enojó bastante con él. Me impresionó la manera en que tranquilamente calmó al joven iracundo. También me di cuenta que en vez de andar con los mejores chicos, a veces se le veía con los niños de los barrios marginados, con inmigrantes y con gente de la calle. Recuerdo haberle visto muchas veces sentado en alguna banca en el parque hablando con desconocidos acerca de Jesús. De vez en cuando, yo asistía a alguno de los estudios bíblicos semanales que daba a las personas que había conocido.

En esos dos años nuestra amistad se fortaleció. Luego un día me dio un ensayo que había escrito para una de sus clases y me pidió que se lo revisara. Leí el ensayo una y otra vez. ¡Era capaz de transformar las vidas! En el ensayo explicaba que una persona no puede salvarse por el hecho de hacer una oración, dejar de pecar, o llamando a Jesús Señor de su vida; una persona solamente podía ser justificada delante de Dios por fe únicamente en Cristo. Comencé a conducir a las personas a Cristo en vez de decirles las cosas que tenían que hacer para llegar a Jesús.

En vez de guiarme lejos de Dios y hacia él, Anthony me estaba guiando más cerca de Dios. Me trataba de tal manera que si me hubiera casado con alguien más, mi futuro esposo hubiera tenido que darle las gracias por lo que había hecho en mi vida. Lo respetaba más que a cualquier otro hombre que había conocido fuera de mi familia inmediata; sin embargo todavía no me había tomado la libertad de soñar románticamente con él. <u>Esto era probablemente porque nunca había sentido que él estuviera pensando románticamente acerca de mí.</u>

Los muchachos que valen la pena siempre están pensando en el honor de las chicas y evitando cualquier apariencia de maldad en su trato con ellas. No siempre he hecho esto pero estoy aprendiendo como todos los demás.

Ahora, ya habían pasado más de dos años y medio desde aquel momento en que por primera vez fijé mis ojos en mi príncipe italiano y a la fecha todavía solamente éramos amigos. Tenía verdaderos anhelos, pero había hecho el compromiso de mantener mi atención en servir al Señor como mujer soltera hasta que Dios hiciera que ocurriera mi romance. Más o menos como en este tiempo decidí participar en un viaje misionero de cuatro meses. Durante los cuatro meses nunca le escribí ni le hablé por teléfono y él tampoco me contactó. Me mantuve enfocada en mi trabajo. Cerca del final de mi viaje iba en el tren pensando en que pronto regresaría a casa y vería a Anthony otra vez. Mientras observaba cómo pasaba la hermosa campiña asiática, me daba cuenta que no quería pasar el resto de mi vida sin el hombre piadoso al que había llegado a honrar grandemente. Me había deleitado en el Señor. Sabía que Él me daría las peticiones de mi corazón. Así lo promete en el Salmo 37:4. Permanecí llena de paz y deleite.

A las seis semanas de mi regreso, mi sueño finalmente se hizo realidad. Me vino a visitar y me pidió que le acompañara a caminar por la playa. Caminamos hasta la ribera y nos detuvimos ahí por varios minutos. Le pregunté: "Bueno, ¿qué quieres que hagamos?" Él dijo: "Creo que debemos orar." Enseguida se arrodilló. "Pero antes

de que oremos, quiero darte algo." Sacó un anillo y lo puso en la palma de mi mano y enseguida me pidió que me casara con él. Por primera vez miré profundamente en sus ojos. Nunca me había dicho que me amaba, pero me había amado. Nunca había tratado de besarme, ni siquiera de tomarme de la mano, pero me había tratado como un tesoro. Dije: "¡Sí!"

Tomó mis manos y oramos juntos, dedicando nuestras vidas a Dios. Luego me dijo: "Tengo un regalo para ti."Y enseguida comenzó a escarbar en la arena ahí donde estábamos hincados. Desenterró una caja, la abrió y de su interior sacó dos docenas de rosas rojas. Mientras me las entregaba, por fin dijo las dos gloriosas palabras que toda mujer desea escuchar: "Te amo."

No fue sino hasta después que ya estábamos comprometidos que mi hermano mayor me dijo que Anthony era aquel buen muchacho que él había pensado que sería bueno para mí.

Mi guapo príncipe italiano y yo ya tenemos casi siete años de casados, y en las buenas y en las malas, en pobreza y en riqueza, a través de todo nos hemos regocijado en un mismo sentir. He viajado alrededor del mundo con él y le he visto predicar las Buenas Nuevas a miles de personas. Acabamos de regresar después de haber vivido en África durante el verano con nuestros tres hijos y el bebé que viene en camino. Justo hoy, hablamos con un amigo cuyos ojos se llenaron de lágrimas cuando agradecía a mi esposo por haberle predicado el evangelio el año pasado.

Mi historia de amor se pone mejor cada día.

¿Cómo se preparó Ellie para ser una ayuda idónea? Esto es lo que ella dice que debes estar haciendo:

- ♥ Ocúpate seriamente en hacer algo con tu vida para la gloria de Cristo, sirviéndole y ministrando a otros. Asegúrate de que tu vida tiene propósito.

- ♥ Y con respecto a tu Príncipe Azul, no seas una coqueta, ni te sientas frustrada si se tarda en dar pasos concretos. No intentes empujarlo a que se comprometa antes de que esté listo. Debes estar preparada para esperar..

Una amiga mía me dijo que todos los chicos que ella sentía que valían la pena (era una lista bastante corta y yo no aparecía en ella), eran increíblemente lentos para moverse cuando se trataba de relaciones.

De parte del Príncipe Italiano

Mi primera impresión de Ellie fue que era alegre, pura, rebozando confianza y llena de actividades productivas. Entre más la conocía, más se confirmaba que mi primera impresión de ella era totalmente correcta.

Nunca olvidaré la primera vez que la conocí. Me había quedado encerrado en el patio trasero del templo, y ella vino a abrirme la puerta. La reconocí como la hermana de mi amigo Adán, y por alguna razón mi corazón comenzó a acelerarse cuando la vi. En ese momento cuando abrió la puerta me puse tan nervioso que comencé a caminar hacia adentro sin siquiera darle las gracias. Luego me extendió su mano y se presentó. Rápidamente la saludé de mano como si yo fuera un soldado de madera. Mientras me alejaba de ella me preguntaba por qué me había sentido tan agitado y desconcertado. Durante meses me ponía nervioso cada vez que la veía. ♥

Para aquellos que no me conocen, probablemente se imaginan que yo era un tipo tímido, pero esa no es la realidad. Me era posible establecer amistad con otras chicas pero Ellie era diferente. Ella me atraía mucho más que las demás y <u>eso me hacía ponerme nervioso.</u>

Las chicas que me gustan a mí también me hacen sentir "nervioso". Con frecuencia me tropiezo conmigo mismo cuando trato de hablar con ellas.

Dos años después de que la conocí por primera vez, finalmente decidí que si me aceptaba me casaría con ella, pero seguí sin decir nada. Cuidadosamente le oculté mis sentimientos. Pasó otro año en el cual seguí observándola calladamente y llegando a conocerla mejor; además estaba preparando mi vida para cuidar de ella como esposa; esto fue antes de haberme hincado a pedirle que fuera mi esposa.

Aunque Ellie debió de haber sentido mi mucha admiración por ella, nunca presionó, ni trató de apresurar las cosas, ni intentó tomar las riendas de nuestra relación. Solamente esperó. Una vez más demostró lo que valía. Fuimos amigos durante dos años y medio y luego se fue en un viaje misionero de cuatro meses. <u>Cuando regresó, fue como si hubiera visto el sol por primera vez después de haber estado invernando en una cueva durante el invierno.</u>

La ausencia del ser querido puede hacer que el corazón sienta más afecto.

A las tres semanas de que regresó terminé mis estudios en el Instituto. Una hora después de haberme graduado estaba hablando con su papá pidiendo su bendición para casarme con su hija. ¡Estaba pasmado! Él sabía que yo jamás había dirigido alguna palabra amorosa a Ellie. Nunca le había dicho lo hermosa que era, cuánto disfrutaba estar con ella, cuánto anhelaba tan sólo tomar su mano. Me había esperado hasta que estuaba seguro de que era la chica correcta y el tiempo correcto. Su papá me preguntó cuándo me quería casar y yo le respondí: "Pronto." Había esperado a esta maravillosa chica por tanto tiempo… le pedí a su papá que no le dijera nada a Ellie. Yo quería tener el privilegio y el honor de preguntarle personalmente. Él estuvo completamente de acuerdo.

Dos largas semanas después, llevé a Ellie a una playa solitaria y le pedí que fuera mi esposa, mi princesa, mi ayuda idónea. ¡Ella dijo que sí! 💙

Ya tenemos una hija y mi sueño para ella es que llegue a ser como su madre—alegre, pura, llena de confianza, diligente y con contentamiento.

Estas son algunas de las cosas que debemos considerar después de haber escuchado la historia de Ellie.

💜 Ella estaba ocupada estudiando, ministrando, sirviendo y organizando reuniones sociales.

💜 Ellie fue paciente. <u>Durante años le había echado el ojo a su "Príncipe Italiano" pero nunca trató de presionarlo o demandar que se decidiera o ¡que confesara su interés!</u> Su vida tan ocupada le ayudó a mantener su enfoque en servir a Dios. Si no se hubiera mantenido ocupada y satisfecha con lo que hacía, pudiera haber intentado presionar a su príncipe indeciso para que la librara de una vida de aburrimiento.

💜 Ellie tenía propósito. Estaba haciendo algo con su vida que le daba satisfacción.

💜 Ser paciente no significa quedarse sentada esperando. Ellie con frecuencia organizaba y era anfitriona de actividades sociales con la esperanza de ganar su atención. Esto funcionó.

⚓ Sé proactiva pero no descarada.

Tu Cofre del Tesoro

¿Quién considera Dios que es una mujer virtuosa?

♥ Ella es una mujer que trabaja arduamente, es creativa, maneja bien el dinero, es alegre, es amable y es agradable.

♥ ¿En cuáles cosas estás ya involucrada?

_____

_____

_____

_____

_____

_____

_____

_____

♥ ¿Cuáles son las cosas que vas a comenzar a hacer para que te ayuden a convertirte en la clase de tesoro que Ellie logró ser?

_____

_____

_____

_____

_____

_____

_____

_____

Agarradoras, Flores Escondidas y Princesas

MORALEJA DE LA HISTORIA: La clase de mujer que seas determinará el tipo de hombre que atraigas.

UNA ADVERTENCIA: Si quieres un marido que no sea un pervertido, entonces compórtate como una princesa para que atraigas a un buen príncipe sano e íntegro.

Las siguientes historias son unos desastres. Todas estas chicas fueron demasiado Inquietas e Impacientes. ¿A qué me refiero con esto? Ya lo verás.

CAPÍTULO 9

ENCONTRANDO
el equlibrio

HEMOS LEÍDO TRES HERMOSAS HISTORIAS DE AMOR: La Chiquilla, ¿Cortejo con Quién? y el Príncipe Italiano. Hemos aprendido acerca de los tres tipos de hombres y los tres tipos de mujeres. Ahora es tiempo para unas amonestaciones.

No te desanimes, pues a veces tenemos que examinar lo negativo para obtener resultados positivos. Recuerda, tu meta es crecer y cambiar, para lograr un matrimonio glorioso. Si te sientes un poco aporreada o derrotada… prosigue adelante y crece. La vida es una serie de pruebas. Descarta y abandona esos harapos despreciables que habías agregado a tu vida y comienza a edificar aquello que será para la gloria de Dios.

Muchas chicas vienen conmigo acongojadas, diciendo: "¿Cómo le doy a entender a un chico que me cae bien sin que parezca que me estoy ofreciendo?"

Otras jóvenes me han dicho santurronamente y con cierta amargura: "Me avergüenza tanto la manera en que Fulana se cuelga de los muchachos. Ciertamente no se comporta como una virgen casta." Sus observaciones críticas son justificadas, pero a veces eso las hace irse al otro extremo— el de convertirse en Flores Escondidas.

<u>Su actitud reservada a veces puede malinterpretarse y dar la apariencia de que es</u> <u>arrogante o "creída", y eso aleja a buenos hombres.</u>

Esto me ha sucedido a mí porque soy callado, no ando abrazando a las chicas, etc.

<u>Ningún muchacho quiere involucrarse con una joven que se cree súper-espiritual,</u> <u>santa y sabia.</u> Este capítulo te ayudará a encontrar el balance.

Para poder enseñar cómo lograr un equilibrio, he dividido a las jóvenes en tres grupos: Agarradoras, Flores Escondidas y Princesas. Esta no es una categorización bíblica como los tres tipos que vimos anteriormente, pero es una representación muy descriptiva de las chicas de hoy. Creo que las categorías te ayudarán a entender el concepto de lo que quieres ser y de lo que necesitas evitar.

Agarradoras

Las Agarradoras son las chicas que andan cazando hombres, que se cuelgan del brazo de cualquier posible candidato. El problema es que los chicos buenos menospreciarán a las jóvenes que se vienen ofreciendo. Algunas chicas son Agarradoras tan reconocidas que se cuelgan de cualquier brazo que no traiga ya a una chica columpiándose de él. Nadie realmente sabe si tienen una amistad especial con algún joven; o si simplemente "están locas por los muchachos". Hay bastantes muchachos que disfrutarán de la atención y del buen rato, pero no apreciarán lo que se les da tan barato.

Los buenos chicos observadores, descartarán a la Srita. Columpio como posible madre de sus futuros hijos, aunque disfruten la atención que ella les da y también

Consejo de Zack* a su hermana adolescente:
Mi hermana me preguntó cómo le podía hacer para que un buen chico se interesara en ella. Le dije que a veces las jóvenes dan la impresión de que se creen "la gran chica" o "demasiado espiritual" como para dedicarnos un momento de su tiempo."

A mí realmente no me interesan las chicas que tienen esa mirada que te dice, "Yo soy mejor que tú." Yo sé que las chicas dicen que no quieren aparentar ser así, pero así es como las perciben los muchachos.

Yo le dije a mi hermana que siempre debe hacer sentir a los muchachos que ellos son valorados y apreciados por ella. Míralos y sonríeles con una sonrisa de aceptación, no de coqueteo, sino de un interés placentero en ellos y en sus intereses. Nunca te des aires de ser una virgen casta que está a la defensiva.

*Zack es calmado, tiene 18 años, es talentoso, y está observando a las jóvenes.

En respuesta al comentario de Zack:
El que una joven diga: "No quiero dar esa apariencia" es un argumento inútil, y también un pretexto. Especialmente cuando toda su intención fue lograr que otras personas se fijaran en ella. Tú eres lo que otras personas ven que eres. Los demás realmente pueden interpretar esa actitud como tan sólo otra manera en que una chica arrogante trata de absolverse de su responsabilidad de cambiar.

coqueteen con ella. Si sus acciones no tienden a ser como las de una esposa o madre ahora, ¿qué te puede hacer pensar que serán diferentes en el futuro? **"El corazón de su marido está en ella confiado, y no carecerá de ganancias"** (Proverbios 31:11). Esta chica está destruyendo su matrimonio desde antes de casarse.

A algunos chicos, aun a los buenos, les gusta que les estimulen su ego masculino, pero cuando estés casada con un hombre al que lograste arrebatar de esta manera, te preguntarás si aun después de casado a él le seguirán gustando las mujeres ofrecidas.

Claro que le gustarán. Lo puedes afirmar enfáticamente. Si se casó con una joven que captó su atención por su constante coqueteo y por ostentar su cuerpo, otras chicas continuarán llamándole la atención de esa manera después de casado. El problema principal con ser una "Agarradora" es que prácticamente garantizas que te vas a casar con el tipo de hombre equivocado; y eso será un problema mucho más agudo 25 años más tarde, cuando ya no tengas el cuerpo de una jovencita de 20 años y allá afuera hayan muchas que si lo tienen.

Eso verdaderamente será un problema. Como joven esposa, estarás en un constante estado de celos; así que, abstente de ser una Agarradora.

Aun si una Agarradora no se cuelga literalmente del brazo de un hombre, el hombre reconocerá la intención de la Agarradora de "agarrar" el control de la relación. Un ejemplo de esto serían las jóvenes que se acercaron con mi esposo Michael, para decirle que ellas sabían que Dios les había dicho que él iba a ser su esposo. Esta es una Agarradora en el plano espiritual. En la Guía para el Maestro comentaremos acerca de la paciencia que se necesita para evitar llegar a ser una Agarradora.

Si alguna chica hubiera venido conmigo para asegurarme que Dios le había dicho que yo me iba a casar con ella, les prometo que yo nunca lo haría. Estaría buscando la ruta más rápida para escapar de esa chica loca y/o Agarradora. Hablando francamente, no creo que haya ningún hombre que quiera estar casado con una auto-nombrada profetisa.

Flores Escondidas

Las Flores Escondidas son tesoros ocultos a la vista del público, ya sea tras puertas cerradas o disfrazadas de estalagmitas de hielo. Podían mejor colgarse al cuello un letrero que dijera: "Encuéntrame si puedes; es decir, si eres digno de una magnífica chica como yo." Estas chicas viven en casa, rara vez ministran a otros fuera de sus familias, generalmente no ayudan cuando hay eventos, se niegan a participar en cualquier proyecto que sea fuera de su pequeño círculo, no trabajan fuera del hogar, no considerarían ir en algún viaje misionero a menos que tenga una agenda muy estricta y haya chaperones, y por supuesto, rara vez conocen algún chico que valga la pena.

He escuchado a algunos chicos decir: "¿Cómo puede uno llegar a conocer lo suficiente a una chica para considerarla, si está tan protegida que uno nunca pueda averiguar nada de ella o hablar con ella?" La respuesta se encuentra no en los noviazgos sino en organizar actividades sociales, comidas o cenas con otras familias, reuniones, etc. Estos eventos permiten a los jóvenes interactuar, platicar y ver cómo otros responden ante diversas situaciones, en un ambiente "sano."

No es su espiritualidad lo que hace que estas Flores Escondidas aparenten ser tan "inútiles". Unas cuantas han adoptado un estilo de vida enclaustrado por cuestión de principios. Piensan que están haciendo lo que Dios quiere que hagan. Otras simplemente viven en un ambiente muy protegido y son custodiadas por sus padres. Algunas son tímidas y se sienten incómodas en público, por su falta de experiencia. Algunas le temen al mundo. Ellas o sus padres, temen que el mundo las devore. Muchos creen que Dios de alguna manera va a encontrar al hombre perfecto y le va a enviar un correo electrónico diciéndole que vaya a la casa de la chica y pida su mano en matrimonio. Por la razón que sea, estas flores permanecen como un secreto para muchos chicos que andan buscando a una chica de calidad.

Las monjas no se casan a menos que salgan del convento. Vean "La Novicia Rebelde."

Son buenas chicas que serían magníficas esposas, pero tienen una idea errónea de cómo una chica piadosa debe pasar su tiempo. Si permanecen encerradas en casa demasiado tiempo, pueden despertar una mañana dándose cuenta que se han convertido en Solteronas Escondidas. Muchos varones de calidad se quejan de que no pueden encontrar una mujer virtuosa. Cuando la mayoría de los muchachos llegan a la edad de casarse, escogerán a la mejor que puedan encontrar de entre sus conocidas. No van a ir tocando puertas.

Si quieres ser encontrada, déjate encontrar.

Conozco a varias mujeres felices, encantadoras y productivas que nunca se casaron porque permanecieron Flores Escondidas demasiado tiempo. Si lo tuvieran que volver a hacer… bueno te dirían que leas este libro y hagas lo que sugiere. Probablemente, si estás leyendo este libro, quieres llegar a ser una Princesa que se casa con un príncipe real… así que continúa leyendo.

Las Agarradoras y las Flores Escondidas están en los extremos opuestos del espectro. Ambas pierden. Una nunca se casa, la otra se casa con un imbécil. Puede haber un equilibrio. La Princesa se casa con el príncipe.

Las Princesas

Una Princesa no será una Agarradora, pero tampoco permanecerá escondida. Ella estará ocupada, será productiva y su vida tendrá propósito, y su propósito no será solamente el de ¡casarse!

Cuando un hombre está buscando a su ayuda idónea, él se fijará en las chicas que se encuentran ocupadas ayudando. Una chica que está involucrada con entusiasmo en proyectos y actividades, exuda una energía que la hace atractiva. Un joven varón lleno de energía y visión que planea conquistar una pequeña porción del mundo y dejar huella, va a buscar como pareja a alguien que ya está haciendo lo mismo. No va a querer casarse con alguien que vaya a ser un lastre o una hermosa decoración de pared con altos costos de mantenimiento. Cuando él te vea activamente ayudando en la iglesia, en los campamentos, en el hogar, a los amigos, etc., se percatará y tomará nota.

Así que, sé una trabajadora ocupada. Cuando trabajes con niños, tus habilidades maternales serán notadas. Ofrece cocinar para las actividades de la iglesia. Las jóvenes listas son las que se hacen cargo de la limpieza, manifestando así su corazón de siervas y su personalidad proactiva. La gente hablará de la rica comida y de quién la preparó. Todo el mundo aprecia el trabajo duro y una buena actitud.

Los hombres no sólo escuchan, también observan. Todos los hombres aprecian a las jóvenes que son alegres, placenteras y entretenidas. Una chica demasiado seria, una chica que tiene un ligero aire de precavida, mezclado con un tinte de actitud crítica, será pasada por alto. **Todos los hombres sienten repudio por las jóvenes santurronas que se creen más justas y rectas que las demás.** Es una

Los buenos chicos tienden a estar muy ocupados y no tienen tiempo para detenerse a averiguar qué tan "dulce" pudiera ser una chica que se esconde detrás de su fachada de reservada o timidez. Haz una buena primera impresión, haz el esfuerzo por mostrar por fuera lo que hay por dentro. No importa la clase de persona que creas ser; lo que importa es lo que haces. Las personas son conocidas por lo que hacen (Proverbios 20:11).

falta común en la que llegan a caer hasta las jóvenes más dulces después de que se casan. Si tu semblante o perfil como chica soltera delata la menor sugerencia de que te crees más "sabia" y más "espiritual," probablemente te quedarás soltera. De manera que si sientes que tu mente comienza a divagar rumbo a una auto-promoción de santurronería, relájate, date un puntapié y pon tu mejor sonrisa. Puedes leer más acerca de este tema en mi libro *Creada para ser su Ayuda Idónea*, en el capítulo sobre Jezabel.

Por lo general, a los hombres les gusta que sus chicas estén informadas y listas para dar su opinión cuando se la pidan. No seas una persona tonta y cabeza hueca pasando todo tu tiempo viendo qué ropa te pones y cómo te arreglas el cabello. Eso es superficial y temporal. A algunos hombres les gusta que sus damas se vistan y se vean bien, pero eso se gasta con el paso de los años. Si lo que eres sólo consiste en lo externo, puede ser que termines simplemente siendo la muñeca que alguien presuma: "No digas nada, tonta, sólo procura verte bonita." Escucha a los maestros de la Biblia; haz preguntas significativas. Mantente informada de las noticias y eventos actuales. Aprende acerca de cuestiones de salud, hierbas medicinales y remedios naturales. <u>Disponte a leer y aprender acerca de una gran variedad de temas.</u>

Discúlpame por mencionar lo siguiente, pero tengo que decir las cosas como son. La mayoría de los hombres quieren una mujer que cuide de su cuerpo, que haga ejercicio para mantenerlo tonificado, fuerte y sano. Es una señal de lo que ella será en el futuro. Después de todo, los hombres son seres visuales. Les gusta ver y disfrutar. No te descuides ni te dejes engordar.

Aprende qué es lo que les gusta a los hombres. Pregunta a tus hermanos cómo les gusta a los hombres que las mujeres traigan el cabello. Van a responder: <u>"A los chicos les gustan las chicas de cabello largo."</u> Si eres lista vas a poner atención a lo que se te dice. También vas a oír que a los muchachos realmente no les gustan las múltiples capas de maquillaje ni los perfumes fuertes. Una vez más, si eres lista y no terca, escucharás y acatarás.

Para mí, una chica que es buena para conversar es mucho más atractiva que una preciosidad que pudiera ser una artista de cine pero que no sabe mantener un diálogo interesante.

No seas temperamental ni malhumorada. A los muchachos no les gustan las chicas quejosas, ni las excesivamente emocionales, ni las que fácilmente se sienten lastimadas. La mayoría de los jóvenes conocen a la mamá de alguien que le hace la vida miserable al resto de la familia con su temperamento volátil. Todos los varones jóvenes esperan evitar esa plaga. Los chicos hablan. Ellos alertarán a otros muchachos acerca de cualquier chica que consideren malhumorada o temperamental.

Pero no súper largo. Debes poder tenerlo arreglado. ¡No trates de romper ningún record mundial! Acuérdate de buscar el equilibrio; no te vayas a ningún extremo. De cuando en cuando a las chicas les gusta cortarse el cabello un poco más corto para ver cómo se ven y qué se siente. Una vez que te cases, tu marido probablemente va a querer que lo conserves a una misma longitud. A las chicas les gustan los cambios, pero a los hombres por lo general no. La escritura dice: **"...a la mujer dejarse crecer el cabello le es honroso; porque en lugar de velo le es dado el cabello"** (1 Corintios 11:15).

Las Inquietas e Impacientes se convierten en Agarradoras

En la historia de Amor de la Chiquilla, leíste de cómo tuve que esperar siete anos para que Michael se fijara en mí. Luego en la historia del Príncipe Italiano viste cómo Ellie tuvo que esperar bastante tiempo sin tener ni una pista, hasta que su Príncipe Italiano le hizo saber que era la mujer que había escogido. El estar a la expectativa, ansiosa y esperanzada, hace que una mujer se vuelva Inquieta e Impaciente. El ser Inquieta e Impaciente no es bueno. Puede convertir a una buena chica en una Agarradora.

La chica Inquieta e Impaciente no es lujuriosa; simplemente admira al chico y está pensando en el matrimonio. Puede ser un poco exigente… insistente o, bueno tú decide. Un hombre Rey o Profeta no soportará a una mujer que insista en acelerar la relación. Esto lo podrás ver claramente en acción en las historias en los siguientes capítulos.

No te quejes. Nunca. Intenta no quejarte por nada durante una semana y te darás cuenta de que la queja es una horrible "muleta". Cuando estoy evaluando a una chica como candidata potencial, escucho sus conversaciones y trato de imaginar cómo serán a lo largo de 50 años. Me estremezco al pensar en tener que aguantar tanta queja, chisme, berrinche, lloriqueo, o total superficialidad. ¡Pero qué diferencia cuando sus conversaciones son alentadoras, estimulantes, edificantes y educativas!

Tu Cofre del Tesoro

♥ Haz una evaluación honesta de ti misma:

Tiendo a ser…

♥ ¿Qué áreas puedo cambiar para ser más como una Princesa?

Aprendiendo a ser Paciente

Moraleja de la Historia: La paciencia es crucial. Aun cuando la poquita presión que ejerzas sea con amabilidad, cortesía y consideración, de todas maneras estás tomando el control.

Una Advertencia: La desesperación te llevará a convertirte en una Agarradora.

Algunas de las siguientes historias negativas son deprimentes, pero necesarias para que te sirvan de amonestación. No te sientas descorazonada, pues, a pesar de lo dolorosas que puedan ser; no hay nada que influya más en nosotras que ver el dolor que otras sufrieron al caminar por una senda que se desvía de la nuestra. Espero que estas historias abran tus ojos para que veas algunas trampas que debes evitar y para que encuentres el puente que te conduce a una buena vida.

CAPÍTULO 10

Chicas
INQUIETAS E
IMPACIENTES

Caso No. 1: Rose Mary era una chica Inquieta e Impaciente de veintiún años. Disfrutaba su trabajo de tiempo completo pues era creativo. También disfrutaba de sus varios ministerios los fines de semana. Aun participaba ocasionalmente en viajes misioneros. Rose Mary no era una Agarradora ni tampoco una Flor Escondida. Había conocido a muchos chicos que eran posibilidades, pero había uno que destacaba como un Tipazo. No era alto ni guapo, pero era buen chico, listo y en control. Ocasionalmente venía a la ciudad y visitaba a la familia de Rose Mary. A ella le fascinaban sus visitas porque ella y Tipazo realmente la pasaban bien. Hablaban durante horas de todo, desde política hasta doctrina bíblica. Pero el Sr. Tipazo nunca parecía progresar de ser un amigo a ser una posibilidad, o aun mejor, una probabilidad.

Luego el Sr. Tipazo le escribió en Facebook. Por fin, algo de progreso. Después de mucho escribirse, de muchas visitas, de escribirse más y de otra visita, el Sr. Tipazo todavía no decía nada de temas personales. ¿Qué tan buen amigo tiene que ser un hombre para que pueda tomar el siguiente paso?

Rose Mary se sentía frustrada. ¿Acaso había invertido sus energías en una sombra? ¿Por qué se esforzaba en escribirle, visitar a la familia, pero jamás manifestaba ningún interés adicional? Los dos ya estaban bastante creciditos así que… ¿qué faltaba? Se puso Inquieta e Impaciente… luego se molestó y comenzó a echar humo, a hablar con amigos tratando de descifrar si él realmente estaba interesado. Finalmente se enojó. No fue paciente. "No va a seguir teniéndome ahí colgada," exclamó. Rose Mary desarrolló un caso serio de orgullo femenino. <u>Así que le escribió al Sr. Tipazo y le dijo de una manera muy amable, que un hombre o se ponía serio o no debía desarrollar una buena amistad con una chi</u>ca.

Ahora Rose Mary ya no tiene un amigo, no tiene una posibilidad y ciertamente ya no una probabilidad. ¿Estaba Tipazo esperando porque todavía no tenía todo lo que quería tener en orden, como el Príncipe Italiano que se esperó hasta terminar sus estudios y ser económicamente estable? Nunca lo sabremos; tampoco lo sabrá Rose Mary.

Si Tipazo la estaba considerando, entonces ciertamente lo alejó con su demanda. Me atrevo a adivinar qué él es un Rey. Los Reyes reaccionan enérgicamente y de manera definitiva cuando son reprendidos o desafiados. Pero también a ningún hombre (Profeta, Sacerdote o Rey) le gusta que la mujer lo force o presione prematuramente. A veces el hombre puede necesitar algún aviso que lo despierte. Ahora bien, ¿cuál

Yo no creo que ella debía haberse quedado por ahí sentada esperándolo. Pero definitivamente el haber cortado la amistad fue una mala idea. Esto hace que surjan las siguientes preguntas: ¿Qué acaso un chico y una chica no pueden ser nada más amigos? ¿Qué acaso no pueden llegar a ser buenos amigos sin tener otras expectativas? ¿Acaso no está bien si no está sucediendo nada inapropiado o indiscreto? Yo les confieso aquí mismo que no tengo las respuestas a estas preguntas, pero yo sé que para mí es difícil ver a cualquier chica como nada más "una amiga más." Porque en algún lugar de mi cabeza va a estar la pregunta: "¿Será esta la chica?" Cuando se llegue a un cierto grado de amistad, creo que sería prudente que el chico y la chica hablen acerca de cómo se ven el uno al otro y de cuáles son sus intenciones. Esto mantiene todo abierto, honesto, realista y "sobre la mesa."

sería un aviso para despertarlo que fuera adecuado? Comentaremos más sobre esta idea cuando les cuente la historia de una chica que suavemente "despertó" a su hombre y lo ganó.

> Notifica pero no informes. Busca que se dé cuenta pero no exijas conocer sus intenciones

Si una chica es lista, sabrá que exigir o demandar es tomar el liderazgo. **Si lideras a tu marido hacia el matrimonio lo seguirás liderando en lo sucesivo.**

Proverbios 8:11 dice: **"Porque mejor es la sabiduría que las piedras preciosas; y todo cuanto se puede desear, no es de compararse con ella."**

Una demanda es… bueno, una exigencia. Cuando una chica responde al interés informal de un joven con una esperanza informal, no con una exigencia, el hombre interpreta eso como humildad. Esta es una lección muy importante que debes aprender. Puedes pensar que la diferencia es nada más cuestión de palabras. No lo es. Para un hombre esta diferencia puede decidir si descarta a la chica o si continúa desarrollando la relación hasta que se case con ella. Recuerden, un hombre tipo Rey o Profeta responderá a la humildad en una mujer con gentileza e interés.

Detente ahora mismo y pídele a Dios que te dé entendimiento conforme sigues leyendo. Necesitas llegar a valorar este concepto. El aprenderlo te ayudará en todas las facetas de tu vida.

"Cuando viene la soberbia, viene también la deshonra; mas con los humildes está la sabiduría" (Proverbios 11:2).

Una Entrevista con Ellie

(por Beth, Princesa-en-espera)

Esta siguiente sección es una entrevista con Ellie, la esposa del Príncipe Italiano. Ellie nos cuenta la historia de una de sus amigas la cual no le exigió a un hombre que tomara una decisión, sin embargo ella audazmente declaró su interés en él.

Entrevista:

P: ¿Cómo supiste que el Príncipe Italiano era el indicado en vez del otro muchacho que te gustaba cuando estabas más chica?

> R: Mi amistad con el Príncipe se había profundizado desde antes del viaje de cuatro meses a Asia, y yo sabía que si pasaba tiempo alejada de él podría ver nuestra relación desde otra perspectiva.

Sabía que ya no podíamos intimar más en nuestra amistad sin que las cosas se volvieran románticas, aunque también sabía que podíamos dar por terminada nuestra amistad sin tener nada que lamentar. Mientras pensaba en la posibilidad de ya no tener amistad con él, me di cuenta que <u>no quería pasar el resto de mi vida sin él</u>. Así que supe que cuando regresara de ese viaje, ¡si él me quería para él, yo sería para él! Con el otro chico nunca tuve la confianza para avanzar en la relación. Además, en esa primera experiencia yo estaba demasiado chica como para sentirme cómoda hablando de matrimonio. Como era muy joven, no tenía sabiduría para juzgar el carácter. Para cuando conocí a mi Príncipe Italiano ya había madurado y sabía lo que estaba buscando en un chico. Pasé mucho tiempo observándolo y averiguando qué tipo de persona era, mucho antes de entregarle mi corazón.

Es curioso cómo la mayoría de las personas solamente descubre esto en un sentido negativo. Por ejemplo, rara vez oyes a alguien decir: "Me di cuenta que quería pasar el resto de mi vida con esta persona." Una ausencia o separación corta, a veces hace que los sentimientos broten a la superficie.

P: ¿Cómo encontraste la paciencia para esperar hasta que él diera el primer paso?

R: Me quería casar, pero el romance y el deseo de casarme no me consumían. La chica que cae en la desesperación se pone a sí misma en una situación vulnerable y peligrosa. Una chica así es más propensa a conformarse con un muchacho al cual ni siquiera consideraría como una opción si no estuviera en ese estado de desesperación. Cuando era soltera y quería casarme, me recordaba a mí misma del pasaje: *"...he aprendido a contentarme, cualquiera que sea mi situación"* (Filipenses 4:11). <u>Sabía que si no tenía contentamiento con lo que tenía (la soltería), tampoco tendría contentamiento con lo que quería (el matrimonio)</u>. Ahora que tengo siete años de casada, puedo decir que esa fue una lección que bien valió la pena haberla aprendido.

Aquí hay mucha sabiduría.

P: Dices en tu carta que no andabas persiguiendo a tu Príncipe Italiano de una manera efusivamente femenina. ¿Es eso correcto? Sé que estabas ocupada con tu vida, pero...?

R: Yo era joven y tenía metas y cosas que quería experimentar y lograr antes de casarme. Pablo escribió los versículos de 1a Corintios 7 para todas las cristianas solteras. Dice que la virgen o la doncella tiene cuidado de las cosas del Señor para ser santa en cuerpo y en espíritu. Yo consideré mis años de soltera como una ventana de oportunidad para darle al Señor mis energías, mis deseos y mis fuerzas. Atesoro esos años, y le doy gracias a Dios por el fruto que resultó del ministerio que trajo a mi vida.

P: **Tu historia me inspira. Hay un chico que me gusta desde hace un año, pero él no ha dado ningún paso, no ha hecho nada. Ni siquiera sé si se interesa en mí.**

R: Tengo una amiga que se quería casar con un chico que nada sabía del interés de ella. Un día él le comentó que no podía encontrar ninguna buena chica con quién casarse. Ella le respondió: "¿Y yo qué te parezco?" Pronto se casaron. Él dice que la primera vez que consideró casarse con ella fue cuando ella le hizo esa pregunta. Yo pienso que pudiera haber un momento para comunicar insinuaciones o hasta manifestar tu interés. Sin conocer tu situación, es difícil que pueda decir qué es lo que yo haría, pero he sabido de casos en los que la joven le da a entender al chico que está interesada en él, o hacen que un hermano, papá o amigo cercano se lo hagan saber al chico. Por supuesto, si haces esto puede ser el final de una amistad… ¡o puede ser que pongas a rodar la pelota!

El Comentario Final de Beth

Gracias por la entrevista… y por la idea que me diste de darle a entender que uno tiene la respuesta, ¡si él hace la pregunta!

Proponiendo Matrimonio

Como regla general, pedirle que se case contigo es algo que NO SE HACE. Recuerda la inquieta e impaciente Rose Mary, básicamente hizo lo mismo que la amiga humilde de Ellie. La diferencia fue: Rose Mary estaba enfadada. El hombre se da cuenta de la diferencia. La amiga de Ellie lo hizo con una sonrisa y muy esperanzada. Un hombre se sentiría honrado, no presionado.

Acuérdate, yo soy la chiquilla que sabía desde los trece años de edad quién iba a ser mi amorcito, sin embargo, por más de siete años él no dijo ni una palabra al respecto. Fui yo quien propuso matrimonio… pueden leer toda nuestra historia en *Creada para ser su Ayuda idónea*.

Te acordarás de la broma que le jugué a Michael, al fingir estar comprometida con uno de los soldados. Fue la llamada de atención que hizo que Michael me viera como una esposa potencial.

La Respuesta Humilde

¿Puedes ver cómo la amiga de Ellie actuó con humildad cuando formuló su pregunta?

Estaba manifestando una esperanza pero no estaba exigiendo que "o te me declaras o terminamos." Cuando una mujer demanda que el hombre declare sus intenciones, él se sentirá atrapado. Pero cuando ella expresa su interés en una manera que no está trazando la raya (poniendo un hasta aquí) en la arena del matrimonio, él se sentirá honrado.

Un buen hombre no querrá lastimar a una chica. Si tú le haces pensar que continuar con su amistad casual te causará sufrimiento en caso de que él no tenga intenciones serias, por consideración a ti terminará la relación de inmediato.

En una actitud de "me dices ahora mismo," la chica está exigiendo que el muchacho entregue los secretos de su corazón inmediatamente.

La amiga de Ellie se humilló a sí misma al dar a conocer que se sentiría honrada si él estaba dispuesto a considerarla, pero no pidió nada. Hay una gran diferencia entre la manera de pensar de un hombre y de una mujer.

Este versículo ilumina significativamente los resultados contrastantes de las dos jóvenes que dieron pasos atrevidos en sus relaciones: **"Cuando viene la soberbia, viene también la deshonra; mas con los humildes está la sabiduría"** (Proverbios 11:2).

Los hombres detestan esto. La mayoría de las veces los secretos del corazón de un chico son secretos hasta para él, hasta el momento mismo en que toma una decisión firme. El tratar de forzar el asunto antes de que él este listo lo hace sentir vulnerable y defensivo.

Ahora bien, regresando con las chicas Inquietas e Impacientes:

Caso No. 2 Una Chica Mayorcita, Inquieta e Impaciente

Una mujer mayor madura había estado soltera durante varios años. Decidió utilizar un sitio en Internet para buscar pareja. Le ofrecieron una posible pareja y habló en línea con un agradable hombre mayor con el cual disfrutó intercambiar mensajes. Eran precavidos, se escribían solamente una vez a la semana y mantenían su correspondencia en un nivel no personal. Él comenzó a llamarle por teléfono ocasionalmente. Oh, era una dicha escuchar su voz. La amistad parecía ir progresando bien, pero las semanas se convirtieron en meses y el Fulano no daba señas de querer llevar la amistad un paso más arriba. Luego dejó de llamar por varias semanas y tampoco escribió por un tiempo. La dulce y gentil Srita. Mayorcita se preocupó: "¿Por qué no llama Fulano? ¿Habrá pasado algo?" Impacientemente esperó unas pocas semanas más antes de escribir para preguntar si todo estaba bien. "Espero que no estés enfermo o te haya pasado algo. Me tienes preocupada." Fulano contestó que todo estaba bien; que había estado un poco deprimido pero que ya estaba bien. Así que la Srita. Mayorcita se sintió mejor y esperó un par de semanas más. Luego comenzó a inquietarse e impacientarse. Alto, Srita. Mayorcita, ¡la cosa es calmada! Nada ha sido prometido; no hay ningún acuerdo o entendimiento declarado. Él no te debe nada. No demandes que él declare sus intenciones.

Después de transcurrida otra semana la Srita. Mayorcita ya estaba harta. Ella pensó: "Prefiero saber que no está interesado en mí para así poder continuar con mi vida (VACÍA). De manera que le escribió a Fulano una carta muy digna y cortés. Fue fácil para el viejo Fulano leer entre líneas. Había estado casado antes y sabía cuando una mujer le estaba diciendo lo que debía hacer y cuándo lo debía hacer. Sonrió y esperó otro mes antes de responder. Escribió una carta muy cortés y amable diciendo, gracias, pero no gracias.

La moraleja de esta historia es:

La paciencia ES CRÍTICA. Aun cuando el empujoncito sea amable, cortés y considerado, de todas maneras ejerce presión sobre el hombre quien instantáneamente percibe que ella está tratando de tomar el control de la situación. Una última historia nos enseñará que hay más de una manera de espantar y hacer huir a un hombre.

Caso No. 3: Cuando la Inquieta e Impaciente se vuelve Agarradora

Las mujeres tienen diversas maneras de tomar el control. Muchos hombres o son debiluchos o son tan sensuales que no les importa si la chica los está acribillando, pero la mayoría de los hombres buenos no aguantarán a una chica que trata de saltar por encima de los plazos que él se ha fijado. Quiero contarte la historia de una Chica Inquieta e Impaciente que se convirtió en Agarradora—literalmente. Recuerda, la desesperación puede convertir a una buena chica en Agarradora.

Abril tenía veinte años de edad y estaba lista para casarse. Tenía su boda toda planeada: vestido, las damas, la comida, las flores, todo lo necesario. Cuando Jacobo llegó a su iglesia ella se lanzó sobre él. Él era lo que ella siempre había deseado. Sus ojos lanzaban dagas a las otras chicas que se atrevían fijar sus ojos en él, diciendo: "Ni siquiera lo intentes, él es mío." Esa noche, mientras Jacobo caminaba hacia el estacionamiento acompañado por el resto del grupo de la iglesia, se sorprendió al sentir un brazo suave enrollarse alrededor del suyo. Volteó su cabeza para ver quién había sido tan atrevida. Se quedó sobresaltado y sin saber qué decir, cuando ella se apretujó junto a él en el auto y luego puso su mano sobre su muslo. Sus hormonas sanas se aceleraron tremendamente, obligándolo a luchar por controlarse y no dar rienda suelta a su impulso de besuquearse ahí delante de todos, ¡caramba!

Ya estando solo bajo las luces brillantes de su recámara, se puso a reconsiderar la situación. Lo que sentía era bastante agradable. Realmente no importaba cuál de todas las chicas bonitas fue la que puso su mano sobre su muslo y apretó su suave pecho contra su brazo... era el contacto femenino lo que lo estremecía. Trató de ubicar el rostro que pertenecía al cuerpo de la chica... ah, si ya me acuerdo. Ella es dulce, pero realmente no la conozco.

Por supuesto que ahora iba a ser difícil para él llegar a conocerla, porque su carne había sido incitada al grado que su mente y su alma no iban a funcionar en un nivel puro. No que ella fuera una chica mala, él sabía eso... es sólo que ella no tenía ni idea cómo funciona la masculinidad.

Él sentía tanto atracción hacia ella, como repulsión por los sentimientos de culpa que le creaba. A él le gustaba lo que estaba sintiendo la carne. Inflaba su ego pensar que una joven tan linda lo considerara como el gran GALÁN, pero detestaba el sentimiento de estar perdiendo el control de su vida. Él sabía que si ella continuaba persiguiéndolo carnalmente, pudiera llegar el momento en que él cediera, y quisiera casarse con ella por las razones equivocadas; y eso significaría que por el resto de su vida él tendría un matrimonio edificado únicamente sobre la carne.

Jacobo hizo lo que todo verdadero hombre tiene que hacer: **"Huye también de las pasiones juveniles, y sigue la justicia, la fe, el amor y la paz, con los que de corazón limpio invocan al Señor"** (2 Timoteo 2:22)

Renunció a su trabajo que era bien pagado y se cambió de ciudad. La chica esperó su correo electrónico, algún mensaje de texto y revisaba su Facebook. Nada. Sospecho que era Profeta, pues son los que más tienden a hacer lo inesperado. Un hombre tipo Sacerdote se hubiera quedado en la ciudad, pero hubiera tratado de permanecer oculto hasta que cesara la persecución. El Rey la podía haber visto con enfado o dado una represión. Este profeta simplemente huyó. Muy bíblico.

Lecciones Aprendidas

¿Se hubiera interesado Jacobo en Abril si ella no se hubiera vuelto Inquieta e Impaciente y convertido en una Agarradora? Es posible. Ahora pensemos en una manera en la que ella discretamente podía haberle hecho saber que estaba interesada, sin convertirse en una Agarradora. ¿Qué si ella hubiera sido lo suficientemente lista como para brevemente atrapar su mirada… nada más una vez (es muy importante que nada más sea una vez), para no dar la impresión de ser una Agarradora o querer tomar el control? Y si de casualidad se ruborizara, bueno, él claramente hubiera recibido el mensaje de que ella lo consideraba todo un galán. Pudiera haber despertado su interés en ella; pero también a lo mejor no. Una chica tiene que tener la esperanza, pero no demandar.

La clave está en que él pudo haber decidido si estaba interesado y/o si estaba listo para tomar un paso como ese. Los hombres buenos cargan con lo que es su responsabilidad. Necesitan sentir que tienen la estabilidad necesaria para ofrecer a su futura esposa. Te acuerdas cómo el Príncipe Italiano se esperó hasta una hora después de haberse graduado del Instituto Bíblico antes de hablar respecto a Ellie. Era lo suficientemente sabio para saber que una vez que declarara sus intenciones, estaría tan distraído con los pensamientos del amor de su vida, que no podría enfocar su mente en la tarea a la mano, o sea, terminar lo que había comenzado (la escuela). Una vez que quedó libre de esa responsabilidad, estaba ansioso por casarse lo antes posible.

Es posible que un hombre que intercambió una "mirada" contigo hace tres años haya estado alimentando la idea de casarse contigo. <u>Este puede ser un hombre tipo Sacerdote que ha estado trabajando pacientemente juntando dinero para poder tener una solvencia sólida cuando se case.</u>

La paciencia es tan importante.

Sí, ese soy yo.

¿Por qué pinto una imagen tan mala de las Agarradoras?

La gente se pregunta por qué son tantos los matrimonios que se estrellan contra las rocas. No tienes que ser un consejero matrimonial cristiano para saber la respuesta. La mayoría de los matrimonios inician con el chico buscando o dejándose atrapar por una Agarradora. Cuando la chica se siente a salvo porque ya se casó, habiendo atrapado a su hombre con artimañas de la carne, no se sentirá apreciada ni atesorada como persona. Tal vez sea porque realmente no lo es.

<u>Los matrimonios forjados en el calor de la lascivia se consumen rápido.</u> Se requiere de mucho trabajo y de mucho dar y de mucha sanidad para salvar a esos matrimonios. No quieres estar en una situación así.

No creo que necesites de más historias.

Los romances remolino con frecuencia tienen finales violentos. Creo que el boticario en la obra *Romeo y Julieta* de William Shakespeare hace referencia a esto.

"Porque los labios de la mujer extraña destilan miel, y su paladar es más blando que el aceite; mas su fin es amargo como el ajenjo, agudo como espada de dos filos. Sus pies descienden a la muerte; sus pasos conducen al Seol" (Proverbios 5:3-5)

Aprendiendo la Paciencia

La paciencia es una virtud que produce resultados perdurables. Pregúntales a Ellie y a su Príncipe Italiano. Ella esperó por más de dos años para que él le diera siquiera un indicio; sin embargo, él dijo que cuidadosamente encubrió su amor por ella.

¿Cómo adquieres paciencia si no es algo natural a tu temperamento? Eso es lo que tenemos que aprender.

Caso No. 4: Orando por Paciencia

Conozco a una señorita a la que realmente le hacía falta paciencia. También era bastante obstinada, un rasgo del cual se sentía orgullosa hasta que comenzó a darse cuenta que la obstinación y la falta de paciencia van de la mano. Contrario a lo que piensan algunas chicas con personalidades fuertes, la terquedad no es una virtud en las mujeres, puesto que es un rasgo masculino. Pero bueno, esta chica se dio cuenta que varias de sus amigas habían perdido a algunas de sus Posibilidades debido a la falta de paciencia, de manera que se propuso dominar el arte de la paciencia para evitar sufrir alguna decepción similar. Durante semanas diligentemente oró pidiendo paciencia. Había aprendido que Dios prometía sabiduría al que se la pidiera, así que supuso que Dios la recompensaría con paciencia si la pedía. Ella se aferró a este versículo: **"Pedid, y se os dará; buscad, y hallaréis; llamad, y se os abrirá. Porque todo aquel que pide, recibe; y el que busca, halla; y al que llama, se le abrirá"** (Mateo 7:7-8).

Pronto su vida pasó de lo aburrido a lo caótico. Sus padres la presionaban, sus hermanos menores la "torturaban," las horas extras en el trabajo la ponían tensa y un maravilloso y guapo "posible" se había burlado de ella al darle esperanzas ilusorias. Finalmente, un día llegó al trabajo viéndose mal y decaída. Su compañero de trabajo era un hombre del área rural quien viéndola acongojada exclamó: "¿Qué traes en el buche?

Esta chica buena y honorable, ya no pudo más y se soltó llorando: "Es que no sé qué es lo que me está pasando. Es que todo en mi vida parece estar jalándome en todas direcciones al mismo tiempo. No puedo complacer a mis padres, mis hermanos menores se portan como locos, aquí estamos hasta el tope de trabajo y ahora me entero que ese chico tan apuesto que me ha estado visitando también ha estado visitando la casa de Barbie. No lo entiendo. Le he estado pidiendo a Dios que me dé paciencia, y en vez de eso recibo más pruebas de las que puedo soportar."

Sus sabios compañeros de trabajo guardaron silencio por un momento y luego se soltaron riendo. "Bueno", dijo el predicador que trabaja en su departamento, "¿cómo crees que va a obrar Dios para hacerte una persona paciente?" En Romanos 5:3-5 Dios dice claramente: **"Y no sólo esto, sino que también nos gloriamos en las tribulaciones, sabiendo que la tribulación produce paciencia; y la paciencia, prueba; y la prueba esperanza; y la esperanza no avergüenza; porque el amor de Dios ha sido derramado en nuestros corazones por el Espíritu Santo que nos fue dado."** Ten cuidado con lo que le pides a Dios porque Él responde a las oraciones.

Tu Cofre del Tesoro

Si aprendes la paciencia, traerás bendición a todos los días de tu vida, bendecirás a tu marido, a tus hijos, a tus amigos y hasta a tu iglesia. Teje bien el Hilo de la paciencia.

♥ Anota algunas áreas de tu vida en las cuales puedes comenzar a practicar la paciencia.

_____

_____

_____

_____

_____

_____

_____

_____

_____

_____

_____

♥ Hasta ahora hemos aprendido:

  ♥ La importancia de la oración.

  ♥ A buscar consejo y a estar abiertas para considerar a algún hombre que de otra manera hubiéramos pasado por alto.

  ♥ Con Ellie aprendimos a tener propósito en la vida, a mantenernos ocupadas y motivadas sirviendo al Señor.

  ♥ Tenemos la esperanza de no caer en ser Inquietas e Impacientes, para luego convertirnos en Agarradoras, ni tampoco nos quedaremos como Flores Escondidas.

  ♥ Nuestra meta es convertirnos en verdaderas princesas.

♥ Esto nos lleva a la posibilidad de convertirnos en Princesas de Fantasía. Te ruego que tomes lo que escribo con seriedad, para que tu vida no termine solamente en castillos en el aire.

Ilusiones Necias

MORALEJA DE LA HISTORIA: El mantener una conversación casta, tanto oral como escrita, te recompensará con regocijo.

UNA ADVERTENCIA: Toda obra, toda palabra, todo será revelado en detalle algún día. "…sabed que vuestro pecado os alcanzará" (Números 32:23).

Cuando estás enamorada, tus prioridades cambian. Tus planes y metas anteriores ya no parecen tan importantes como antes. Ese "alguien especial" es súbitamente la cosa más importante en tu vida. Un dato importante y peligroso es que cuando "piensas" que estás enamorada, pasa lo mismo… pero no es duradero.

CAPÍTULO 11

CASTILLOS en el AIRE

Cuarta Historia

MI NOMBRE ES TARA. TENGO diecinueve años y nunca he sido la chica promedio cuando se trata de chicos. Sí, son buenos compañeros, pero nunca pude entender a las jóvenes que pasan todo el tiempo con risitas tontas, cuchicheando acerca del chico más reciente que les gusta. Desde jovencita decidí no perder mi tiempo ni mis emociones en algún chico con el que obviamente no pensaba casarme. Viendo en retrospectiva, puedo ver que tuve demasiado tiempo libre. Si me hubiera mantenido ocupada no habría tenido tiempo para andar enviando mensaje, tras mensaje, tras mensaje. Así es como ocurrió.

Matt era el tipo más sensible que yo había conocido. No era el tipo de hombre con el que había imaginado casarme, pero parecíamos encajar muy bien el uno con el otro. Porque crecí con un padre que era muy insensible y emocionalmente imperturbable, nunca pensé que la sensibilidad fuera un rasgo de carácter positivo en un hombre.

<u>Pero cuando te conviertes en el objeto de toda esa emoción y consideración, es muy atractiva.</u> Matt siempre sabía cómo me sentía y parecía identificarse conmigo. Era romántico y leía poesía. Me hacía sentir como si yo fuera la chica más especial y maravillosa del mundo. De cierta manera me hacía sentir culpable, pues yo no sabía cómo hacer lo mismo por él. Como mi papá, soy más bien insensible y muy realista. Pero lo intenté. Aunque me percataba de que no estaba actuando como realmente soy, traté de ser emocional y tan dependiente de él como él lo era de mí. Era muy placentero.

Nos habíamos conocido brevemente por medio de amigos mutuos. De inmediato hicimos buenas migas. Unos cuantos meses después comenzamos a escribirnos, y en un período como de cuatro meses llegó a ser uno de mis mejores amigos.

A las chicas les encanta este tipo de atención. Llega a ser intoxicante, como el alcohol, y tuerce su percepción de la realidad, como una droga.

Esta es la primera bandera roja— el "amor" por Internet no es más que un castillo en el aire. Se ve fantástico, pero no es un verdadero castillo.

Debido a que soy una persona con mucha auto-confianza y no bajo fácilmente la guardia, me asombró lo mucho que me abrí con él y lo que le confié por Internet. La transición de buenos amigos a algo más podía haber estado ocurriendo lentamente a través de estos cuatro meses, pero ninguno de los dos nos habíamos dado cuenta de ello sino hasta que él me ayudó a pasar por unas cuestiones difíciles. Él era extremadamente honesto conmigo y muy comprensivo. Le dí él número de mi celular y nos comenzamos a hablar y a mandar mensajes continuamente. Viendo hacia atrás comprendo que no tuvimos la oportunidad de permanecer "solamente como amigos."

Cuando un chico y una chica pasan todo su tiempo comunicándose y contándose cosas el uno al otro, tarde o temprano van a tener problemas.

Me puse en esa posición sin darme cuenta. No vi lo que venía, y mientras yo todavía estaba tratando de definir mis propios sentimientos, él ya había tomado el paso de considerarse enamorado de mí. **El saber que el hombre que más me importaba estaba enamorado de mí era un sentimiento maravilloso, y me sentía presionada para corresponder a ese sentimiento.** Me convencí a mí misma de que yo también lo amaba, a pesar de que en lo profundo de mi corazón yo sabía que no era así. Pensé que el amor sería asombrosamente claro, pero parecía tan elusivo. Alejé de mi mente los pensamientos de duda. Los dos estábamos tan sorprendidos y pasmados por cómo se había desarrollado esta situación, que en vez de llevar las cosas con calma para poder evaluarlas mejor y determinar si era real o no, aceleramos las cosas. Comenzamos a comentar si mi familia lo aceptaría o no, y el tipo de boda que nos gustaría tener.

También hablamos de su pasado y de algunos problemas con los que él había luchado por años, y una vez más me persuadí a mí misma de no permitir que eso me molestara, pues yo era su sanadora. Nuestra relación era buena para él.

Bandera Roja No. 2: No tienes cerebro cuando estás enamorada y tampoco puedes "arreglar" a tu chico.

Me convencí a mí misma de que no era algo de tanta importancia y que podíamos resolver los problemas juntos. Fui necia y ciega.

Mis padres estaban totalmente escandalizados cuando les platiqué acerca de Matt. Era lo que menos esperaban de mí. Pero debido a que nunca antes había manifestado ningún interés por un chico, me tomaron en serio y accedieron a que viniera a conocer a la familia. Se aseguraron de enfatizar que venía para ser aprobado, no para visitarme.

Ellos no tenían idea de lo seria que había llegado a ser nuestra relación por medio de los mensajes de texto y las llamadas que nos hacíamos con nuestros teléfonos celulares, por correo electrónico y en nuestras llamadas telefónicas. Después de haber hablado por teléfono con mi papá en varias ocasiones Matt compró su boleto de avión y por fin llegó. Habían pasado ocho meses desde que nos conocimos por primera vez—la única ocasión en que lo había visto en persona. Las cosas al principio eran un tanto incómodas y extrañas, así que comencé a preguntarme en qué lío me había metido. <u>Puse a un lado todos mis temores y dudas y fingí estar tan enamorada como lo estaba él.</u> Pero poco a poco, al paso de dos o tres días, pequeñas porciones de su carácter que yo no había reconocido en nuestro trato por Internet comenzaron a surgir, y me asusté. Cuando alguien escribe, proyecta a la persona que piensa que es (o que desea ser), no la persona que realmente es. Llegó a ser obvio para mí que no era el hombre a quien yo neciamente me había convencido de que amaba. No obstante, me decía a mí misma que ya era demasiado tarde, que no podía dar marcha atrás. Después de todo lo que habíamos pasado y de nuestros planes, no podía súbitamente terminarlo todo. Él era tan sensible. No me atrevía a lastimarlo.

Decidí seguir adelante con los planes y a dejar de pensar tanto en las cosas; a esforzarme para que esto funcionara. El mismo día en que tomé esta decisión, una buena

Entre más quieres algo, menos calificada estás para evaluarlo y poder tomar una buena decisión al respecto. El mismo deseo que impulsa la decisión te impide poder juzgar objetivamente lo que deseas. Puesto que la atracción física puede llegar a ser muy intensa y absorbente, es doblemente importante que pongamos atención al consejo de familiares y ancianos sabios.

amiga se acercó y me dijo que tenía que hablar conmigo. Con mucha vacilación me mencionó cosas que ella había notado en Matt que le preocupaban, cosas que yo me había convencido a mí misma que estaban "bien," que eran normales. Mientras ella hablaba, puse a un lado mis sentimientos y traté de ver la verdad, porque verdaderamente deseaba la voluntad de Dios para mi vida.

El escuchar estas preocupaciones expresadas por alguien a quien yo amaba y en quien confiaba, me hizo analizar la situación con más cuidado. Súbitamente me impactó la realidad: no amaba a Matt y tampoco quería pasar el resto de mi vida a su lado. Podía ver que lo que teníamos era el resultado de la tecnología moderna y de haber dado rienda suelta a nuestras emociones. No era un amor probado y verdadero. A través del amable y gentil consejo de mi amiga comprendí que yo no quería tener que tratar con los problemas pasados de Matt por el resto de mi vida, ni tampoco quería que mis hijos iniciaran la vida con un padre que venía arrastrando un equipaje de su pasado.

No fue fácil admitir lo errada que había estado, pero sentí alivio al darme cuenta que ahora sí andaba en la verdad. Fui inmediatamente con mis padres y les conté todo. Me dijeron que estaba haciendo lo correcto. De manera que esa noche terminé mi relación con Matt. Fue muy duro para Matt y él hizo su mejor esfuerzo por lograr que yo reconsiderara mi decisión. Pero yo sabía que estaba haciendo lo correcto; la libertad que sentí fue asombrosa.

La vida fue difícil las siguientes semanas, pero me lo merecía. Me había engañado a mí misma haciéndome creer que puedes conocer a alguien nada más chateando por el Internet. Aprendí que eso no es verdad, y estoy agradecida que pude escapar de mi absurda insensatez. Todo el dolor por el que pasé podía haber sido fácilmente evitado si hubiera desistido de jugar esos juegos mentales y de convencerme a mí misma con mentiras. Aprendí de una forma difícil y dolorosa, pero siempre recordaré una cosa: El contarte mentiras a tí misma no cambia la verdad. Me siento más sabia ahora, así que después de todo tal vez algo bueno resultó de mi desastre, aunque sé que una parte de mí nunca será la misma.

~ *Tara*

 "El avisado ve el mal y se esconde; mas los simples pasan y reciben el daño" (Proverbios 22:3).

 Esta es una historia dulce pero el final es muy triste. Qué terrible es cuando nos decimos a nosotras mismas que algo es de cierta manera, cuando realmente no lo es. Mi hermana menor tiene una historia similar pero no llegó tan lejos como la historia de esta joven señora. La mente es un mecanismo muy poderoso y cuando le sugieres mentiras, si no son inmediatamente combatidas con la verdad, esas mentiras pueden echar raíces y causar daños irreversibles cuando lleves a cabo acciones en tu vida basadas en esa mentira. Posiblemente lo mejor que puedes hacer después de una experiencia como esta es llenar tu mente con las Escrituras y pasar el mayor tiempo posible profundizando tu caminar con el Salvador. Deja de mentirte a tí misma. Reemplaza lo negativo con lo positivo. Busca la mente de Cristo.

Conversación casta: **"Considerando vuestra conducta [conversación] casta y respetuosa"** (1 Pedro 3:2).

Temor santo: **"El temor de Jehová es el principio de la sabiduría, y el conocimiento del Santísimo es la inteligencia"** (Proverbios 9:10).

La historia de Tara nos narra un desastre que podía haber sido evitado. Afortunadamente, cuando Tara fue advertida, escuchó el consejo y evitó la tragedia que pudo haber sido.

Muchas chicas van de desastre en desastre y piensan que algún día encontrarán a su príncipe azul y vivirán felices para siempre sin mayores complicaciones. La triste realidad es que los desastres dejan cicatrices, algunas más feas que otras.

"Me lamento" es una de las expresiones más horribles de la lengua castellana. Es la razón por la que los psiquiatras son tan ricos. Algunas chicas, generalmente las de corazón dulce, las que tienden a confiar en las personas, son las tristes víctimas de desastres por cruzar la línea que las lleva a un territorio del que no hay recuperación. A esto se le llama una tragedia.

Las tragedias van un paso más allá de los desastres. Las tragedias son relaciones que destruyen el sueño de ese buen príncipe que viene a encontrarte. La siguiente historia es una tragedia que destruyó a dos familias.

Cuando el Desastre lleva a la Tragedia

Había una señora que era muy buena persona y que publicaba una revista para educadores en el hogar que a mí me gustaba mucho. Pensarías que una esposa cristiana y madre de muchos hijos, no caería víctima de una tragedia, pero ella jugó con un posible desastre y el desastre la hundió. Esto es lo que pasó.

Mientras se encontraba en una enorme conferencia para educadores en el hogar, donde ella era una de los conferencistas, conoció a un buen hombre, dedicado a las cosas espirituales, quien también era uno de los ponentes principales en ese evento. Los dos se hallaron bien de inmediato. El era un buen tipo. No estoy siendo sarcástica; él era guapo, sabio y aparentaba ser un hombre piadoso. Aunque ambos ponentes pensaban que estaban siendo guiados por Dios y que andaban en la verdad, en realidad ambos habían sido atrapados y envueltos por el movimiento de educación en el hogar. Como dice la Escritura en 2 Timoteo 3:5 que: **"…tendrán apariencia de piedad, pero negarán la eficacia de ella."**

Cuando la mujer regresó a su casa, estos dos líderes tenían razones válidas para escribirse… y lo hicieron. Al principio toda estaba bien hasta que un día ella tuvo un disgusto con su marido "flojo y poco espiritual." Cuando llegó a su punto más bajo, el Sr. Ejemplar supo exactamente qué decir para hacerla sentir mejor. De manera que llegaron "a conocerse" de una manera más personal al compartir ella los dolores y desilusiones de su matrimonio. Luego, por supuesto, él comenzó a compartir algunas de sus frustraciones con su esposa por su falta de interés en educar en el hogar a los niños. Con el tiempo también compartió acerca del desinterés de su esposa por las relaciones íntimas.

Cuando Dios quiso usar una palabra para describir la intimidad sexual escogió la palabra conocer. **"Conoció Adán a su mujer Eva, la cual concibió…"** (Génesis 4:1). Cuando uno abre la puerta de su espíritu y de sus emociones a una persona del sexo opuesto el resultado es "conocerse". El hombre y la mujer, sin haber tenido contacto físico, estaban complaciendo sus emociones para su propia gratificación.

La Sra. Dama de la Revista sentía el dolor de él. En la siguiente conferencia para educadores en el hogar salieron juntos a tomarse un café. La dulce intimidad espiritual que habían llegado a compartir a través de sus correos electrónicos había llevado a sus conciencias a lugares que ninguno de los dos hubieran permitido en un contexto meramente social. En esta segunda reunión la energía que había entre ellos los tomó a ambos de sorpresa. <u>Se asombraron de lo mucho que se sentían atraídos el uno al otro.</u> Se sentía tan bien, era tan gratificante, era un amor que nunca habían conocido antes. "Debe ser de Dios." "Seguramente los dos se habían equivocado y se habían casado con la persona equivocada. Su amor había sido diseñado para llevarse a cabo." En Santiago 1:15, la Biblia dice: **"Entonces la concupiscencia, después que ha concebido, da a luz el pecado; y el pecado, siendo consumado, da a luz la muerte."**

Las personas a veces piensan que el límite prohibido es el acto de la fornicación. No es así. Estos dos cruzaron el límite el día en que se conocieron durante la primera conferencia y decidieron que la otra persona era tan interesante que querían tener contacto adicional a través del correo electrónico. Cada correo que se escribían era como un juego anticipatorio al sexo. Cuando por fin se volvieron a encontrar en persona en la segunda conferencia ya estaba el uno excitado sexualmente con el otro. Iban abandonando en el polvo sus conciencias cada vez que avanzaban en su intimidad emocional a través de su comunicación digital. Cuando aceptaron ir a tomarse un café, era solamente un paso más en la dirección de abandonar toda virtud.

"Las aguas hurtadas son dulces, y el pan comido en oculto es sabroso." (Proverbios 9:17)

Se divorciaron de sus cónyuges y los dos "enardecidos amantes" se casaron. Después de unas pocas semanas de dicha, vivieron en un estado de constante estrés e infelicidad. Ahora, años después, ambos saben que su salvaje atracción fue solamente un castillo en el aire.

"Cuán inconstante es tu corazón, dice Jehová el Señor, habiendo hecho todas estas cosas, obras de una ramera desvergonzada... sino como mujer [esposa] adúltera, que en lugar de su marido recibe a ajenos" (Ezequiel 16:30 y 32).

Como mujer joven y soltera, ¿crees que necesitarías estar casada para que tu "aventura amorosa" por medio de los mensajes electrónicos fuera adulterio del alma?" Piénsalo otra vez. En la siguiente historia la chica ni siquiera había sido besada.

Esta no es una historia que leí en algún libro o que obtuve de una carta. Escuché esta triste historia sentada a la mesa en mi propia cocina. Vi las lágrimas rodar por los rostros de aquellos que la conocían. Sus padres estuvieron en un estado de shock, sin poder comprender, durante días, porque nunca se habían imaginado que su hija limpia, sana y educada en el hogar, hubiera podido hacer algo así de su propia voluntad.

El Castillo en el Aire de una Jovencita Comprometida

Jane tenía 23 años cuando Rodger pidió su mano en matrimonio. Le vino como una sorpresa total para ella. Él era amigo de su hermano, pero nunca había manifestado alguna atención especial para ella. Rodger era tímido y un tanto torpe cuando ella estaba presente; y ella, se ponía tan nerviosa que nunca sabía qué decir. Era un buen chico y ella se hubiera desfallecido ante su propuesta si hubiera sido hecha unos tres meses antes, pero ahora no estaba segura.

Jane se había estado escribiendo secretamente por Internet con un chico de la Florida desde hacía varios meses. A través de un amigo mutuo él había pedido permiso para tener acceso a su página en Facebook. Ella nunca había conocido al Sr. Florida, pero habían hablado de todo en sus mensajes. En cuanto Rodger salió de la casa de su papás después de haber pedido su mano en matrimonio, ella corrió a su recámara para mandarle un correo electrónico al Sr. Florida y contarle de la propuesta de Rodger y enseguida le contó lo nerviosa que estaba, sus temores, incertidumbres y dudas. El Sr. Florida la comprendió totalmente. Cada noche durante semanas Rodger la venía a visitar, pero ella nunca le pudo abrir su corazón como se lo abría al Sr. Florida. Pero, la boda se programó de todas maneras pues Jane se quería casar. El Sr. Florida nunca habló de matrimonio. Ella sabía que de todas maneras sus padres no lo aprobarían, pues tenían expectativas muy definidas respecto a cualquier posible pretendiente.

Dos semanas antes de la boda, Jane se estaba poniendo muy nerviosa. Le mandó un correo electrónico a Sr. Florida diciéndole que quisiera que Rodger fuera como él. Ella sentía que se estaba casando con un desconocido. El Sr. Florida le escribió diciéndole que quisiera con todo su corazón que pudieran estar juntos, nada más para hablar de ese asunto y estar seguros que ella estaba haciendo lo correcto. En su confusa desesperación, Jane compró un boleto de autobús y salió a escondidas de la casa. El Sr. Florida la recibió en la terminal de autobuses y la llevó a un motel, donde ella cayó en sus brazos sollozando. No tenían la intención de que eso pasara… es que se sentían tan conectados… como que así tenía que ser. ¿Si me entiendes, verdad? Después de una semana de dormir juntos en el motel, el espiritual Sr. Florida que le citaba pasajes de la Escritura y que era profundamente sincero, le dijo que estaba casado y que tenía dos hijos. Le explicó que la amaba profundamente y que ella era mucho mejor que su lastimosa esposa, pero que tenía un compromiso para con su familia. Ella entró a ese cuarto de hotel como una virgen que nunca había sido besada por un chico, pero siete días después salió de ahí embarazada. Jane tomó el autobús y regresó a su casa.

Su relación con el Sr. Florida no fue más que un castillo en el aire. Ella sentía que era más real que lo que sentía por Rodger, ¿por qué? Porque Jane creía que conocía al Sr. Florida. Habían experimentado la intimidad mientras se correspondían electrónicamente. Llegaron a sentirse confiados y relajados el uno con el otro, lo que hizo que la intimidad física fuera difícil de resistir. Los correos electrónicos, el chatear y las llamadas telefónicas fueron el pecado que la condujeron a esta fea tragedia.

Se había deslizado cerca del pecado cada vez que presionaba una letra en el teclado de su computadora, y Dios no puede ser burlado. Cada vez que ella presionaba el botón de "enviar" le estaba enviando a él una parte de su ser íntimo. Ella ya se había entregado a sí misma mucho antes de haber cerrado la puerta de ese motel barato junto a la ruidosa carretera. **"Entonces la concupiscencia, después que ha concebido, da a luz el pecado; y el pecado, siendo consumado, da a luz la muerte"** (Santiago 1:15). Sus mensajes electrónicos trajeron la muerte a sus sueños y esperanzas de toda la vida y a la posibilidad de ser una novia virgen pura.

Rodger no quería un dulce que ya había sido chupado, así que fue a otra parte y encontró a una linda chica casta que no chateaba. Debo agregar que tan sólo unas pocas semanas después de que esto sucedió alguien encontró al Sr. Florida en Facebook haciendo amistad con otra buena chica cristiana.

Castillos en el aire, el pensamiento mismo es tentador para la imaginación; la primera mordida es dulce pero el efecto resultante es tan amargo como el Infierno.

Cuando llegas a conocer a alguien en línea es como llegar a conocer a un personaje de una novela de ficción. **Ese personaje es el resultado de escribir creativamente.** Cuando un joven le escribe a las chicas, puedes estar segura de una cosa: está haciendo su mejor esfuerzo por causar una buena impresión. ¿Alguna vez has visto un documental acerca de los rituales de apareamiento de animales salvajes? El pájaro macho levanta sus plumas para verse tres veces más grande de lo que realmente es. Las ranas inflan su pecho y emiten sonidos profundos en su croar. Las lagartijas expanden la piel alrededor de sus cuellos hasta que se ven cinco veces más grandes. Los chicos se conectan en línea y se convierten en gigantes espirituales, con enormes corazones, magníficas metas y nobles ambiciones, pero todo esto es como las plumas de las aves y la piel de las lagartijas. Se describe a sí mismo como quisiera ser o como él piensa que ella quisiera que él fuera. El chico desarrolla una personalidad en línea. Ninguna de sus aseveraciones es probada. El lenguaje de su cuerpo, de sus ojos y sus ademanes y manera de ser están ocultos. Como los escritores de novelas, son conocidos por la creatividad de sus escritos. Como dice un canto popular: "Soy mucho mejor persona en línea."

¿Acaso estoy diciendo que mandar mensajes electrónicos sea malo? No, no lo es, es solamente una forma de comunicación. Mandar mensajes o chatear no es pecado, como tampoco lo es estacionar un automóvil. Sin embargo, si estás a solas con un chico cuando te estacionas, ya has aceptado andar por la cuerda floja. Cuando estás chateando con un chico, estás a solas con él, sólo están tú y él— de alma a alma. Porque tu cuerpo no está ahí te sientes segura. Pero la copulación de mente y corazón es el 90% de la copulación en el matrimonio.

¿Estás construyendo un castillo en el aire en alguna relación con un chico o con varios jóvenes? El llegar a conocer a algún hombre que no es tu marido es adulterio emocional. El intercambiar conocimientos íntimos con varios chicos es tender a la prostitución.

Una Advertencia:

Chatear, Facebook y los correos electrónicos no son privados. Hay esposos investigando a sus esposas. Hay empresas que les pagan a expertos en computación para que busquen en Internet "a ver si hay algo" de información acerca de las personas que están solicitando empleo. Si lo mandas, alguien lo puede rastrear hasta ti. El pecado y la necedad te alcanzarán.

Como preparación para escribir este libro les pregunté a varios jóvenes si habían ido al Internet para investigar a alguna chica en la que estuvieran interesados como candidata a esposa. Muchos me dijeron que la mejor manera para realmente saber cómo y quién es una chica es revisando su tráfico en la red: ¿Qué ha escrito? ¿Con quién ha estado en contacto? Los muchachos dijeron que de esta manera habían eliminado a muchas chicas que nunca siquiera supieron que estaban siendo consideradas.

Puedes pensar, ¡Qué vergüenza que un hombre viole mi privacidad! ¿Cuál privacidad? Yo digo: "Tú lo tecleaste; tú o uno de tus amigos subió las fotos; tú fuiste a ese lugar y te asociaste con esa gente." Si ya has ensuciado tu ciber imagen, ahora es el tiempo para comenzar de nuevo.

Nada más di: "Nunca jamás," y procede a reformar tus necios caminos con comentarios sobrios y dignos. El varón que vea el cambio apreciará el arrepentimiento sano y que hayas aprendido la lección.

El Juicio del Gran Trono Blanco

Hay una nueva ola de suicidios entre los adolescentes muy jóvenes. La causa ha sido rastreada a la vergüenza que sienten por haber mandado mensajes tontos o relacionados con el sexo. Estos jovencitos tiemblan de emoción cuando, en lo secreto de sus habitaciones, apuntan un pequeño teléfono celular hacia su cuerpo y se toman una foto. Parece secreto y no se siente tan mal.

Las Escrituras nos dicen que llegará el día en que todo pensamiento, obra y actitud serán dados a conocer y cada persona tendrá que responder por ellos. Algunas de ustedes darán una respuesta mucho antes del Juicio del Gran Trono Blanco. Algunas de ustedes tendrán amigos (o por lo menos pensabas que eran tus amigos) que estarán enviando tus mensajes y fotos a personas que solamente quieren lastimarte. Tal vez no salga a la luz sino hasta el mismo día de tu boda o durante la fiesta de cumpleaños de tu hijo de cinco años o cuando tu hija tenga once años. Pero anda flotando por ahí esperando aparecer en el momento más penoso. No permitas que algo así te suceda.

Dios dice, **"y al que sabe hacer lo bueno, y no lo hace, le es pecado" (Santiago 4:17). Luego en 1 Juan 3:9 agrega: "Todo aquel que es nacido de Dios, no practica el pecado, porque la simiente de Dios permanece en él; y no puede pecar, porque es nacido de Dios."**

¡Amén! Todos necesitamos este recordatorio.

Tu Cofre del Tesoro

Dios manda que la mujer sea casta en su conversación. Si no eres casta siendo soltera, entonces no serás confiable como esposa. ¡Eres lo que haces!

♥ Algunas de ustedes están concibiendo el pecado al participar en actividades que algún día van a traer la muerte a su matrimonio. ¿Estás AHORA mismo involucrada en alguna conversación no casta con algún chico o con varios chicos?

♥ Si tú supieras que cada semana el predicador iba a leer a la iglesia todos tus mensajes de texto y correos electrónicos y mostrar en la pantalla todas las fotos que hubieras enviado o recibido, ¿te sentirías avergonzada, apenada o abiertamente horrorizada?

♥ ¿Estás lista para honrar a Dios en esta área de tu vida?

♥ ¿Estás dispuesta a huir de la tentación, procediendo a eliminar de tu lista de contactos a toda persona que te haya escrito o tú le hayas escrito de manera insensata y poco sabia?

♥ ¿Estás dispuesta a hacer lo que sea necesario para librarte completamente de todo apego o afecto que deshonre a Dios?

Aquellas que Esperan en el Señor

Moraleja de la Historia: Una de las cosas más dulces que jamás experimentarás serán esas cosas íntimas que por primera vez aprendieron juntos.

Una Advertencia: La primera vez es la única primera vez. Una vez perdida, se ha perdido para siempre.

Basta de historias tristes. Ahora veremos el caso de una chica cuya historia de amor es tan especial que ella se refiere a sí misma como la Cenicienta.

¿Son las primeras veces importantes para los hombres? ¿A qué me refiero por primera vez? Tu primer beso es una primera vez. Tu primer verdadero amor, el primer chico que traes a casa para que conozca a tu abuela o tal vez tu primera noche en cama con un hombre. Cada primera vez es un nuevo despertar. El hombre que verdaderamente te ame atesorará esos primeros momentos que tú le diste a él y solamente a él. ¿Guardarás tus primeras veces para él? Dios instruyó al pueblo para que le llevaran a Él los primeros frutos (las primicias; Éxodo 23:16-19). ¿Por qué? Porque son muy, muy especiales. Cuando te guardes para tu hombre, él sabrá que le estás dando lo mejor.

CAPÍTULO 12

la CENICIENTA

Quinta Historia
por David y Leah Spina

♥ ¿Con quién debo salir en citas y
casarme?

♥ ¿Estarán muy altas mis normas?

♥ ¿Está Dios realmente en control?

♥ ¿Realmente me casaré algún día?

Mi esposo y yo quisiéramos poder sentarnos a platicar
contigo tomándonos una taza de café y verte directamente a
los ojos y, ¡responder con entusiasmo a cada una de estas preguntas!

Ser la Correcta

Cuando estaba joven, tenía una amiga rubia que cada vez que la veía andaba
con un chico diferente. Por un lado, yo deseaba tener a un chico a mi lado. Por otro
lado me preguntaba qué pensaban los chicos solteros cuando la veían con tantos
muchachos. Mi mamá me hizo leer un libro titulado *"Hermosa Juventud Femenina"*
(Beautiful Girlhood) cuando era una jovencita, y siempre recordé una frase acerca de
los amigos masculinos: "Siempre sé reservada y cuidadosa, y aunque no parezcas ser

tan popular, como la chica más extrovertida y atrevida que siempre anda presumiendo con los muchachos, tú tendrás el respeto de los mejores chicos y jóvenes, y ella no."

Desde ese momento en adelante, comencé a comprender que estaba construyendo mi reputación como la futura esposa de alguien. Algún día mi esposo va a ser honrado o deshonrado por mi conducta como mujer soltera. **"Le da ella bien y no mal todos los días de su vida"** (Proverbios 31:12). ¿Te habías dado cuenta de que como soltera estás edificando tu reputación como esposa? Para mí, siempre fue difícil imaginarme a un chico que es coquetón con las chicas, como un esposo fiel. Recuerda que el andar "noviando" por diversión, afecta la manera en que la gente te ve— te asociarán con esos chicos con los que sales.

Cuando era soltera escuché una plática por Tommy Nelson acerca de cómo encontrar un cónyuge piadoso. Él preguntó cómo esperábamos encontrar a un maravilloso cónyuge cristiano si todo lo que hacíamos era ir a la iglesia, ir al trabajo y ocasionalmente a una fiesta. Él dijo: "Corre rápido y recio tras Jesús, luego voltea a tu derecha y a tu izquierda, y cásate con el hombre que vaya corriendo a tu lado." Eso tuvo sentido para mí. **"Reconócelo en todos tus caminos, y él enderezará tus veredas"** (Proverbios 3:6). La mayoría de las chicas cargan con una larga lista de credenciales y quieren casarse con un hombre realmente consagrado y piadoso, pero pocas de nosotras nos hemos sacado la viga de nuestro propio ojo. ¿Con qué clase de mujer se casaría él? Yo pasé mi tiempo antes de casarme con David, terminando mi carrera, yendo a viajes misioneros, yendo a estudios bíblicos y trabajando en un centro para mujeres solteras embarazadas. Recuerda, nunca te lamentarás de haber invertido tiempo en tu relación con el Señor y en ministerio para el Señor. Estarás construyendo fe y carácter, que llevarás contigo al matrimonio para bendecir a tu marido y a tus futuros hijos. Y tu marido estará agradecido si no traes deudas al matrimonio, de manera que ¡trabaja para el Señor!

David voló a Papua Nueva Guinea en un viaje misionero de dos meses para trabajar con huérfanos cuando tenía trece años de edad. Se sintió dirigido a comenzar negocios para apoyar económicamente y servir a los huérfanos en todo el mundo. Se recibió con especialidad en finanzas, comenzó su negocio y también hizo trabajo voluntario en la iglesia con los jóvenes. Con respecto a salir con chicas, David no volteó a su derecha ni a su izquierda. Si no era material casadero, ¿para qué salir con ella? Él ya estaba honrando a su futura esposa, mientras muchos de sus amigos caían en el juego del noviazgo desde la preparatoria hasta después de la universidad.

Después de 27 años de espera, David fue el primer muchacho que llevé a la iglesia, el primer chico que llevé a una boda y el primer chico que llevé a casa para la cena del día de Acción de Gracias. Cada uno de estos "primer" fue como un regalo especial que había guardado para él. Una vez que sepas cuál hombre va a ser tu marido, vas a desear no haberle dado ninguna atención a esos otros chicos en tu pasado.

Cuando conocí a los amigos de David todos dijeron lo mismo: "Leah, ¡tienes al mejor chico del mundo! David se ha esperado mucho tiempo. Tratamos de hacer que saliera con algunas chicas que le sugeríamos, pero no les daba ni la hora del día. ¡Tú debes ser una chica muy especial!" ¡Qué grandioso que David me honrara durante todos esos años! Me sentía como una celebridad.

"Acercaos a Dios, y él se acercará a vosotros" (Santiago 4:8). Tus años de soltera son una oportunidad singular para que crezcas en tu relación con el Señor, para que te prepares a entrar al matrimonio con una fe sólida, para que no tengas que depender totalmente de tu esposo para tener fe. Algunos de mis momentos más dulces con el Señor fueron durante mis años de soltera. Una vez que te cases, jamás volverás a tener esa completa y total dependencia en el Señor. Todas tenemos amigas que "no pueden" ser solteras, siempre tienen que tener a alguien. Pero quiero animarte a que te deleites en esos momentos en que estás tú a solas con el Señor. **"Porque desde el principio del mundo no se ha escuchado, ni oído ha percibido, ni ojo ha visto a Dios fuera de ti, que hiciese por el que en Él espera"** (Isaías 64:4 RVG). Cuando llegue el tiempo de establecer una relación para casarte, ya habrás conocido al Señor y, ¡podrás discernir si esto es Su voluntad!

Esperando al Chico Correcto

"Pero los que esperan a Jehová tendrán nuevas fuerzas; levantarán alas como las águilas; correrán, y no se cansarán; caminarán, y no se fatigarán" (Isaías 40:31).

Yo, Leah, crecí en Texas, la mayor de cinco hermanos que fuimos educados en el hogar. A mí me fascinaba jugar golf, tenis y ajedrez. Me gradué de la Escuela de Artes Culinarias de Fort Worth y luego obtuve la licenciatura en Administración de Empresas de la universidad Thomas Edison State College. Trabajé como reportera para una revista política a nivel nacional y posteriormente en una agencia de adopción para madres solteras que querían dar en adopción a sus bebés. Les dije a mis papás que estaba buscando tres cosas en el que sería mi futuro esposo. Quería que fuera:

un hombre de Dios, un hombre de carácter honorable y un hombre que impusiera respeto. Si él buscaba al Señor, entonces podría confiar en Él cuando nuestras percepciones fueran diferentes, porque sabría que él estaba orando. Si tiene carácter, no me andaré preocupando por lo que andará haciendo cuando se encuentre fuera de casa en la noche o cuando esté solo frente a la computadora. Si lo respeto, me será más fácil honrarle y someterme a él.

David nació en San Diego y se cambió a Texas cuando tenía 13 años de edad, el segundo de cuatro hijos. Jugaba béisbol y se recibió con especialidad en finanzas de la Universidad Oral Roberts. David estaba buscando a "una mujer de carácter piadoso que tuviera su corazón puesto en las cosas del Señor, con un sólido fundamento en la Palabra de Dios."

De Parte de David:

Muchas de las chicas que yo conocí no tenían sustancia ni carácter. Les hacía preguntas acerca de la Biblia y de los roles dentro del matrimonio y sus respuestas eran muy ligeras y superficiales. Aunque muchas amaban al Señor, no conocían bien la Biblia y tenían poca fibra moral. Parecía que no tenían una relación fuerte y segura en el Señor. Yo quería una mujer que estuviera tan bien cimentada en el Señor que ella continuaría buscándole aunque nuestra relación no funcionara. Quería una mujer que hubiese desarrollado carácter por haberse vuelto al Señor en tiempos de prueba. También observaba si respetaba o no a su padre.

El tiempo de espera puede ser difícil si no pones tu confianza en el Señor. Puede ser corto o puede ser largo. Pero una vez que conozcas al que Dios tiene para ti, ¡toda esa espera no tendrá importancia! Permanece paciente. Busca al Señor con todo tu corazón, mente y alma. ¿Cómo podemos creer que Dios puede crear el Universo y enviar a su Hijo para salvarnos, y dudar de si podrá traer a la persona adecuada a nuestras vidas en Su tiempo, no en el nuestro? Mi consejo es que ames al Señor tu Dios con todo tu corazón, alma y mente; que lo busques en todo. No importa qué pruebas vengan, si estas buscando al Señor, Él dirigirá tus pasos y te guiará. No tengas una mentalidad de cuento de hadas y te quedes sentada en casa, esperando a tu príncipe. Siempre que Dios hace algo en la Biblia se requiere de acción. Si quieres casarte con un muchacho piadoso, involúcrate en servir a Dios y en los lugares en donde están los chicos piadosos. Ocúpate en estar activa en la iglesia. Además, no trates de comparar tus relaciones fallidas del pasado con lo que Dios pueda tener para ti en el futuro. Aun si has experimentado relaciones infructuosas, no tomes una actitud cínica respecto a posibles futuras relaciones. Cuando encuentres a la persona correcta, habrá paz.

La Cenicienta Continúa Aquí:

Los dos tuvimos amigos bien intencionados que trataron de "emparejarnos" con alguien. Pero para ambos, generalmente bastaba salir solamente una vez con ellos para saber que no eran "material casadero." Un pensamiento que siempre me ayudó a filtrar a los posibles candidatos fue: ¿Es este el tipo de muchacho que quiero llevar a casa en Navidad para que conozca a toda mi familia? ¿Es este el tipo de muchacho con el que quiero que la gente me relacione? ¿Con el que quiero que la gente me vea?

David y yo nos conocimos en su trabajo. Él estaba dando una presentación y yo estaba sentada en la primera fila. Después de la reunión hablamos brevemente, pero los dos pensamos la misma cosa: ¿Qué tan probable es que conozca al Señor? Posteriormente llamé a David con una pregunta relacionada al trabajo y de repente estaba él hablando del Señor. Recuerdo haber pensado después de haber colgado el teléfono: "¡Qué equivocada estaba en mi apreciación de él!"

Nos comunicamos por teléfono durante los siguientes tres meses. Nada de coqueteo, solamente hablamos de teología, ideales y la vida. Me llegué a sentir frustrada y comenté con mis papás: ¿Qué clase de chica piensa él que soy? Nunca me dice que le caigo bien. Yo no continúo una relación con un chico si pienso que no va a llevar a nada." Mi madre, una mujer de oración, para tranquilizarme dijo: "Cariño, te está estudiando ahora para después tomar una decisión, cuando esté bien informado."

David dice: "Aunque Leah era hermosa y muy atractiva, la persuasión más grande para mí fue saber que compartíamos una pasión común por el Señor Jesucristo. Ella conocía todos los cantos que yo había aprendido en la escuela bíblica de vacaciones, las historias bíblicas, tenía un sólido fundamento en la Palabra y muy importante, podía ver que ella había desarrollado carácter y fe en sus años de andar con el Señor como mujer soltera. Ella verdaderamente había establecido una sólida relación con el Señor."

A pesar de cualquier circunstancia, SIEMPRE puede uno volverse al Señor y buscarle en oración. Tal vez sientas que ya no hay esperanza, o estás confundida, te sientes culpable o contrariada; SIEMPRE te puedes volver al Señor. Él es suficiente. No importa el lío en el que te encuentres. Él es suficiente. Su sabiduría supera nuestra peor necedad. Su misericordia es mayor que nuestra vergüenza y su perdón mayor que nuestra iniquidad. Confía en su suficiencia y aunque no veas por dónde esté la salida, confía en que Él abrirá un camino.

Busca al Señor mientras evalúas la decisión más importante de tu vida

Durante ese mismo tiempo otro joven se acercó con mi papá para solicitar su permiso para cortejarme. Era medio atrevido y le gustaba flirtear. Papá me expuso sus vacilaciones y sus reservas, pero dijo que la decisión final era mía. Estoy tan agradecida que en ese tiempo me encontraba buscando al Señor y conocía su voz después de años de estudio bíblico y oración. Tan pronto Papá me dijo que era mi decisión, sentí un enorme freno en mi corazón. Este hombre no es mi futuro esposo. Le respondí que "no" a este joven y la semana siguiente David me invitó por primera vez a salir. Fuimos a cenar y luego a una obra de comedia. David seguía sin flirtear y la mañana siguiente me preguntaba si habría yo hecho lo correcto. Pero en mi cuaderno de oración anoté con letras mayúsculas: LEAH, LA CUESTIÓN MÁS IMPORTANTE PARA TI ES QUE SEA UN HOMBRE CONFORME AL CORAZÓN DE DIOS, Y ESO ES LO QUE SIEMPRE HAS ADMIRADO DE DAVID.

Mi norma para las relaciones era salir con un muchacho en unas cuantas citas, luego el pretendiente tenía que hablar con mi Papá. Después de dos citas más, no hubo necesidad de decirle a David que tenía que hablar con mi Papá; él lo llamó y se vieron en una cafetería. Papá estaba preparado con preguntas que había recopilado a través de los años. Papá también habló con las personas que David dio como referencias. El resultado: "Leah, debes de sentirte muy honrada que un hombre como David quiera buscar una relación contigo."

Después de que Papá bendijo nuestra relación, David se convirtió en el romántico que toda chica desea. Mientras me cortejaba, traté de imaginarme diez años en el futuro: Si después de casada sintiera deseos de abandonarlo, ¿qué me mantendría en el matrimonio? El pensamiento que volvía vez tras vez a mi mente era que Dios nos llamó a David y a mí para que formáramos este matrimonio. Me apoyé firmemente en esta reflexión mientras era confirmada por mis padres, amigos y la oración. Fue difícil escuchar a mis padres analizando a David, pero permanecí firme en el pensamiento de que si era la voluntad de Dios toda cuestión se resolvería. David y yo nos expresabamos mutuamente que Dios era más importante para cada uno de nosotros que el otro, y que si Dios nos llamaba a entrar o salir de esta relación, bendito sea el Señor. Esto nos dio mucha paz. Apenas estábamos descubriendo la voluntad de Dios.

Recuerdo el día en que por primera vez David me dijo: "Te amo." Fuimos a dar un paseo con su perro y en la cima de una hermosa colina, me dijo: "Te amo, Leah." Luego me sorprendió cuando me dijo: "Y eso solamente se lo he dicho a otras dos chicas…" Inmediatamente comencé a pensar: "¿Quiénes serán esas otras dos?" Caray, qué manera de arruinar el momento. Pero David concluyó su oración: "…a mi mamá y a mi hermana." ¿Tienes idea de lo mucho que eso significó para mí? Regresé a casa y les rogué a mis hermanos que hicieran lo mismo en consideración a sus futuras esposas.

Después de un año de cortejo, David me propuso matrimonio frente a 1,100 personas en una convención de trabajo. Todavía no habíamos ido a comprar los anillos y mi papá me había advertido: "Deja que David lidere, no lo empujes." No tenía idea de qué estaba pasando. Súbitamente David me hizo subir a la plataforma y se hincó sobre una rodilla. La multitud se enloqueció y se puso de pie. David alzó la mirada y dijo: "Leah Grace Driggers, eres una mujer de carácter piadoso. Te amo con todo lo que soy. Me sentiría muy honrado si aceptaras ser mi esposa. ¿Aceptas casarte conmigo?" No podía decir nada. Solamente lloré y asentí con la cabeza. Había valido la pena la espera.

Después de un compromiso de siete meses y de recibir consejería prematrimonial intensiva, nos casamos hace un año. El matrimonio es el más grande regalo que Dios me ha dado. Nadie me había dicho lo maravilloso que es el matrimonio: despertar cada mañana al lado de mi amado, verlo servirse por segunda vez de lo que cociné y simplemente darme cuenta que voy a pasar el resto de mi vida al lado de mi mejor amigo. Esta es mi historia de la Cenicienta por la que esperé, forjada en el cielo. Chicas, no se den por vencidas y no se conformen con menos.

Conviértete en la chica de los sueños de un hombre piadoso. Y no te enredes ni pierdas el tiempo con ningún muchacho que no sea tu príncipe azul. ¡No puedo esperar escuchar tu historia!

Pensamientos después de casada

Nada que Lamentar

¿Sabes lo placentero que me resulta ver el álbum de fotos de la familia de David en épocas como la Navidad y nunca encontrar fotos de David al lado de otra chica? ¿Sabes lo maravilloso que es para David no tener que escuchar historias acerca de algún novio de mi pasado? ¿Sabes cuántas veces me he quedado dormida agradeciéndole a Dios por haberme ayudado a esperar a un hombre como mi David? Cuando eres soltera, a veces es difícil imaginarte casada. Pero si puedes, hazlo. Trata de pensar en cómo te sentirás cuando tu futuro esposo te esté proponiendo matrimonio mientras fija su mirada en tus ojos, y entiende, que no vale la pena perder el tiempo con otros chicos. Trata de pensar en lo feliz que serás en tu noche de bodas, cuando estés dando tu preciado regalo sin nada que lamentar. Trata de recordar que estás construyendo hábitos de fidelidad o de desconfianza que afectarán a tu matrimonio. ¿Qué les dirás a tu hijos algún día? ¡Lo que estás haciendo ahora afectará su futuro!

Aprendiendo a ser una Ayuda Idónea antes y después de Casada

Nunca aprecié el ejemplo de mi madre como una ayuda idónea bíblica sino hasta que me casé. Poco tiempo después de casada recuerdo haber asistido a una reunión con otras diez esposas jóvenes. Estábamos comentando acerca de respetar a nuestros esposos. La pregunta era: ¿Es esto algo que aprendiste mientras crecías en tu hogar? Cada una de las otras mujeres dijeron que era la primera vez que escuchaban estos conceptos. La mayoría dijo que habían sido criadas con la enseñanza opuesta. "Yo fui enseñada que era una princesa, que era una persona independiente y que no necesitaba de un hombre." Estaban de acuerdo con la verdad y los principios, pero luchaban para poner a un lado años de mal entrenamiento y de malos ejemplos.

Fue entonces que comencé a comprender el poder del ejemplo de mi madre. De todas las áreas de conflicto en nuestro matrimonio, la sumisión incondicional, el respeto y el honrar a mi esposo nunca fueron puestos en duda. Por supuesto, durante nuestro primer año de casados tuve que aprender por el método de prueba y error, qué es lo que él consideraba como respetuoso. Pero nunca batallé con la cuestión de si debía o no honrarlo o respetarlo o si debía someterme a él. Sabía la respuesta por el ejemplo de mi madre y la enseñanza de años de mis padres respecto a cómo debía ser con mi marido. Ahora que estamos esperando un bebé, estoy tan emocionada ante la oportunidad de modelar esas mismas verdades y principios, porque no solamente va a afectar el matrimonio de nuestros hijos, ¡sino también a muchos otros matrimonios por nuestro ejemplo! El matrimonio es un ministerio exponencial; lo que tu ejemplo enseñe ahora, se multiplicará a través de las generaciones.

Cuando comencé a salir con David, le pedí a mi mamá que me prestara sus mejores tres libros acerca de cómo ser una buena esposa. Uno de ellos fue el libro de Debi Pearl, Creada para ser su Ayuda Idónea. Leí los tres libros, pero Creada lo leí cuatro veces durante el tiempo de nuestro cortejo y compromiso. Después, leí un capítulo diario durante los primeros meses de nuestro matrimonio. Los conceptos cambiaron mi vida de manera tan dramática que una amiga y yo estamos pensando comenzar una reunión con esposas jóvenes para repasar el libro.

Buscando un Consejero Matrimonial

David y yo nos propusimos nunca pedir consejo matrimonial a nuestros padres ni a nuestros amigos después de casados. Queríamos honrarnos y respetarnos el uno al otro públicamente. No obstante, sí creemos que podemos aprender de los mayores y rendir cuentas. Comencé a reunirme con una mujer piadosa de mayor edad, una vez al mes después de casada para que fuera mi consejera matrimonial. **"Las ancianas asimismo… que enseñen a las mujeres jóvenes a amar a sus maridos y a sus hijos, a ser prudentes, castas, cuidadosas de su casa, buenas, sujetas a sus maridos, para que la palabra de Dios no sea blasfemada"** (Tito 2:3-5). Yo no la conocía de antes, pero una amiga mía de mucha confianza me la recomendó. Cada mes hacía una lista de las áreas en donde teníamos conflictos David y yo o simplemente preguntas que tenía respecto a la vida matrimonial. Por lo general, el primer jueves de cada mes iba a verla a su casa. Orábamos y luego le hacía las preguntas que tenía en mi lista. Cada sesión duraba de dos a tres horas y siempre terminábamos en oración. Ella es la única persona con la que comparto cualquier conflicto en mi matrimonio. No puedo decirte lo mucho que ha significado para mí el tener a una mujer mayor y piadosa, diciéndome: "Bien hecho. Eso fue difícil pero hiciste lo correcto" o "Eso es muy normal; bienvenida al club" o "Entiendo cómo te sientes, sin embargo…" Alabo a Dios por esas invaluables horas de consejos bíblicos.

Si invertimos tiempo y energía en otras áreas de la vida, ¿no deberíamos estar dedicando tiempo a nuestro matrimonio que está por venir?

~*David y Leah*

Frases Clave de La Cenicienta

♥ "Comencé a comprender que estaba construyendo mi reputación como la futura esposa de alguien. Algún día mi esposo va a ser honrado o deshonrado por mi conducta como mujer soltera. **"Le da ella bien y no mal todos los días de su vida"** (Proverbios 31:12).

¿Te habías dado cuenta que en tus años de soltera estás edificando tu reputación como esposa? ¿Qué has aprendido que cambiará la manera en que te comportas?

♥ "La mayoría de las chicas cargan con una larga lista de credenciales y quieren casarse con un hombre realmente consagrado y piadoso, pero pocas de nosotras nos hemos sacado la viga de nuestro propio ojo."

Piénsalo un poco, luego escribe una lista que describa el tipo de chica con la que quisiera casarse el hombre de tus sueños.

♥ "Estás construyendo fe y carácter, que llevarás contigo al matrimonio para bendecir a tu marido y a tus futuros hijos."

Haz una lista de algunos rasgos de carácter que puedes estar fortaleciendo ahora.

♥ "Cada uno de estos "primer" fue como un regalo especial que había guardado para él. Una vez que sepas cuál hombre va a ser tu marido, vas a desear no haberle dado ninguna atención a esos otros chicos en tu pasado."

Haz una lista de tus "primera vez" que le presentarás a tu Príncipe.

_____

_____

_____

♥ "Mi consejo es que ames al Señor tu Dios con todo tu corazón, alma y mente; que lo busques en todo. No importa qué pruebas vengan, si estás buscando al Señor, Él dirigirá tus pasos y te guiará. No tengas una mentalidad de cuento de hadas y te quedes sentada en casa, esperando a tu príncipe. Siempre que Dios hace algo en la Biblia se requiere de acción."

En capítulos anteriores hemos comentado la importancia de que te involucres en actividades de servicio. Después de haber leído esta historia, ¿tienes ideas adicionales de lo que pudieras estar haciendo para que de verdad entres en acción?

_____

_____

_____

_____

_____

♥ Un pensamiento que siempre me ayudó a filtrar a los posibles candidatos fue: ¿Es este el tipo de muchacho que quiero llevar a casa en Navidad para que conozca a toda mi familia? ¿Es este el tipo de muchacho con el que quiero que la gente me relacione? ¿Con el que quiero que la gente me vea?"

Haz una lista de las cosas que ves en hombres, que sabes bien no te gustaría presentar delante de tu abuelita (por ejemplo, pelo de color morado, fumador, mal hablado, etc.).

_____

_____

_____

_____

_____

♥ "Me llegué a sentir frustrada y comenté con mis papás: ¿Qué clase de chica piensa él que soy? Nunca me dice que le caigo bien. Yo no continúo una relación con un chico si pienso que no va a llevar a nada." Mi madre, una mujer de oración, para tranquilizarme dijo: "Cariño, te está estudiando ahora para después tomar una decisión cuando esté bien informado."

Lo más probable es que su mamá la salvó de llegar a ser una chica Inquieta e Impaciente y posiblemente hasta Agarradora. Piensa en alguna ocasión en que quisiste agarrar. Anótalo en tu cuaderno.

_____

_____

_____

_____

♥ "Mientras me cortejaba, traté de imaginarme diez años en el futuro: Si después de casada sintiera deseos de abandonarlo, ¿qué me mantendría en el matrimonio? El pensamiento que volvía vez tras vez a mi mente era que Dios nos llamó a David y a mí para que formáramos este matrimonio. Me apoyé firmemente en esta reflexión mientras era confirmada por mis padres, amigos y la oración."

Fíjate en su lista de cómo ella sintió la confirmación. ¿Cómo sería tu lista?

_____

_____

_____

_____

♥ "Chicas, no se den por vencidas y no se conformen con menos. Conviértete en la chica de los sueños de un hombre piadoso. Y no te enredes ni pierdas el tiempo con ningún muchacho que no sea tu príncipe azul."

¡Lo que estás haciendo ahora afectará tu futuro!

_____

_____

_____

_____

♥ "David y yo nos propusimos nunca pedir consejo matrimonial a nuestros padres ni a nuestros amigos después de casados. Queríamos honrarnos y respetarnos el uno al otro públicamente. No obstante, sí creemos que podemos aprender de los mayores y rendir cuentas. Comencé a reunirme con una mujer piadosa de mayor edad, una vez al mes después de casada para que fuera mi consejera matrimonial. **"Las ancianas asimismo… que enseñen a las mujeres jóvenes a amar a sus maridos y a sus hijos, a ser prudentes, castas, cuidadosas de su casa, buenas, sujetas a sus maridos, para que la palabra de Dios no sea blasfemada"** (Tito 2:3-5)."

Piensa en alguien con quien pudieras ir a pedir consejo. Escoge a una señora callada y sin pretensiones, que otras pudieran pasar por alto. Recuerda que cuando busques consejo, también estarás ayudando a esa hermana a mantener su enfoque en la voluntad de Dios para su propio matrimonio. Empieza a pedir la bendición y sabiduría de Dios sobre esa señora. Ella va a necesitar bastante entendimiento de las cosas de Dios para ser una buena consejera.

Aprendiendo la Moderación

Moraleja de la Historia: El día de tu boda es el primer día de *para siempre*. Comiénzalo con gozo.

Una Advertencia: Entre más sean los detalles que tratas de controlar, más estresada te pondrás. Que no sea tu tensión nerviosa lo que tú y todos los demás recuerden del día de tu boda.

CAPÍTULO 13

B la BODA

Sexta Historia

EL DÍA DE LA BODA... EL DÍA MÁS especial de toda tu vida debe planearse con mucho cuidado, ¿verdad? Estoy aquí para decirte que no es el día el que requiere de atención especial sino la noche que le sigue. La mayoría de las jóvenes y sus mamás se ven tan involucradas y enredadas con el Gran Día que se extralimitan física y emocionalmente. En este capítulo quiero animarte a que no planees una boda muy elaborada y complicada.

Las bodas de hoy, frecuentemente auguran cómo será el matrimonio que recién inicia: estresante. Todos los detalles adicionales se incluyen para impresionar a los asistentes y a todos los que oirán cómo estuvo la boda y la magnificencia del glorioso evento. Muchas mujeres, al hacer remembranza de los días anteriores a la boda, desearían haber gastado menos tiempo y dinero en arreglos y en ostentaciones vanas, y más tiempo descansando para estar fresca para los días que siguen a la boda. Cuando una chica se aleja de la recepción de su boda y siente como que necesita dormir durante tres días enteros para recuperarse, como que eso derrota el propósito, ¿no? Créanlo o no, se requiere de mucha energía física y emocional para ser esposa durante la primera semana de casada. Tus "primeros" van a necesitar de toda tu energía y enfoque. Si flaqueas ahí, eso puede causar una asociación negativa con la experiencia. Eso no es bueno. Piensa en esto: si fueras a ir en un viaje a esquiar en las montañas, ¿te agotarías físicamente antes del viaje?

Por supuesto, lo que nadie toma en cuenta es que el estrés extremo hace que las hormonas de la mujer entren en caos, de manera que muchas noches de boda inician con la esposa iniciando su período—dos semanas antes. No quieres que esto te vaya a pasar. Sin embargo, casi todo el mundo comete los mismos errores. Es tiempo de hacer a un lado las tradiciones y de ser sabio al planear la boda. Principia con la premisa de que la semana anterior a la boda es el tiempo para estar totalmente relajada y energizada para tu luna de miel. Lo siguiente es lo que hizo una joven mujer sabia para tener una boda sin estrés y que pudiera disfrutar gozosa.

Cuando asistí a la boda de Yetta, me llamó la atención el estilo personal y la total simplicidad. Estaba claro que todos, incluyendo al novio y a la novia, estaban relajados y pasando un buen rato. Los asistentes recordarán esta boda diciendo: "¿No fue maravilloso? Se veían tan felices."

¡Qué testimonio! En consecuencia, la boda de Yetta fue escogida para hacerse famosa en las páginas de este libro.

Comentarios de la boda por parte de Debi, dirigidos a la novia:

"Tu boda fue tan alegre. Vi a varias persona llorando y riendo con absoluto deleite."

"Aunque fue una boda muy sencilla tenía un toque de gracia pura."

"Tu vestido fue maravilloso, tan apropiado. Se veía majestuoso y con la debida modestia."

"A veces las novias se visten en trajes de novia tan "sexy" que nadie piensa que son castas vírgenes. Es de tan mal gusto vestirse de manera inmodesta en el día más especial de tu vida. Yo digo, que guarden la vestimenta sexual para más tarde esa noche, ¡cuando va a ser apreciada! De todas formas, fue refrescante ver que lo que tú escogiste corresponde a un creyente nacido de nuevo con un estilo y gusto refinado."

"Otra cosa que me gustó es que todo el enfoque estaba sobre el novio y la novia, y no sobre los arreglos florales, la cantidad de personas ni los detalles fantasiosos. Pienso que el no haber tenido damas o dama de honor fue una excelente idea. El haber tenido solamente al novio y a la novia al frente le dio a todo el evento un toque de mucha elegancia. Además, durante la recepción no tuvimos que escuchar esas vanas conversaciones acerca del vestido de las damas, ni de cuál era la que se veía más bonita."

Entrevistando a la novia

"Mientras estaba ahí sentada pensaba que tu boda realmente dio la gloria a Dios, más que cualquier otra boda a la que he ido recientemente. Traté de ponerlo en perspectiva y preguntarme el por qué, ¿cuál era la diferencia? Luego pensé, a lo mejor no fue la boda misma sino que pudo haber sido el año previo de preparación para ese día especial. Fue entonces que decidí incluirla en este libro. Solamente llevas dos semanas de casada, así que espero escuchar respuestas realmente frescas. ¿Estás lista?

P. ¿Tengo que empezar con esta pregunta porque es tan inusual: ¿Qué edad tienes?

R. Tengo 34 años de edad.

P. Esa es una edad avanzada para apenas estarte casando. ¿Quisieras explicarnos el por qué?

R. Hubo otros hombres que se interesaron en mí de cuando en cuando, pero yo nunca me interesé en ellos porque sabía que tenía que honrar y respetar a mi hombre. Hasta que apareció Kent, nunca había conocido a un hombre al que realmente quisiera.

P. ¿Y cómo fue que conociste a tu hombre?

R. Cuando se cambió a nuestra comunidad, comenzó a asistir a nuestra iglesia. Se unió al grupo de canto y yo formaba parte de ese pequeño grupo.

P. ¿Y tú inmediatamente pusiste la mira en el "nuevo hombre del pueblo"?

R. No. Me caía bien, pero nunca lo consideré como un posible candidato porque él es siete años menor que yo, y yo siempre había dicho que nunca me casaría con un hombre más joven que yo.

P. ¿Y qué te hizo cambiar de opinión? ¿Cómo llegaron a ser una pareja?

R. Primero nos hicimos buenos amigos. Durante meses, después del ensayo del grupo de música, me acompañaba hasta mi camioneta y ahí platicábamos. Pude ver que realmente estaba creciendo en el Señor. Aprendí a respetarlo. Pensé, realmente es un gran chico, pero es demasiado joven.

P. A mí me parece que es algo tímido. Parece un verdadero hombre tipo Sacerdote / Estable. ¿De qué manera intentó por primera vez llamar tu atención?

R. Comenzó a tomarme como objeto de sus bromas, ¡así fue! En nuestra comunidad, generalmente una vez al mes, alguien en nuestra área planea una noche para jugar juegos de mesa (para los jóvenes adultos solteros). Siempre invitan a jóvenes de otras iglesias y grupos para que nos acompañen. Es una manera de salir de nuestro pequeño mundo e invitar a otros a que entren en él. Jugamos juegos como: ¿Cómo sería si _____ fuera el presidente? Kent siempre sugería mi nombre. Como: "¿Preferiría Yetta ser presidente o estar en la prisión?" Yo le decía: "¿Por qué siempre pones mi nombre en esas cosas locas?"

P. Eso era muy audaz; sin embargo, ¿todavía no te dabas cuenta que te estaba diferenciando de las demás?

R. Mi familia (tengo varias hermanas) me comenzó a decir que les parecía que me estaba dando demasiada atención, pero yo todavía no estaba segura.

P. ¿Cuándo comenzaste a pensar que estaba tratando de conseguir tu atención como mujer?

R. Bueno, tuve un accidente automovilístico. No fue un accidente serio; solamente me corté el labio y tenía el cuerpo adolorido, pero él vino tan pronto y se enteró del accidente. Podía ver que realmente estaba preocupado. Fue entonces que comencé a sospechar que le interesaba más que solamente como amiga. Pero seguía teniendo mis dudas porque yo era amiga de su hermana desde mucho tiempo antes de conocerlo y le había dicho a ella bastantes veces que no me casaría con un hombre que fuera más joven que yo. Sabía que seguramente se lo había dicho a él.

P. ¿Por qué estabas tan segura de que no considerarías a un hombre más joven que tú?

R. Un par de años antes de conocer a Kent, hubo un hombre que preguntó si podía llegar a conocerme. Él tenía 30 y yo 32. Después de unos meses de escribirnos y de salir juntos en dos ocasiones, supe que era demasiado joven para mí, así que terminé la relación. Parecía que le faltaba madurez y yo lo atribuí a que era dos años menor que yo. Fue una buena experiencia para mí porque cuando conocí a Kent me di cuenta de que era maduro, sabio, serio y formal. Pude reflexionar y entender que la edad no tiene nada que ver con la madurez. A veces la única manera de saber lo que quieres es descubrir lo que no quieres.

P. ¿Recuerdas la primera vez en que sentiste que tal vez tú y Kent podrían llegar a ser una pareja?

R. Con el tiempo me convencí de que él era verdaderamente genuino. Como dije, en ocasiones después del ensayo se quedaba platicando conmigo junto a mi camioneta. Conforme crecía mi respeto por él, sabía que lo estaba viendo como el hombre que era… el tipo de hombre que yo quería. Él poco a poco estaba ganándose mi afecto.

P. Todos sabían que tú y Kent eran amigos. ¿Qué fue lo que cambió la situación para pasar de amigos a enamorados?

R. Bueno, una noche su hermana me invitó a cenar con su familia, y Kent estaba ahí. Después de la cena Kent me encaminó a mi camioneta. Mientras platicábamos junto a la camioneta me dijo francamente que quería que fuéramos más que amigos. Los dos éramos adultos; no era una infatuación de adolescentes. Ambos sabíamos que cuando dijo "más que amigos," significaba que consideráramos nuestro futuro juntos. Él ya se había ganado mi respeto y mi admiración. Gustosamente dije que "Sí".

P. Después de eso ya eran una pareja; la gente lo sabía. ¿Cómo reaccionaron los demás?

R. A todos les dio bastante gusto.

P. ¿Alguna reacción negativa por parte de la familia o de los amigos cercanos que hubiera afectado su decisión?

R. Sí. Si alguien a quien amábamos y respetábamos nos hubiera manifestado sus dudas a cualquiera los dos, lo hubiéramos escuchado y considerado su consejo. Ambos hemos visto a muchas parejas tomar malas decisiones y vivir para lamentarlo. Nosotros queríamos hacerlo bien.

P. Así que fueron juntos a diversos lugares y fueron reconocidos como pareja por muchos meses. ¿Por qué se esperaron tanto para casarse?

R. Los dos fuimos precavidos, sabiendo que esto era para el resto de nuestras vidas y queríamos hablar de todo antes de casarnos. Todas nuestras convicciones, nuestras ideas para la familia, todos nuestros pequeños "y que si…", fueron platicados y acordados. No iban a haber sorpresas que estropearan nuestro matrimonio. Se lleva tiempo. No nos anduvimos con rodeos en nada. Él sabía exactamente cómo pensaba yo respecto a toda cuestión principal y yo sabía lo que él quería. Nos pusimos de acuerdo en muchas cuestiones por anticipado.

No estoy seguro a qué te refieres con "se esperaron tanto." Varios meses no es mucho tiempo según las normas de la mayoría de las personas. Pareces querer insinuar que las parejas se deben casar cuanto antes. No soy partidario de las relaciones o los compromisos largos, pero no todas se van a sentir cómodas con que se les proponga matrimonio después de tan sólo unos meses de haber salido juntos.

P. Entonces, ¿cuándo te lanzó la pregunta?

R. No fue así en nuestro caso. El amor vino suavemente, de manera que los dos sabíamos que era lo correcto. Solamente fijamos la fecha.

P. ¿En base a qué decidieron la fecha?

R. Queríamos pasar nuestra luna de miel en Colorado, en la temporada en que las hojas de los álamos están cambiando de color, de manera que fijamos la fecha para ese tiempo. Además, yo quería que nuestro día especial fuera tranquilo, así que tuve que hacer mucha planeación.

P. Tengo que admitir que a través de los años he asistido a innumerables bodas, pero tu vestido de novia y tu velo tenían una simplicidad y estilo que se veía modesto y virginal, y además te hacía ver tan bien. Pienso que tu velo era más allá de hermoso. ¿Dónde encontraste un vestido y velo tan hermosos?

R. Muchísimas gracias. Tan pronto me puse el vestido y el velo me fascinaron. Lo pedí por correo. ¡Lo puedes creer! Simplemente hice una búsqueda con el navegador tecleando Vestidos Modestos para Novia. El sitio apareció con cientos de opciones.

P. Pero, ¿y el velo?

R. Realmente yo no lo escogí. La señora del lugar en donde compré el vestido escogió el velo y le agregó el brillo de fantasía para que combinara con el vestido. Cuando llegó en el correo y lo vi, me encantó.

P. Las flores también se veían preciosas. Me gustaron los colores del otoño. Te han de haber salido caras, ¿verdad?

R. Tengo una historia que contar acerca de las flores. Cuando Kent y yo nos comprometimos, ambos comenzamos a ahorrar para nuestra boda y para la luna de miel. Juntos decidimos cuánto íbamos a gastar para cada parte de la boda. Habíamos decidido tener arreglos florales muy sencillos, pero Dios nos bendijo con lo inesperado. Durante varios años había estado yendo a un asilo de ancianos para recoger y lavar la ropa de una ancianita que había tenido un derrame cerebral. Cuando supe que me iba a casar, llamé al hijo de la ancianita para decirle que de ahora en adelante mi hermana estaría recogiendo y lavando la ropa. El hombre me dijo: "Yetta, soy dueño de una florería y me gustaría encargarme de los arreglos florales como mi regalo de boda para ustedes, por todo lo que has hecho por mi madre." Todas esas hermosas flores fueron un regalo. Él se encargó de todo. Los colores y el estilo los escogió él. Después de todo, él es un profesional experto en esto, así que pensé que él sabría lo que se vería mejor.

Ya que te estoy contando mi historia, me gustaría decir lo siguiente a todas las chicas que leen esto: Si fuera joven y apenas estuviera comenzando a trabajar y ganar dinero, me propondría inmediatamente ahorrar el diez por ciento de mis ingresos para mi futuro matrimonio. Me alegro que pudiera ahorrar durante unos pocos meses, pero me puse a pensar, ¡qué diferente hubiera sido si hubiera ahorrado durante años! Verdaderamente pienso que las jovencitas deben saber que no es trabajo de otros suplir todas sus necesidades y pagar todos los gastos de la boda. Si esperan que todo se les supla como a una hija, entrarán al matrimonio con esa mentalidad. Tendrán poco que aportar y solamente querrán recibir. Bueno, esta es mi opinión.

P. La comida que se sirvió en la recepción era fresca, hermosa, ligera y saludable. Las flores coloridas y la fruta fresca realmente establecieron un ambiente muy agradable. Me gustó que no hubiera platillos calientes y pesados que se hubieran tenido que cocinar esa mañana. ¿Quién planeó el menú y preparó la comida para la boda?

R. El tener varias hermanas es una gran bendición. Fueron una gran ayuda. La fruta fresca hacía que la mesa se viera bonita y fue fácil de preparar. Los bocadillos de queso se pueden preparar con días de anticipación, y los muchos pasteles fueron llevados por diversas amistades. Yo no tuve que pensar en lo que se iba a servir o a preparar.

P.   **Bueno, ya hablamos de las flores y de la comida, ¿y qué de las fotos de la boda?**

R.   Bueno, eso quedó arreglado en mi mismo trabajo. Mis dos amigas y compañeras de trabajo, Elizabeth y Pat, son también aspirantes a fotógrafas de bodas. Les pedí que tomaran las fotos de mi boda. Liz me hizo un buen descuento e hicieron un trabajo fabuloso. ¡Son excelentes fotos! Liz está ahora trabajando en elaborar el álbum fotográfico. (ElizabethStewartPhotography.blogspot.com)

P.   **Ahora que tienes dos semanas completas de casada, ¿qué quisieras decirle a las chicas que lean estas páginas?**

R.   Bueno, yo antes pensaba que una chica inmediatamente sabría con quien se iba a casar tan pronto y llegara a conocer al hombre. Supongo que con algunas así pasa, pero ahora sé que con otras no sucede así. En mi caso, fue el amor constante y tierno de Kent por mí, que me movió a querer ser su esposa.

P.   **¿Has sentido tristeza por haber tenido que esperar tanto tiempo para que llegara ese día mágico?**

R.   Es curioso porque yo era feliz siendo soltera. Inclusive conforme pasaban los años y mis amigas se iban casando yo todavía sentía que mi vida era plena y bendecida. Me mantuve ocupada. Me esforcé por convertirme en una persona útil y servicial para muchas personas. No me quedé en casa triste y deprimida. Claro que hubo días en los que me sentí un poco triste, pensando que tal vez nunca encontraría al verdadero y único amor de mi vida, y que tal vez nunca tendría hijos. Pienso que esos momentos de depresión son obra del diablo. Estoy tan contenta de que pasé mi vida trabajando, tratando de servir y ayudar a otros cada día y disfrutando de la vida. Voy a derramar esa misma plenitud ahora en mi hombre.

P.   **Ahora viene el momento de la verdad. ¿Cuál ha sido la cosa práctica que ha sido más difícil para ti como esposa?**

R.   No voy a decir que ha sido difícil, pero sí ha sido un desafío tener que preparar tres comidas al día, o por lo menos el desayuno, luego empacarle su almuerzo y por la tarde tenerle preparada una buena comida. A los hombres les gusta comer y yo definitivamente quiero complacer a mi hombre. Es fácil olvidarse de planear la comida que uno quiere servir, que incluye tener a la mano los alimentos básicos (como descongelar con tiempo la carne). Si uno no lo hace con tiempo, luego llega uno a la casa y de último minuto anda viendo qué puede preparar. Tengo que acordarme de planear y comprar por adelantado.

P. Tienes una audiencia de miles de señoritas deseando y esperando ser la Sra. de Alguien Especial. ¿Cómo sugieres que encuentren a ese Sr. Alguien Especial?

R. Yo no me quedé en casa esperando. Yo les diría que llenen cada momento en dar algo de sí mismas. Tuve la oportunidad de participar y viajar con un grupo musical, trabajaba en diferentes lugares durante la semana, salía en excursiones con otros grupos y participé en muchos proyectos de servicio. Al final de cuentas, fue en mi pequeña iglesia rural y en nuestra pequeña comunidad donde encontré al amor de mi vida. Él me procuró diligentemente. Fue precioso saber que había un hombre que me deseaba lo suficiente como para esforzarse por lograr mi atención y respeto. Necesitaba saber que él realmente me deseaba; que no era que yo estuviera persiguiéndolo y finalmente ganándolo. Tengo un verdadero hombre. Valió la pena la espera.

Lecciones Aprendidas

En las siguientes páginas hay espacios para que hagas planes. Anota los pasos que quieres dar para estar más activamente involucrada en tu preparación para la vida de casada. ¿Qué es lo que vas a hacer que te ayudará a prepararte para ser una buena ayuda idónea?

Tu Cofre del Tesoro

"Con sabiduría se edificará la casa, y con prudencia se afirmará; y con conocimiento se llenarán las cámaras de todo bien precia-do y agradable" (Proverbios 24: 3-4).

♥ ¿Qué tipo de entrenamiento te hace falta? Piensa en lo que hizo Ellie para prepararse para su Príncipe Italiano. Fue a la escuela para aprender a hacer arreglos florales, enseñó en la escuela dominical, abrió su propio negocio, viajó, participó en viajes misioneros y organizaba eventos sociales semanales para cristianos.

♥ Muchas chicas podrían estar ayudando de tiempo completo en algún ministerio tomando fotos o cocinando.

♥ ¿Qué estás haciendo para servir?

♥ ¿En qué tipo de entrenamiento estás involucrada ahora? ¡Y no me digas que le estás ayudando a tu mamá en la casa! Ya deberías haber aprendido los quehaceres del hogar desde que tenías diez años de edad.

♥ Haz planes serios. Nota que la mujer virtuosa conservaba una buena condición física, y era físicamente capaz. Agrega el ejercicio formal a tu plan semanal. *"Ciñe de fuerza sus lomos, y esfuerza sus brazos"* (Proverbios 31.17). Pide a una amiga que te pida cuentas para que te ayude a apegarte a tu plan. ¿Quién va a ser esta amiga?

_____

_____

♥ ¿Cuáles son tus metas semanales?

_____

_____

_____

♥ ¿Cuáles son tus metas mensuales?

_____

_____

_____

♥ ¿Cuáles son tus metas anuales?

_____

_____

_____

♥ ¿Cuáles son tus metas para el resto de tu vida?

_____

_____

_____

Examínate a Ti Misma

MORALEJA DE LA HISTORIA: ¿Realmente conoces a Jesús?
UNA ADVERTENCIA: No des por hecho tu destino eterno.

"Por lo cual, hermanos, tanto más procurad hacer firme vuestra vocación y elección; porque haciendo estas cosas, no caeréis jamás" (2 Pedro 1:10).

La siguiente historia es especial para mí. Sheila cuenta la historia de cómo conoció a su futuro esposo Shad, en un club donde él era una estrella de música Rock. Recuerdo haber estado sentada en una pizzería cuando la canción más popular de Shad se escuchó por las bocinas. Un ritmo pesado y palabras tristes llenaban el aire: "Regresa cuando ya hayas crecido, muchacha. Todavía vives en un mundo de muñecas de papel. La vida no es fácil y amar es doblemente difícil, así que regresa chica mía cuando hayas crecido." Recuerdo haber sonreído cuando escuché la canción porque sabía que el hombre que había escrito y cantado esa canción era ahora un hijo del Dios Viviente. La vida y el amor son fáciles con un nuevo corazón lleno de Dios.

CAPÍTULO 14

TODAS LAS COSAS
nuevas &
hermosas

Séptima Historia

MI NOMBRE ES SHEILA y esta es mi historia de amor. Cuando era chica leía todas las historias de cuentos de hadas que caían en mis manos. Soñaba con ser una hermosa princesa y que un príncipe guapo viniera montando sobre un caballo blanco y me llevara a su hermoso castillo, donde viviríamos felices para siempre. La Biblia dice que Satanás es el dios de este mundo, y en su mundo no hay príncipes amorosos. Cuando estaba en la secundaria descubrí que la mayoría de los muchachos eran todo menos unos príncipes caballerosos. Parecía que inevitablemente era atraída hacia los mismos chicos que me trataban con poca consideración y aun menos respeto. Me sentía continuamente lastimada y desilusionada porque parecía que entre más amaba a alguien, menos me amaba él a mí. Pero en lo profundo de mi corazón, me aferraba al sueño de encontrar a alguien que me amara incondicionalmente; alguien que me amara por lo que yo era, no por lo que yo pudiera hacer por ellos.

Cuando tenía 18 años, mi mamá, mi hermana y yo nos mudamos a vivir a la ciudad de Memphis, para estar más cerca de la familia y para que yo pudiera asistir a la Universidad ahí. Una noche asistí a una fiesta de la fraternidad y estaba tocando una banda. Un amigo me presentó con el líder de la banda y hubo una atracción inmediata. Comenzamos a salir juntos e inmediatamente nos enamoramos. Este tipo era muy buena onda, y estaba loco por mí. Por fin me sentía como una princesa amada. Después de tan sólo cinco meses de conocernos, decidimos casarnos. El decir que mi madre se oponía es decirlo de una manera muy tranquila. Mi madre era cristiana y estaba sumamente consternada al ver que su hija salía con un rockero, y todavía peor, que estuviera hablando de casarse con él. Shad y yo hicimos la única cosa racional y razonable que nos quedaba por hacer: nos fugamos y nos casamos. Mi caballo blanco resultó ser un Mustang verde y mi castillo resultó ser la casa de sus papás. Como si eso no fuera suficientemente malo, pronto me di cuenta que mi príncipe tenía algo de tirano, pero para entonces era obvio que yo era una fiera.

Shad era un artista típico con el temperamento tormentoso que acompaña a ese tipo de personalidad. Eran muy pocos los artículos rompibles que duraban intactos en nuestra casa. Sabía que a mí nunca me dañaría, pero todas mis pequeñas decoraciones ¡no tuvieron esa suerte! A pesar de todo el caos alrededor de nuestro hogar, jamás dudé del amor de mi esposo. Pero todo ese amor no cambiaba el hecho de que ambos estábamos llenos de egoísmo, y ninguno de los dos teníamos idea de lo que Dios se había propuesto con el matrimonio. <u>Nuestro concepto de un matrimonio perfecto era poder moldear a nuestra pareja para que se conformara a la idea que teníamos de un cónyuge perfecto.</u>

¡Ya se imaginarán cómo estaba resultando esto! Ninguno de los dos éramos el cónyuge perfecto, y ninguno de los dos estaba teniendo éxito en cambiar al otro en quien queríamos que fuera.

Un día un predicador vino de visita a nuestra casa. Estábamos seguros que nos iba a decir lo malo que éramos y lo horrible que era nuestro estilo de vida, pero no lo hizo. Él simplemente habló acerca de cómo nos ama Jesús y de que murió por nosotros; luego calladamente oró por nosotros. Parecía que realmente se preocupaba por nosotros. Shad me dijo que no sabía si le había caído bien el predicador o si

Este es precisamente el error destructor de matrimonios No. 1 de todos los tiempos, inclusive entre los creyentes. Primero te casas con alguien y luego lo tratas de convertir en la persona que quieres que sea.

le había creído a lo que nos compartió, pero sí le había impactado la humildad del hombre. El predicador regresó en dos ocasiones más a compartirnos del amor de Cristo. Unas cuantas noches después de la última visita, Shad se vio envuelto en una desagradable pelea después de que su banda tocó en un club nocturno. Al día siguiente todavía estaba enfadado amargamente con las personas con las que se había peleado. En un esfuerzo por calmar sus emociones, tomó su guitarra y fue a sentarse en un columpio en el patio de atrás. Al estar ahí sentado se puso a pensar en lo que había dicho el predicador. Shad comenzó a cantar/orar a Dios de la única manera en que sabía. Le dijo a Dios que estaba cansado de vivir con ira y que quería ser diferente. Le dijo a Dios que si Él podía cambiarlo en una persona diferente y cambiar su vida, entonces eso es lo que él quería.

Dios siempre está listo para perdonar y para encontrarnos ahí mismo en donde estamos. Dios miró hacia abajo y vio a un hombre que detestaba el rumbo hacia donde lo llevaba su pecado y que solamente quería conocer al Salvador que perdona y ama. Shad tomó su guitarra y cantó a Dios diciendo: "Cuando me levante de este columpio, quiero que te levantes conmigo." El Dios asombroso escuchó su canto/oración y se levantó con Shad. Pasaron un par de días antes de que Shad me contara lo que había sucedido, y aunque no le dije, estaba muy preocupada por lo que eso significaría.

Comenzamos a ir a la iglesia y este tipo rockero con el que me había casado, súbitamente comenzó a hablar de querer ser un predicador. No puedo comenzar a decirles lo desilusionada que estaba. No me había casado con un predicador. ¡Me había casado con una estrella del Rock and Roll que iba en ascenso! Parecía que todo mi mundo se estaba desenredando, todo debido a un predicador con un corazón noble que nos había venido a visitar. Trataba de aparentar que todo estaba bien y de portarme como una buena chica cristiana, pero realmente estaba llegando a mis límites. Yo había ido a la iglesia desde muy niña, pero realmente no sabía lo que era tener una relación personal con Cristo. Sin embargo, conforme veía el cambio en la vida de Shad, comencé a ver que esta cuestión del cristianismo implicaba mucho más que solamente ir a la iglesia y ser "buena." La verdad es difícil de resistir. Finalmente, Dios se abrió paso a través de la fachada de mi vida y me mostró que no tenía esperanza aparte de realmente conocerle. Ese día le pedí a Jesús que perdonara mi pecado y que viniera a ser el Señor de mi vida. De ese punto en adelante mi vida cambió dramáticamente, en todos los aspectos y maneras.

Dios realmente tenía un propósito en la vida de Shad; le llamó para que fuera un evangelista. Comencé a comprender que si Dios había llamado a Shad, también me había llamado a mí. Es bastante difícil cuando un hombre trata de hacer algo y no cuenta con una esposa que cree en él y lo apoya, pero estando en el ministerio es todavía peor. Nunca me consideré ser una persona fuerte, pero conforme trataba de llegar a ser lo que mi esposo necesitaba en una esposa, Dios estaba ahí, listo para ayudarme a hacer cosas de las cuales no me creía capaz. Cuando mi esposo vio que en mi corazón estaba la disposición de hacer la voluntad de Dios y de honrarlo a él, con entusiasmo volvió a derramar su vida en la mía. Comenzó a incluirme más y más en su ministerio. Al poco tiempo estábamos cantando juntos y ministrando a jóvenes en toda la parte sur de los Estados Unidos. Después de que tuvimos a nuestros hijos, los llevábamos con nosotros y compartíamos el evangelio dondequiera que Dios abría una puerta. Pero había otro ministerio, más grande, que Dios tenía para nosotros en el horizonte.

En 1975, Shad y yo fuimos en un viaje misionero con nuestra iglesia al África Oriental. Mientras estábamos ahí, Dios habló a nuestro corazón claramente, mostrándonos que quería que nos involucráramos en un ministerio de evangelismo internacional. No conocíamos a nadie en el extranjero, y tendríamos que confiar en el Señor para que proveyera las finanzas necesarias para hacer este tipo de ministerio. También sabíamos, desde un principio, que esto implicaría que tendríamos que estar separados durante dos o tres semanas a la vez. Mi responsabilidad sería hacerme cargo de la casa y de la familia para que Shad pudiera viajar al extranjero y hacer lo que Dios lo había llamado a hacer. Nadie quiere quedarse en casa haciendo trabajos rutinarios cuando cosas maravillosas y emocionantes están sucediendo en el extranjero. Fue difícil, pero yo sabía que Dios necesitaba que yo hiciera mi parte, aunque mi parte no fuera tan emocionante. Lo vi como un ministerio, de manera que pude encargarme en la vida familiar, entrenar a los niños, administrar nuestras finanzas, hacer reparaciones menores a la casa, pintar, tapizar, coser, cortar el césped y manejar cuestiones del ministerio mientras estaba en casa sin mi marido. Y cuando regresaba a casa, yo sabía que vendría cansado del largo viaje, de estar en ambientes algo incómodos y de estar comiendo comida diferente. Me vestía de una manera extra atractiva cuando iba por él al aeropuerto. No teníamos mucho dinero, pero me las ingeniaba para prepararle sus platillos favoritos y algún postre especial cuando llegaba a casa. Ponía toallas suaves en el baño y sábanas limpias, para que estuviera especialmente cómodo. Esto puede parecer exagerado, pero era realmente un milagro. Si hubieran visto cómo era nuestra vida de recién casados, comprenderían por qué digo que era un milagro. Pero algo había cambiado después de que fuimos salvos, realmente cambiado. Habíamos llegado a ser nuevas criaturas. Toda nuestra actitud hacia la vida era diferente. Tratamos de convertirnos en la persona que nuestro cónyuge quería que fuéramos, en vez de tratar de cambiarnos el uno al otro en la pareja "ideal." Es Dios quien hace a las verdaderas princesas. No nacen, más bien ¡nacen de nuevo!

Quisiera poder decirte que todo vino de manera natural y fácil, pero eso sería una mentira. Fue todo menos natural; fue sobrenatural. Fue todo menos fácil; fue trabajo duro. Conforme nos rendíamos más y más a la dirección del Espíritu Santo, Dios nos fue haciendo más y más lo que necesitábamos ser el uno para el otro. Entre más me daba de mí misma a mi marido, más me daba él de sí mismo. En Efesios 5 dice que la esposa "respete (reverencie) a su marido" (v. 33) **y que se sujete a él "como al Señor"** (v. 22). **Esto, a la vez, hará que el esposo "ame a su mujer como a sí mismo"** (v. 33) **y que la ame "como Cristo amó a la iglesia, y se entregó a sí mismo por ella"** (v. 25). Dios nos dio la capacidad de decidir poner a nuestro cónyuge primero, y como resultado, nos encontramos como socios por partes iguales en una vida maravillosa.

Ahora que nuestros hijos han crecido y ya se han casado, puedo acompañar a mi esposo en todos sus viajes. De hecho, pasamos todo el día, cada día, juntos y así ha sido por años. Hay mujeres que me preguntan: "¿Cómo aguantas estar con tu esposo todo el día? ¿Acaso no necesitas algo de tiempo para ti misma?" En esos momentos, recuerdo cómo Dios estiró su brazo y rescató a dos pecadores que iban rumbo al infierno, cómo nos enseñó a realmente amarnos y a ceder nuestros derechos el uno al otro, y cómo nos uso para compartir a Cristo con otros. La salvación es gratuita, un don inmerecido.

Mi esposo es mi mejor amigo, el amor de mi corazón y la delicia de mi vida. Prefiero pasar tiempo con él que con alguien más. Cuando lo veo, veo a ese príncipe que siempre quise. Y mi esposo me dice que soy la mujer más hermosa del mundo. Me dice que soy la esposa perfecta, que su vida está completa gracias a mí, y que está agradecido por siempre porque fui dada a él por Dios. Me adora en un millón de maneras y me hace sentir esa princesa que siempre quise ser.

Mi matrimonio glorioso llegó a ser posible conforme volví mi corazón para honrar a mi marido, pero claro, como hija de Dios era lo menos que podía hacer. De manera que finalmente, sí terminé en un cuento de hadas. Me casé con el príncipe apuesto y estoy viviendo feliz para siempre. Dios nos ha enseñado que para vivir felices para siempre, necesitamos ser dadores en vez de tomadores. Entonces Dios da y da y da.

Pueden seguir el ministerio de Shad y Sheila en www.wegotothem.com

~ *Sheila*

La Reina de su Corazón

Dios nos advierte: **"Examinaos a vosotros mismos si estáis en la fe; probaos a vosotros mismos. ¿O no os conocéis a vosotros mismos, que Jesucristo está en vosotros...?"** (2 Corintios 13:5).

En este estudio justamente vamos a hacer eso.

La chica en esta historia *suponía* que era cristiana. Si su esposo no hubiera llegado a ser verdaderamente salvo, entonces al día de hoy ella podía estar sentada en las bancas de algún templo cada domingo todavía creyendo que era una buena cristiana. Fue el cambio transformador en la vida de su esposo, el cambio súbito y decidido en su manera de pensar, que la llevó a dudar de si realmente tenía una relación con Dios.

Cuando realmente conoces a Dios, SE NOTA. Cuando realmente tienes una relación con Dios lo conoces como a un amigo. Cuando andas con Dios tu corazón estará continuamente lleno de Él. No tratarás de agradarle... simplemente harás lo que Él quiere que hagas. Si lo conoces, lo amarás. ¿Lo amas? ¿Realmente lo conoces?

Mientras lees la siguiente historia, te ruego que te detengas y te preguntes a ti misma: "¿Realmente tengo una verdadera relación con Dios? ¿Estoy segura que lo conozco?"

Muchas de ustedes siempre se han considerado cristianas, ¿pero sabe Dios que lo eres? En dos ocasiones Dios nos dice: **"Hay camino que al hombre le parece derecho; pero su fin es camino de muerte"** (Proverbios 14:12).

La salvación es fácil y difícil a la vez. Dios la hizo fácil para nosotros por medio del don gratuito de Jesucristo, pero nosotros la hacemos difícil al tratar de ganarnos lo que Dios ya ha dado. Es imprudente pensar que porque hiciste una profesión de fe, fuiste bautizada y vas a la iglesia, por esto vas camino al cielo.

La siguiente historia ilustra lo que Dios ha hecho por ti a través de Jesucristo, su hijo amado.

La Parábola del Hijo del Rey

(Tomado de *Por Diseño Divino* por Michael Pearl)

En una tierra lejana y en otro tiempo, un rey benévolo gobernaba sabiamente su reino y todo el pueblo lo amaba. Bueno, no todos. Había un pequeño grupo de rebeldes que trabajaba en secreto tratando de derrocar su gobierno. Querían la libertad para llevar a cabo festejos inmorales, lo cual no estaba permitido bajo el gobierno del rey justo. El castigo común por traición era la muerte, pero el rey había emitido un decreto especificando que a cualquiera que fuera hallado culpable de traición, se le sacarían los ojos, pero conservaría la vida. En varias ocasiones jóvenes varones habían sido llevados delante del rey para ser juzgados por traición. Después de examinar cuidadosamente las evidencias, el rey tristemente había tenido que pronunciar sentencia de ceguera para varios de estos jóvenes.

Un día el alguacil trajo a un joven delante de la corte para ser juzgado por traición. El rumor era que él era el cabecilla de la rebelión. Al rey le perturbó que la parte superior del cuerpo del prisionero estuviera cubierta por una capucha, pero los abogados de la corte insistieron que la ocultación era necesaria para asegurar que se hiciera justicia. El rey estuvo de acuerdo con la solicitud, suponiendo que el acusado podría ser un conocido o el hijo de un funcionario importante. El rey escuchó la evidencia, la cual era totalmente incriminatoria. Cuando llegó el tiempo para que se dictara la sentencia, los abogados quitaron la capucha del prisionero y el hombre resultó ser el hijo del rey. El rey estaba a punto de dictar la sentencia de ceguera contra su propio hijo. Haciendo un gran esfuerzo por controlar sus emociones, anunció que esperaría 24 horas antes de dictar la sentencia. Aunque no podía cambiar lo que iba a ser la decisión de la corte, el rey usó ese tiempo para tratar de convencer a su hijo de que se arrepintiera, lo cual resultó infructuoso. El hijo estaba seguro de que su padre no lo podía perdonar y que el castigo de la ley era inevitable.

Durante ese tiempo, la historia de lo que estaba ocurriendo se extendió por todo el reino. La mitad del pueblo consideraba que el rey pondría su deber, y la letra de la ley, por encima de sus propios sentimientos. Ellos consideraban que el rey no solamente ordenaría que le sacaran los ojos a su hijo sino que además lo mandaría ejecutar como castigo ejemplar. La otra mitad del reino pensaba que el rey cedería ante los profundos sentimientos que tenía por su hijo y lo liberaría sin que sufriera daño. Muchos pensaban que obtendría del hijo una promesa de lealtad y luego pondría a un lado el castigo de la ley.

El rey se encontraba en un dilema, con dos sentimientos encontrados. Deseaba salvar a su hijo, pero a la vez, deseaba permanecer como un rey justo y obediente a las leyes. Habiendo causado la ceguera de otros por la misma ofensa; ¿podía hacer una excepción con su hijo y todavía ser considerado como justo por su pueblo? ¿Cómo podrían seguir respetando su gobierno? Además, si detenía el castigo, ¿cómo podía exigir el respeto y ejercer control sobre su hijo? La ofensa permanecería para siempre entre el rey y su hijo. Si el hijo no fuera castigado, ¿acaso no sería más temerario en su rebelión?

Por otro lado, ¿cómo podía sentenciar a su propio hijo? ¿Acaso un padre que engendró a un hijo de su mismo cuerpo, que invirtió tanto en criarlo, puede súbitamente apagar todos sus sentimientos? ¿Podría simplemente cegar a su hijo y olvidarse? ¿Seguiría teniendo significado la vida para un padre que hiciera eso?

Veinticuatro horas después, la corte reanudó la sesión. La ciudad real estaba atestada de espectadores solemnes y expectantes. El prisionero fue llevado a la corte. Su rostro estaba descubierto y todo el mundo podía ver la amargura reflejada en su faz. Viendo su semblante, uno pensaría que le estaba echando la culpa al padre por su rebelión.

El rey fue el último en entrar a la cámara. Ante la expectación del público, el rey fue conducido a través de la cámara llevando puesta la capucha que había estado sobre su hijo el día anterior. Andando con dificultad, fue escoltado hasta su trono. Él inmediatamente hizo mención de la evidencia incriminatoria. Luego, mientras la silenciosa multitud miraba azorada, justo antes de dictar la sentencia, levantó la mano y se quitó la capucha que llevaba puesta. La multitud dio un paso atrás ante la repulsiva imagen del rostro del rey que mostraba los sangrantes orificios en donde antes habían estado los ojos reales. La multitud se quedó sin aliento cuando el rey se dirigió al pueblo. Un siervo puso delante del pueblo una charola que contenía los ojos del rey. El rey preguntó al público en general si consideraban que se había hecho justicia al haber dado él sus ojos en sustitución por los de su hijo. El pueblo consintió de manera unánime que se había hecho justicia. El rey había encontrado la manera de ser fiel a su ley, y así mantener su integridad, como también la manera de satisfacer su amor por su hijo.

Pero permanecía aún un problema, la rebelión del hijo. Si el padre hubiera logrado obtener el arrepentimiento de su hijo, el sacrificio se hubiera visto como justificable. Pero el ofrecimiento se había hecho cuando el hijo era todavía un auto-proclamado enemigo del rey. Eso también fue resuelto en el sangriento sacrificio del rey. Al ver el amor y el perdón del padre, el hijo fue movido al arrepentimiento para con su padre. Toda duda respecto al amor y la sabiduría del padre involuntariamente se desvaneció. El hijo cayó postrado a los pies del padre rogando por el perdón que ya había recibido. Le fue concedido sentarse a la derecha de su padre donde, desde ese día en adelante, fiel y benignamente ayudó en los asuntos del reino.

El dilema había sido resuelto. Sin la necesidad de sacrificar su amor por su hijo ni la justicia, la ley había sido honrada en una manera que la elevaba como nunca antes. El rey no solamente había expresado su amor por su hijo, sino que lo había conducido a un arrepentimiento humilde y genuino. La integridad del reino se mantuvo y el hijo fue salvado— todo pagado por el padre. **"A fin de que Él sea el justo y el que justifica…Porque de tal manera amó Dios al mundo que ha dado…"**

Tu Cofre del Tesoro

♥ Escribe en tu cuaderno tu testimonio acerca de cómo y cuándo llegaste a comprender el sacrificio asombroso de Dios. Si no estás segura acerca de tu relación con Dios, entonces escribe una oración pidiéndole a Dios que se manifieste en tu vida para que lo puedas conocer. Él responderá a una oración así.

♥ En la Guía de la Maestra al final del libro hay una lista de preguntas y ver-
sículos para ayudarte a entender lo que Dios dice acerca de la salvación. Su
PALABRA es eficaz. Hay un poder dador de vida en saber lo que Dios dice.
Estudia esa lección.

Reverenciar (Respetar)

Moraleja de la Historia: Quién eres como mujer soltera, determinará quién eres como mujer casada. Si eres perezosa, seguirás siendo perezosa. Si eres rebelde, llevarás esa rebeldía a tu matrimonio. <u>Si actualmente eres alegre y obediente y una sierva para los demás, entonces tu matrimonio será bendito.</u>

Una Advertencia: Cuídate de las arañas, pulgas, víboras, murciélagos y ratones, además de cualquier otro pequeño terror que pueda cruzarse en tu camino.

Es tiempo para unas cuantas lecciones básicas que te ayudarán a hacer la transición de mujer soltera a esposa. Aprenderás que Dios espera que honres y reverencies (respetes) a tu marido, inclusive cuando él calladamente te permite continuar en tu desobediencia. Si no aprendes, Dios puede intervenir, y de hecho intervendrá, para socorrer a tu marido, si ignoras los deseos de tu marido.

En este capítulo, Patricia nos contará cómo Dios usó a las pulgas para ayudarla a entender que la desobediencia callada no sería tolerada. A través de los años que he vivido, he visto a Dios utilizar todo tipo de cosas para lograr que sus hijos se conformen a su voluntad. El saber que Dios está obrando para llevarnos a la madurez es un consuelo, pero también a veces hasta da miedo.

CAPÍTULO 15

las ULGAS

Octava Historia

Arañas

ANTES DE CONTARTE LA historia de Patricia acerca de las pulgas, quiero contarte una de mis propias pesadillas relacionadas con insectos. Hace años me enojé con mi vecina por actuar de manera ofensiva contra su esposo. Me enojé, eché humo por las orejas, y hasta me quejé con unos amigos. Sabía que estaba portándome muy mal, pero me quedé con mi agravio. Una noche tomé mi abrigo para ponérmelo cuando noté que del mismo saltaba una araña venenosa. ¡Me enloquecí! ¡Las arañas son lo que más miedo me causa! Durante la siguiente semana o más, sacudía cabalmente toda prenda de vestir antes de ponérmela. De alguna manera supe que Dios me estaba reprendiendo por haber hablado mal de mi vecina. En varias otras ocasiones, vi saltar una araña de alguna toalla o de mi abrigo. Vivía nerviosa y tensa por el juicio que sabía que Dios estaba esperando darme la primera vez en que bajara la guardia. Tenía razón. Una mañana temprano escuché que alguien tocaba a la puerta. Salté de la cama y rápidamente tomé los pantalones de mezclilla que había dejado tirados en el piso. Adivinaste. Logré meter una pierna y mientras estaba saltando tratando de meter la otra, saltó de entre mis pantalones la más grande, peluda y terriblemente fea araña que pueda haber de este lado de Papua Nueva Guinea. Caí sobre mi trasero gritando, pataleando y luchando por quitarme esos pantalones. Nunca encontré a la araña, pero esto sí te digo, desde entonces callé mi boca respecto a mi vecina, y la he mantenido cerrada desde entonces. Además, dejé de usar pantalones de mezclilla; son muy difíciles de quitar.

Si continúas con el pecado de la amargura o hablando mal de un hermano en Cristo y no tienes temor de que Dios te haga cosas raras o atemorizantes, entonces debes revisar tu relación con el Dios eterno. Probablemente no tienes una; es decir, una relación. Él no deja a los creyentes continuar en el pecado.

"¿Qué, pues, diremos? ¿Perseveraremos en el pecado para que la gracia abunde? En ninguna manera. Porque los que hemos muerto al pecado, ¿cómo viviremos aún en él?" (Romanos 6:1-2).

Esto es algo que debes considerar:

¿Crees tú que Dios dirija y guíe a las personas aun antes de ser salvas? ¿Qué inclusive las guíe hasta respecto a con quién casarse?

Esto es lo que Dios hizo con mi amiga Patricia. Ella debe estar agradecida que su represión no fue tan mala como las arañas. Así que prepárate para comenzar a rascarte. Esta es la historia de Patricia acerca de las pulgas.

Dios Me Conoció Desde Antes

Jesse comenzó a echarme el ojo desde mi primer día de trabajo. Por alguna razón me crispaba los nervios. Cuando el personal de mi departamento salía al receso matutino, Jesse venía a mi mesa para charlar. Yo inmediatamente me levantaba y regresaba a mi trabajo. Nunca sabía qué decir cuando él estaba por ahí, así que huía. Pienso que es un Rey… mandón, dominante, impositivo, y no sé…él parecía ser tan distinguido que me daba miedo.

Todo el mundo en nuestro círculo salía con personas del sexo opuesto. Era lo esperado. Era el principio de los años 1970s y ninguno de nosotros conocía al Señor. Las personas con las que trabajaba me animaban a que rentara mi propio departamento para que pudiera hacer lo que quisiera. Lamentablemente hice caso de los consejos insistentes de esas personas perturbadas. Una vez sola, entré en un mundo extraño, un mundo lleno de amistades que me jalaban lejos de aquellos que me amaban y se preocupaban por mí. Mis padres estaban muy molestos por mi nueva vida. Pronto descubrí el por qué.

Es bueno que los jóvenes sepan que una chica es quien realmente es, cuando no está tratando de impresionar a un hombre. Un hombre sabio comentó: "Alguien que es amable contigo pero áspero con el mesero, no es una buena persona."

Un día una compañera de trabajo me dijo: "Tienes que agarrar la onda y protegerte, necesitas tomar la píldora para el control natal… todo el mundo lo hace." Me acompañó a una clínica que ofrecía esos servicios. Porque no quería arriesgarme a perder a mi nueva amiga, accedí y comencé a tomar las píldoras. Me sentía enferma, empujada a un estilo de vida que no quería.

Durante mi juventud había repudiado la religión de mis padres, pero ahora sentía que debía de intentarlo otra vez. No quería que mis amigos rebeldes me llevaran por senderos por donde yo no quería andar. Quería pensar por mí misma. Un domingo regresé a la iglesia pero me salí a la mitad del culto. Sabía que era una descortesía, pero me parecía tan muerta.

Entre más tiempo pasaba con mis nuevos amigos menos me acordaba de Dios. Una noche fui a una fiesta. Jesse estaba ahí. Todavía me seguía sintiendo nerviosa cuando él estaba cerca, pero puesto que ahí estaba, me vi obligada a hablar con él. Luego preguntó si podía llamarme y agregó que tal vez después pudiéramos salir juntos. Yo le respondí: "¡Claro que sí!" Pero realmente pensaba que nunca me hablaría.

Poco tiempo después Jesse me invitó a salir con él. Después de tan sólo unas cuantas citas, por alguna razón sentí que iba a ser su esposa. Mi relación con mis padres comenzó a mejorar, así que me regresé a vivir con ellos. De cualquier manera, no hubiera confesado a mis padres, ni siquiera a mí misma, que había sido rebelde y desobediente hacia mis padres en mi reciente estilo de vida. Todavía pensaba que ellos no me habían comprendido. Tenía mucho bagaje (es decir, mi voluntad egocéntrica) guardado en la bodega de mi vida, y algún día regresaría a atormentarme, pero en ese tiempo solamente podía pensar en Jesse.

Una noche mientras cenaba con la familia, anuncié que tal vez me casaría con Jesse. No lo sabía de seguro, pero en lo profundo de mi corazón sentía paz. Jesse hizo un anuncio parecido a su familia. Ninguno de los dos sabía del anuncio del otro. Un mes después, en enero, me propuso matrimonio.

Después de nuestro compromiso, me enteré que Jesse era judío. ¡Caray! ¡Realmente estaba emocionada! Cuando jovencita sentía un gran respeto y profundo amor por el pueblo judío. Sentía que Jesse era un regalo de Dios. Seis meses después nos casamos. Pensaba que un romance así, como de cuento de hadas, seguramente conduciría a vivir felices para siempre.

Si piensas, aunque sea por un segundo, que puedes entrar al matrimonio con tu comportamiento pasado escondido, fuera de la vista y fuera de la mente, en algún baúl guardado en la bodega, ¡piénsalo otra vez! Las actitudes que tenías antes de casarte saldrán de nuevo a la superficie. Crecerán y se convertirán en monstruos que atacarán tu matrimonio.

Si resistes a la autoridad en tu juventud, ya casada te sentirás igualmente atrapada por tu esposo como antes te sentías atrapada por tus padres. Lo más triste es que culparás a tu esposo por tu existencia digna de lástima. En tu juventud puedes tener la esperanza de escapar de la situación cuando te cases. Pero ya casada, la única escapatoria de la situación es el divorcio.

Afortunadamente, Dios usó a las pulgas para convencerme de honrar y obedecer a Dios, y a mi marido.

Pulgas al Rescate

Mi esposo era… ¿cómo diré?… era diferente. Me sentía horrorizada al darme cuenta que no estaba de acuerdo conmigo en casi nada. Comencé a preguntarme cómo pude enamorarme de un hombre que tenía un corazón frío, que no era nada romántico y que además, ¡no tenía sentimientos!

Como a los siete años de casados Dios estiró su brazo amoroso y nos alcanzó. Nosotros, judío y gentil, esposo y esposa, llegamos a comprender el amor de Jesucristo. Pero el hecho de convertirme en cristiana no modificó mi empeño por ser una persona independiente. Ahora quería seguir los caminos de Dios en mi vida, aunque no tenía idea de qué es lo que Dios esperaba de mí como esposa. Lo habría de aprender.

Los años pasaron, y tres hijos después, la amargura y el resentimiento eran mis compañeros de todos los días. Entre dientes murmuraba cosas como: "¡Ya verás!" o "No puedo creer que me haya casado con un tipo tan insensible." Necesitaría una lección de parte de Dios si es que mi matrimonio iba a sobrevivir y florecer. Aun en mi rebelión para con mi esposo, Dios sabía que yo realmente lo quería conocer a Él y honrar a mi marido. Dios envió pulgas al rescate.

Un día, mientras ayudaba a una amiga a empacar sus cosas porque se iba a cambiar de residencia, me ofreció como regalo varias de las plantas que tenía dentro de la casa. Escogí la mía, que era una hermosa y sana esparraguera que colgaba justo encima de donde dormía el gato. Emocionada me llevé mi apreciada planta y la colgué en mi recámara.

Varios días después mi esposo sugirió: "Siento mucha comezón. Me parece que esa planta tiene pulgas. Es mejor que te deshagas de ella."

Le eché una mirada que indicaba que lo consideraba como un ignorante. "¡Las plantas no tienen pulgas!" Por conveniencia mía, me olvide de su sugerencia respecto a la planta. Pasaron más días y me volvió a insistir: "Necesitas deshacerte de esa planta, porque las pulgas están peor ahora que antes."

¿Alguna vez te ha dado tu papá o tu mamá alguna orden que te pareció completamente tonta? La misma Biblia que nos enseña que debemos honrar a nuestros padres también enseña que la esposa debe reverenciar (respetar) a su marido. **"Y la esposa respete (reverencie) a su marido"** (Efesios 5:33).

¡No tenía idea que la Biblia enseñaba que debía reverenciar a mi marido! Es solamente un hombre y se equivoca con frecuencia. ¿Reverenciarlo a él? Pero Dios suavemente continuó instruyéndome.

Para el día siguiente era obvio que mi esposo tenía la razón. Las pulgas se estaban multiplicando tan rápidamente que ya habían invadido toda la casa, incluyendo a Spike, nuestro conejillo de indias de pelo largo. Mi esposo le aplicó a Spike un tratamiento con champú antipulgas; más bien se lo aplicó de más. El pobre de Spike parecía un trapeador que desesperadamente jalaba aire. Crco que le debe de haber dado algún ataque ligero al corazón. ¡Qué enredo! Fue toda una experiencia horrorosa el deshacernos de las pulgas. Mi desobediencia causó a mis hijos y a mi esposo bastante frustración. La gran pregunta es: ¿Aprendí algo?

El Caso de las Pulgas en la Segunda Vuelta

Recuerda, el bagaje que acumulas en tus años como mujer soltera lo llevas contigo al matrimonio. Yo todavía suponía que era más lista y que mi manera de hacer las cosas era correcta. Dios envió una segunda lección.

Mi esposo sintió que Dios le indicaba que debía salir de deudas, así que vendimos nuestra casa y comenzamos a buscar alguna casa en renta. Encontré una casa y la fuimos a ver. Tenía todo lo que yo quería que la casa tuviera. Jesse la vio pero no se sentía a gusto respecto a rentarla. Recurrí a todos mis encantos, lo convencí de lo buena que era la casa y… ¡Presto! Firmó sobre la línea punteada.

A las pocas noches de estar viviendo en la casa me despertó Jesse y me anunció: "¡Tenemos pulgas en la casa!" Me di la media vuelta y pensé para mí misma: "Tranquilízate. ¡No tenemos pulgas!" (¿Puedes ver un patrón en esto?) ¡Sí, había pulgas en la casa! ¡Estaba infestada! Descubrimos que los inquilinos anteriores amaban a los gatos. Nos llevó meses deshacernos de las pulgas. Para entonces Spike ya se había ido al cielo de los concjillos de indias, así que no tuvo que pasar por esto otra vez.

Obviamente, soy de lento aprendizaje. Tal vez de esta historia concluyas que simplemente debo limpiar mi casa mejor, pero soy y siempre he sido una fanática de la limpieza. Las pulgas son para los desaseados y desaliñados, ¿verdad? Para una mujer que se enorgullece de tener su casa impecablemente limpia, una infestación de pulgas es algo muy humillante.

Te pregunto: ¿Crees que Dios tenga sentido del humor?

Por Favor, Por Favor No Más Pulgas… POR FAVOR

Esto nos lleva a la tercera lección. Comencé a pensar para mí misma si las pulgas no serían algo que Dios estaba usando para llamarme la atención respecto a mi falta de honra para con mi marido. Pero en ese tiempo razoné que lo de las pulgas era, podía ser, solamente un evento fortuito… pura coincidencia.

Teníamos unos amigos que pusieron en venta su hermosa casa, pero la casa no se vendía. Acordamos intercambiar reparaciones que nosotros haríamos a la casa por un descuento en la renta y nos quedaríamos ahí hasta que la casa se vendiera.

Durante el cálido y seco mes de agosto me propuse plantar pasto en el patio trasero que solamente era pura tierra. Le pedí a mi esposo que me ayudara en ese trabajo. Después de algunas vacilaciones, por fin accedió, pero me advirtió: "¿No crees que hace demasiado calor como para plantar las semillas del pasto?"

Lo reprendí pensando: "¿Por qué siempre anda arrastrando los pies? Estoy segura que leyó mis pensamientos, pues seguramente mi rostro reflejaba mi falta de honra, pero él me hizo caso… una vez más. Compramos la semilla y luego fuimos a una granja cercana a comprar pacas de forraje. Preparamos la tierra, plantamos la semilla y esparcimos el forraje.

Al día siguiente durante la reunión de la iglesia noté que uno de mis hijos se estaba rascando. Se inclinó hacia donde yo estaba y me dijo en voz baja: "Creo que me están picando pulgas." Si me hubiera dicho que tenía lepra no me hubiera afectado tanto como la palabra pulgas.

Eran pulgas que habían venido con el forraje que mi marido me había dicho que era una pérdida de tiempo esparcir. Una vez más mi familia tuvo que soportar las consecuencias de mi obstinación al no haber escuchado la advertencia de mi esposo.

¿Logré, por fin, tener una mejor comprensión de lo que es la sumisión? Créeme que sí. ¿Creció el pasto? ¡Por supuesto que no!

A Veces Disfrazamos La Desobediencia

Te preguntarás por qué me llevó tanto tiempo someterme a mi marido. La respuesta: A veces disfrazamos la desobediencia. Básicamente, no sabía que yo era tan desobediente. Dios dice claramente lo que piensa respecto al pecado. En Santiago 2:10 dice: "Porque cualquiera que guardare toda la ley, pero ofendiere en un punto, se hace culpable de todos." La mayoría de nosotras nunca pensamos que estamos siendo desobedientes. Nuestro primer pensamiento es que estamos en lo correcto en lo que pensamos, sentimos y hacemos, y que la otra persona es la que es insensible, floja y necia.

Yo había desarrollado en mi juventud el hábito de hacer lo que yo quisiera. Pensaba que era más lista, más sensible y compasiva, y, por supuesto, trabajaba más duro. ¿Recuerdas el bagaje que pensé había dejado almacenado en la bodega? Estaba siempre a mi lado.

Para mí había sido fácil descartar los deseos de mi esposo sin sentir que era una rebelde, porque él realmente nunca me daba órdenes en nada. Él nunca enseñoreó su autoridad sobre mí; solamente sugería. Aunque es un líder fuerte, él tiene lo que algunos llamarían "una voz suave." Él claramente quería que yo lo honrara, pero él quería que lo honrara desde mi corazón y no por sus exigencias. Yo sabía, y él sabía que yo sabía, qué era lo que él quería que yo hiciera. Él quería que yo quisiera obedecerle.

Había pasado años aparentando ser una esposa dulce y obediente al grado de engañarme hasta a mí misma, pero Dios conocía mi corazón. Él obró para hacerme ver mi falta de honra y de respeto, hasta mi franca insubordinación, para con mi marido. Una vez que estuve dispuesta a reconocer que mi actitud era pecado delante de Dios, mi corazón cambió. Cuando mi esposo habla, ya no tomo lo que dice como sugerencias, sino como palabras que Dios quiere que yo obedezca. Parece extraño, pero ya no me siento molesta ni frustrada cuando las cosas no van como yo pienso que deben ir. Creo que ya he dejado de verme como la más sabia, la más compasiva y la que tiene los mejores sentimientos. Tampoco lo veo a él como insensible; simplemente es diferente a mí. Una paz inunda mi vida, tanto en mi alma como en mi diario vivir. Y también he dejado de temer a las pulgas porque ahora entiendo de dónde vienen. Es innecesario decir que ya no han regresado. Han pasado muchos años desde mi última lección con las pulgas, y desde entonces la relación con mi hombre ha florecido en algo que es de gran gloria tanto

¿Qué acaso no he leído en alguna parte acerca de enjambres de insectos que vinieron sobre personas que no obedecieron la Palabra de Dios? Es mejor entender antes de la décima plaga.

para Dios como para nosotros como esposa y esposo. Solamente quiero terminar con una expresión de agradecimiento y adoración: "Gracias Dios por haber enviado pulgas, pulgas y más pulgas."

~ *Patricia*

Estadísticas

Algunos papás especifican claramente cuál es la "ley" en su hogar. Todos saben que lo deben obedecer o se enfrentarán a las consecuencias. Otros papás tratan a sus hijas mayores por medio de ruegos y súplicas, para que los escuchen y los obedezcan, con la esperanza de tener el corazón de sus hijas al grado de que ellas quieran hacer lo que él considera que es lo mejor. La vida es más fácil para las hijas que han sido criadas por un padre dominante e impositivo porque ya están acostumbradas a obedecer. Nunca se les dio otra opción y crecieron acostumbradas a estar bajo una recia autoridad. En cambio, las mujeres criadas por papás gentiles y amables con frecuencia sienten amargura hacia sus esposos cuando éstos son exigentes. Pero independientemente de nuestra predilección, todas nosotras, las ayudas idóneas, somos responsables de obedecer los lineamientos de Dios.

Dios espera que aquellos que le conocen sigan sus direcciones. Dios decreta con toda claridad que debemos de honrar a nuestros padres, y reverenciar (respetar) y obedecer a nuestros maridos.

"En esto sabemos que nosotros le conocemos, si guardamos sus mandamientos. El que dice: Yo le conozco, y no guarda sus mandamientos, el tal es mentiroso, y la verdad no está en él" (1 Juan 2:3-4).

Puede ser difícil verificar la obediencia cuando el marido da sugerencias en vez de dar órdenes. Pero Dios manda a las esposas que reverencien a sus maridos; esto debe incluir que disciernan la voluntad de su esposo como mejor puedan y luego, que la consideren como si hubiera sido una orden.

Se requirieron tres lecciones con las pulgas para que Patricia, por fin, comprendiera que Dios esperaba que ella honrara los deseos de su marido. Así como los papás vienen en todas formas y tamaños, así también los maridos.

La manera en que tú como joven soltera responden a tu papá, es la manera en que vas a responder a tu marido. A veces puede ser que obedezcas a tu papá aun cuando por

Si no te queda claro cuáles son sus verdaderos deseos, pídele que te los aclare.

dentro calladamente pienses que está errado, alejado de la realidad y en otro mundo. Ten cuidado— vas a transferir esta misma actitud a tu marido. Pide a Dios que te enseñe sabiduría. Pídele que te muestre en qué áreas te falta entendimiento.

La palabra reverencia significa: respeto, admiración, adoración, asombro, estima, veneración, estupefacción y reconocimiento.

Un antónimo (lo opuesto) de la palabra reverencia es desacato, que significa: desdén, falta de respeto, desaprobación, menosprecio y creerse superior.

La Escritura tiene una muy seria advertencia para una hija que deshonra a su padre: **"Porque Dios mandó diciendo: "Honra a tu padre y a tu madre; y: El que maldiga al padre o a la madre, muera irremisiblemente"** (Mateo 15:4). Tan atemorizante como es la maldición de morir, la amonestación para que las mujeres reverencien a sus maridos es todavía mayor, porque Dios escogió el matrimonio entre un hombre y una mujer para representar la relación de Cristo con nosotros, es decir, con la iglesia. Nosotros habremos de ser la esposa de Cristo. La Escritura se refiere a esto como **Grande es este misterio** (Efesios 5:32).

Por más asombroso que parezca, el matrimonio entre el hombre y la mujer es lo que Dios escogió como lo más semejante a la relación de Cristo con su esposa, la iglesia. La sumisión, la reverencia y la honra son virtudes que Dios procura formar en la esposa de Su Hijo.

¿Te estás preparando para ser ese tipo de esposa? ¿Cómo?

1. *Obediencia* es hacer lo que tú sabes que tu esposo quiere que hagas.

2. *Sumisión* es entregar tu corazón a la voluntad de tu marido.

3. *Reverencia* es más que simplemente hacer lo que tu marido espera o exige. Es la actitud que resulta de verdaderamente creer que tu esposo tiene una posición de liderazgo asignada por Dios, y considerarlo con un alto grado de temor reverencial.

Reverencia: reverenciar, respetar profundamente, temor mezclado con respeto y estimación.

La obediencia, la sumisión y la reverencia son todos actos de la voluntad y no están basadas en los sentimientos. El mostrar deferencia para con tu esposo es un acto de reverencia para con Dios, pues es Él quien te puso en ese rol.

Deferencia: sumisión a su voluntad, mandatos o autoridad; amabilidad que se tiene con alguien por respeto o cortesía, adhesión respetuosa, buena disposición, consideración.

Tu Cofre del Tesoro

Es un momento serio y trascendente cuando una mujer hace el compromiso de honrar, obedecer y reverenciar a su marido.

♥ Anota aquí tu compromiso. Cuando te hayas casado y estés teniendo un mal día, regresa a este lugar y vuelve a leer el compromiso que hiciste con Dios y con tu marido. Si lo hiciste en serio, entonces Dios comenzará a obrar en tu corazón cambios que resultarán en belleza, gloria y honor.

Desacato en vez de Honra

MORALEJA DE LA HISTORIA: Somos lo que pensamos, decimos y hacemos. Si ocupamos nuestra mente con pensamientos de gratitud hacia otras personas, estaremos agradecidos en espíritu y en hechos. **UNA ADVERTENCIA:** Si permitimos que nuestra mente se entretenga con dudas, desconfianzas y acusaciones, destruirá nuestra mente así como también nuestra vida.

¿Hay realmente consecuencias espirituales para alguien que vive descuidadamente haciendo su propia voluntad y viviendo una vida independiente? ¿Habrá demonios que se ocupan de plantar en nuestra mente pensamientos malsanos, que nos hacen estar agitados y deprimidos, o lo que es peor, que acusan a otros?

Hace años un libro sobre el tema del "poder del pensamiento positivo" tomó al mercado como una tormenta. El libro siguió siendo de los más vendidos durante años porque hay poder (tanto para sanar como para destruir) en la manera de pensar de una persona. Esta historia fue escrita por una mujer que aprendió de la manera difícil.

CAPÍTULO 16

el PODER del PENSAMIENTO APESTOSO

Novena Historia

ÉL LLEGÓ A MI VIDA en un momento en que me encontraba muy sola. Me había mudado a una ciudad universitaria para trabajar como voluntaria en un ministerio próspero. Estábamos ocupados con muchos estudios bíblicos, reuniones, memorización de las Escrituras, conferencias, charlando con amigos y comiendo juntos. Luego, de manera inesperada, fui despedida del ministerio. Me encontraba a horas de mi casa, tenía gastos que pagar y acababa de comenzar un trabajo pagado, así que decidí permanecer ahí en la ciudad para ajustarme y darme tiempo para pensar qué más haría. Me encontraba más que un poco sola; tenía una gran necesidad de ser necesitada. Pensé mucho acerca del tipo de hombre con quien quería casarme. Sabía que tenía que ser real, no un autómata cristiano. Pero ahora me encontraba fuera de mi grupo, sola en el mundo y me preguntaba cómo lo iba a conocer.

Luego un día sucedió, mientras estaba haciendo un mandado. De manera impulsiva entré en la cafetería, pedí un café expreso y viendo a una amiga que se encontraba ahí comiendo, me senté a su lado. Me dio un ligero codazo en las costillas y dijo: "No voltees a ver ahora, pero un hombre guapísimo que está sentado a tu derecha te está echando el ojo. Parece como que es del medio oriente o de un lugar así, pero lo he visto en la iglesia, así que debe ser cristiano." Cuando mi amiga me dio la señal, volteé a verlo. Era hermoso, con cabello negro ondulado y un gran bigote. Súbitamente volteó hacia nosotras de manera que nuestras miradas se cruzaron. Podía sentir cómo me sonrojaba. Alcancé a verlo sonreír, antes de bajar la mirada.

Pocos días después andaba en otra diligencia cuando súbitamente ahí estaba frente a mí. Fue un momento magnífico en el que sentí que se me detuvo el corazón. Los dos nos quedamos mirando a los ojos y luego nos reímos. Fue uno de esos momentos en que pareciera que todo estaba ya predestinado. Juan comenzó a visitar mi lugar de trabajo, salíamos a caminar, disfrutábamos de un helado o visitábamos algún restaurante retirado. Me fascinaba su voz. Era encantador, espontáneo, amigable, divertido e independiente, lo que balanceaba mi personalidad metódica y estable.

Vivía para los momentos en que estábamos juntos. Juan estaba tan lleno de ocurrencias emocionantes y hacía mi vida tan plena y provechosa. Mi vida era emocionante, intoxicante y maravillosa; el amor tiene una dulzura que hace que todo sea hermoso.

Juan era tan cortés y considerado. Temprano por la mañana, cada día me dejaba el desayuno en una bolsa en el asiento de mi auto. Esto significa que iba a trabajar como a las 5 a. m., horneaba roles de espinacas, preparaba jugo de naranja fresco, manejaba a mi casa que estaba a media hora de distancia, dejaba la bolsa y regresaba a trabajar. Semidormida podía escuchar a su camioneta entrando al estacionamiento, y ¡sabía que era él!

Había algo en el amor que me daba una energía que no había tenido. Con mi tendencia a la depresión, este era un contraste bienvenido, que me energizaba y daba vida. Podía hablar con él hasta las primeras horas de la madrugada y luego levantarme por la mañana, fresca como una lechuga. El trabajo no me parecía tan pesado y todos eran unos gruñones comparados conmigo. En ocasiones me dejaba una tarjeta o alguna otra cosa agradable sobre mi escritorio.

Después de estar saliendo con Juan durante dos meses lo llevé a conocer a mis padres. A ellos realmente les agradó bastante. La segunda vez en que Juan vino a visitar a mis padres, me pidió que me casara con él.

Nuestra boda se llevó a cabo en un día frío y claro después de que había pasado una tormenta en el hermoso estado de Nueva Inglaterra. Estaba tan emocionada. Su papá nos casó, y antes de declararnos marido y mujer, envolvió su estola sacerdotal alrededor de nuestras manos unidas, atándolas juntas, tal y como en una película que había visto.

Después de casados continuamos con nuestras caminatas y pláticas, que me fascinaban. Comprábamos una cena cara y la partíamos en dos para compartirla; hacíamos lo mismo con un chicle, siempre compartíamos; así éramos. Las personas podían ver cuán perfectos éramos el uno para el otro. Cocinábamos juntos, nos reíamos juntos, disfrutábamos a nuestros amigos juntos y estábamos llenos del gozo del Señor juntos.

Sucedió de manera tan lenta que nunca me di cuenta, hasta que un día, como de la nada, dardos de fuego comenzaron a volar hacia mi alma, como una pesadilla que viene de quién sabe dónde; comencé a tener pensamientos acusadores, sentimientos de irritación, dudas e inseguridad que forcejeaban en mi alma. Cosas que durante nuestro cortejo podía pasar por alto, ahora invadían mi mente, de manera que no me permitían pensar con claridad. Bagaje de mi juventud nublaba mi alma como un olor fétido

Habiendo sido enseñada a sujetarme como esposa, sabía que no había otra salida sino obedecer, pero lo hacía con un corazón pesado y con amargo resentimiento. Luego mi tipo Profeta, Juan decidió ir a la escuela bíblica… ¡pero a 5,600 Km. de distancia y en otro país! Sus ideas grandiosas eran extrañas para mí. Comencé a abrigar una continua desaprobación por todo lo que hacía. Empecé a dudar de sus motivos. Comencé a hablarle con aires de superioridad porque pensaba que manejaba nuestro dinero tontamente. Parecía que le faltaba claridad espiritual. Yo quería iniciar una familia; ¡Juan quería esperarse cinco años antes de tener hijos! ¿Por qué habría de ser él quien decidiera? Yo tenía mis convicciones. Yo tenía que hacer como sabía que Dios dice, no como él dice.

Todo el día en el trabajo mi mente entretenía pensamientos de inseguridad y dudas acerca de sus motivaciones y su liderazgo. ¿Me odiaba ahora Juan? ¿Desagradaba yo a Dios de alguna manera? ¿Me habría casado con el hombre equivocado? Constantemente recreaba pensamientos que le echaban a él la culpa de mi infelicidad. De manera que la dulzura se había desvanecido.

Él me había dicho que solamente iba a tener que seguir trabajando hasta que él terminara una especialidad que le llevaría un año, pero le llevó más tiempo. Tenía la esperanza de embarazarme para de esa manera tomar un receso del exigente trabajo en la agencia de publicidad. Luego llegó el golpe más duro: el médico nos informó que no íbamos a poder tener hijos. Se sintió como la muerte. Mi sueño de ser madre había sido hecho pedazos. La depresión regresó de manera diaria a mi vida.

Su manejo de nuestras finanzas, que solamente nos hacía incurrir en más deudas, realmente hizo que me derrumbara. Era un manojo de nervios, y él evitaba tratar el asunto. ¿Te acuerdas de lo que me encantaba cuando lo conocí? Era tan espontáneo de manera que balanceaba mi personalidad metódica. Juan seguía siendo Juan. Él no había cambiado. Después de un tiempo simplemente dejó de hablarme. Permanecía horas fuera de casa. Cuando estaba en casa se sentaba y se me quedaba viendo con una expresión de confusión en el rostro, como tratando de comprender qué es lo que había pasado que había resultado en esta situación.

Luego un día, después de seis años de casados, llegué a casa y se había ido. No era como si solamente hubiera empacado una maleta; su ropa, su regadero, sus cosas… todo lo que decía, "Juan" había desaparecido. Nunca había considerado que realmente me pudiera dejar. Éramos cristianos. Nos estábamos preparando para entrar en el ministerio, ¿verdad? Digo, para eso estaba yendo al Instituto bíblico, así que de seguro iba a regresar, yo lo perdonaría, volveríamos a ser amantes y entraríamos juntos al ministerio. Además tenía una reputación que respaldar; esto traería afrenta al nombre de Jesucristo. Juan había hechos votos de amarme y protegerme; el divorcio no era una opción… nunca… ¿verdad?

Pero se había ido. Lenta pero ciertamente había yo erosionado su espíritu con mi desacato, aires de superioridad y desaprobación. Pero jamás hubiera yo creído que esto desembocaría en su partida. Me amaba… yo sé que me amaba. Éramos perfectos el uno para el otro. ¿Por qué se fue? Podíamos haber resuelto nuestros problemas tal vez con un poco de consejería, si él tan sólo…

Ahora estaba terriblemente, pero terriblemente sola. No era como ser soltera otra vez; era como si me hubieran roto en mil pedazos. Visiones de que me fuera a acampar frente a su puerta para hacerlo volver daban vueltas en mi cabeza; tal vez eso haga que me vuelva a amar. Oré fervientemente que regresara, pero nunca volvió.

Así que, ¿cómo es la vida después de haber perdido al amor de tu vida? Eres una maraña de necesidades que no se pueden expresar adecuadamente: la necesidad de tener que enfrentar la pérdida de una relación sin que haya de por medio un funeral, amigos que te consuelen o la familia; la necesidad de volver a encontrar ese sentido de propósito para la vida, la necesidad de encontrar una manera de proveer para ti misma; la necesidad de mantener a tus hormonas bajo control; la necesidad de consejo legal y financiero; estas son algunas de las muchas cosas que uno enfrenta. Agrega a esto la vergüenza de ser una cristiana con la letra mayúscula "D" en su currículo. De manera que después de permanecer sola por tres miserables meses, regresé como un triste fracaso a vivir otra vez con mis padres. La visión que repetidas veces venía a mi mente era ese baúl de mis sueños, ahora convertido en un ataúd, con todos mis sueños y esperanzas encerradas dentro. A los 31 años, mi vida había terminado.

Me aferraba al sueño de que Dios volviera a dar vida a nuestro matrimonio. Oré con desesperación y me aferraba a la esperanza de que Juan se arrepintiera, se humillara a sí mismo y regresara a mí como el hombre que yo pensaba debía ser.

El mismo punto de apoyo mental que yo había dado a Satanás y que utilizó para destruir mi matrimonio todavía me controlaba y me mantenía sola. Era la misma actitud que me hacía estar deprimida antes de casarme y el mismo problema que ocasionó que fuera despedida del ministerio en el que colaboraba antes de conocer a Juan. En mi mente todos estaban faltos de sensibilidad y de espiritualidad. Solamente yo buscaba al Señor. No podía ver mis faltas. **"Todos los caminos del hombre son limpios en su propia opinión; pero Jehová pesa los espíritus. Encomienda a Jehová tus obras, y tus pensamientos serán afirmados"** (Proverbios 16:2-3).

Con el tiempo llegué a creer que de hecho me había casado con el hombre equivocado. Hacía malabares espirituales en mi mente. Y esto hizo que volviera a caer en fuertes depresiones. Me parecía como que Dios mismo me estaba castigando. Llegué a ser más "conservadora" y comencé a aplicar la ley del Antiguo Testamento a mi vida. Traté de "guardar el día de reposo." Me convertí en la representante modelo de la causa: "lo que Dios ha unido, no lo separe el hombre." El abogado de Juan me llamaba con cierta frecuencia diciendo que mi esposo quería el divorcio. Me rehusaba.

Esta mentalidad mía continuaría controlando a Juan durante los siguientes nueve años. No le iba a permitir que siguiera con su vida. Había oído que Juan estaba ahora con otra mujer a la que verdaderamente amaba y con la que se quería casar. Yo pensaba que si él no se quería arrepentir y volver conmigo entonces lo obligaría a vivir en pecado si quería una esposa e hijos. Para mí esto era como una especie de martirio.

Pero el divorcio es solamente una palabra. Divorcio en la Biblia significa: "no estar viviendo juntos como uno." La realidad era que yo ya estaba bíblicamente divorciada.

Como unos ocho años después de que mi esposo me dejó, comencé a recibir la revista No Greater Joy. Con cada número de la revista comencé a ver la diferencia entre gracia y esclavitud. Y la gran fortaleza que la inaguantable Jezabel había edificado, comenzó a agrietarse. No podía poner el dedo en ello, pero algo estaba cambiando dentro de mí. Por más de dos años escuché la serie de predicaciones de Michael Pearl sobre el libro a los Romanos. La Palabra de Dios me estaba dando luz. Estaba comenzando a verme como la santurrona controladora que era.

Finalmente, estaba dispuesta a admitir que ese hombre con quien me había casado tantos años antes ya no era mi marido. Por fin fue claro para mí que lo debía dejar ir, si ese era su deseo. Me pregunto qué hubiera sucedido si yo, libremente, de todo corazón, lo hubiera dejado ir años atrás. ¿Hubiera él cambiado de manera de pensar en el proceso? ¿Me hubiera perdonado? Es demasiado tarde para saberlo.

Con el paso de los años mi amargura lo había hecho desconfiar de mis intenciones. Cuando reconoció mi voz en el teléfono su tono de voz reflejaba enojo. Le dije de manera franca y directa que lo sentía mucho y que firmaría los papeles. Mientras hablábamos era como si una ventana se hubiera abierto en su alma. Sonaba más y más amigable, como el hombre con quien me había casado. ¿Estaba Dios dándome una segunda oportunidad para ser la persona que debía de haber sido para este hombre? No lo sabía, pero cualquiera que fuera el resultado, estaría agradecida. Hablamos cinco veces ese día. Yo cumplía ese día 40 años de edad. Fue uno de los días más felices de mi vida. Al final, me envió "los papeles." Tuve que aceptar con gracia su decisión. Finalmente, después de todos estos años estaba obedeciendo a mi esposo.

Había terminado. Pero Dios no me dejó entre las cenizas para desperdiciar mi vida de nuevo. Soy de Él. Nunca me dejará ni me abandonará a pesar de mi Pensamiento Apestoso. Bueno, enseguida viene el final de mi historia y podrás leer por ti misma que algunas lecciones son difíciles.

Sola, Pero Nunca Jamás Sola Otra Vez.

Durante los siguientes dos años pasé mucho de mi tiempo libre en largas caminatas, hablando y llorando. Me encontré a mí misma en un espiral de pensamientos tontos hasta que finalmente dije: "Dios, yo sé que tienes algún tipo de plan para mí; por favor házmelo saber. Necesito dar de mí a las personas. Necesito una vida con propósito." Recuerda el versículo que cité antes: "Encomienda a Jehová tus obras, y tus pensamientos serán afirmados."

Esa mañana mientras caminaba y oraba fue como si hubiera escuchado un fragmento de un mensaje de Elisabeth Elliot: "Solamente haz la siguiente cosa." Ni siquiera había pasado un minuto cuando escuché la voz de un niño que daba voces detrás de mí: "¡Oye! ¡Espérame!" Corrió para alcanzarnos y acompañarnos, a mí y a mi perro, en nuestra caminata. Comenzó a acompañarnos cada día y posteriormente vino a mi casa. Ahora no había tiempo para quejas y lamentos, porque tenía a un pequeño que me importunaba y demandaba mi atención. Era maravilloso. Me encantaba su compañía. Aquella necesidad de un hijo que hacía tanto había sepultado, estaba súbitamente encontrando una respuesta. Le enseñé a hacer todo lo que yo estaba haciendo en el jardín y en la casa. Estaba hambriento de un amigo como lo estaba yo. Nos hicimos grandes amigos.

Al poco tiempo, otros niños cuyos padres estaban demasiado ocupados para pasar tiempo con ellos, comenzaron a aparecerse por mi casa. Un día estaba doblando una colcha para bebé que había hecho años antes, cuando una de las jóvenes mayores que había venido de visita exclamó: ¡Cómo me gustaría que alguien me enseñara a hacer eso! ¡Caray! Ya tenía un ministerio y era muy divertido. Hice invitaciones y las eché en los buzones de correo que había en la ruta por donde caminaba. Todos los viernes por la noche enseñaría a todo el que quisiera venir, a cómo coser un cuadro para hacer una colcha. Solamente tenía una máquina de coser, así que esperaba que solamente vinieran una o dos chicas que probablemente se iban a pasar el tiempo distrayéndose y bostezando. Bueno, pues sí vinieron, once en total, chicos y chicas. Teníamos tazas para té, una tetera de plata, panecillos horneados que habían sobrado de una reunión de negocios, una plancha y tabla para planchar, retazos de telas, una cortadora circular y un manojo de nervios en mi estómago. Sabía que el Señor me estaba usando. Pasaron los meses y los años; los niños crecieron y adquirieron otros intereses, pero había dejado la marca de Dios en sus vidas. Como lo expresa el salmista en el Salmo 30:11, "Has cambiado mi lamento en baile; desataste mi cilicio, y me ceñiste de alegría." Mientras ministraba a esos niños necesitados Dios convirtió mis cenizas en algo hermoso. Luego Dios me llevó a otro ministerio.

Ahora trabajo en el departamento gráfico de un ministerio a nivel mundial. Personas están siendo atraídas al Salvador y matrimonios están siendo restaurados y, ¡yo soy parte de ello!

Es cierto que mi horrible actitud pecaminosa me llevó al desastre. Pero solamente el pecado (más pensamientos apestosos) me mantendrían ahí. Dios está dispuesto y es capaz de tomar los pedazos rotos y forjarlos juntos para crear una imagen hermosa. Sí, las líneas están ahí mostrando que la vida es un rompecabezas de piezas que han sido unidas, pero si das unos pasos hacia atrás, esas líneas ya no se perciben, viéndose únicamente la obra de arte del Maestro.

Esta es mi historia, una de tragedia la cual podía haberse evitado tan fácilmente. Juan no era diferente a tantos hombres jóvenes. Estaba lleno de ideas locas y no gastaba el dinero de manera sabia, pero, sin duda hubiera madurado. Si yo tan sólo hubiera obedecido los mandamientos de Dios para las esposas y si hubiera guardado mis votos de honrar, obedecer y reverenciar a Juan, entonces hoy yo sería una mujer muy amada y apreciada.

No des por un hecho que puedes tener tus arranques de ira, hacer tus corajes, hacer tus berrinches; tratar a tu hombre con desacato, exigir el control del dinero y todavía tener a tu hombre desesperadamente enamorado de ti. Aprende de mis errores.

~ *María*

"Hermanos, yo mismo no pretendo haberlo ya alcanzado; pero una cosa hago: olvidando ciertamente lo que queda atrás, y extendiéndome a lo que está delante, prosigo a la meta, al premio del supremo llamamiento de Dios en Cristo Jesús" (Filipenses 3:13-14).

Pensamientos Puros

Los pensamientos puros y de agradecimiento pueden surgir de muchos actos de la voluntad. Hace años tenía una amiga que desarrolló un hábito inusual. Había pasado su juventud en sexo, drogas y amargura. Pensaba mal de muchas personas. Después de que fue salva decía que su mente era un estanque de aguas residuales putrefactas y detestaba el continuo bombardeo de malos pensamientos. Un día pudo percibir la fealdad de su amargura y decidió que la odiaba tanto que iba a dejar de hacerlo, costara lo que costara. Decidió que cada vez que hablara mal de alguien, aunque fuera cierto y la persona lo mereciera, cada vez que surgiera de ella una respuesta iracunda, y cada vez que tuviera un pensamiento negativo o un pensamiento sexual impuro o algún pensamiento deprimente, ella clamaría a Jesús en voz alta. El tener una conversación con ella era… cómo lo puedo decir… un continuo sobresalto. Casi cada vez que hablaba con ella cara a cara o por teléfono, ella sin ninguna explicación o pausa, súbitamente exclamaba: "Oh, Señor Jesús, ayúdame."

Su continuo llamado a Dios era muy efectivo para ambas, como también estoy segura lo era para el resto de sus amigas. Yo era muy cuidadosa con el tipo de cosas que comentaba con ella. Ella estaba en serio con Dios. La admiraba por esto, y estoy segura de que Dios la bendijo por su deseo de andar en pureza. El hombre es más propenso a pecar con su cuerpo; los pecados de la mujer son más en actitudes y en palabras. El pecado es pecado y será juzgado como tal.

"Abre su boca con sabiduría, y la ley de clemencia está en su lengua" (Proverbios 31: 26).

Es parte de la naturaleza humana treparse en la espalda de alguien si uno se está ahogando. Las personas, particularmente las chicas que están frustradas con sus vidas, tienen la tendencia de tratar de derrumbar y arrastrar a otros. Lo justifican diciendo que solamente están diciendo lo que pasó, que están siendo honestas y otras cosas similares. Esta necesidad de tumbar a otros seguirá contigo en tu matrimonio, trabajo y vida, pues siempre habrá aquellos de quienes pensarás que es necesario hablar y decir las cosas como son. Es una trampa mortal de Satanás. No la trampa mortal de ellos, sino la tuya.

Hasta que una chica aprenda a controlar su necesidad de criticar y derrumbar a otros, hasta que permita que los demás pasen delante de ella sin ser hostigados por su información "verídica," hasta entonces comenzará a crecer como persona. Toda discusión, todo malentendido, todo sentimiento lastimado, cada depresión tenebrosa, se origina en alguien que "supone" que la otra persona le deseaba un mal, se aprovechó de ella, se expresó de manera ofensiva de ella, o cualquier otra cosa que la mente confabule. ¡Imagínate ser libre de estas malas interpretaciones! Puedes ser libre.

"La lengua apacible es árbol de vida; mas la perversidad de ella es quebrantamiento de espíritu" (Proverbios 15:4).

La palabra hebrea para perversidad significa: irracionalidad, distorsión. Todo mundo piensa que son razonables y que la persona a la que miran con desprecio es la que es irracional. Si tienes conflictos con alguien probablemente estás siendo irracional por lo menos la mitad del tiempo. Si más de una persona te provoca irritación, menosprecio o conflicto, entonces es probable que tú seas la culpable o la ofensora en la mayoría de esas relaciones. No importa qué tan dulce te creas, a ti es a la que le hace falta una lengua apacible.

Algunas familias, a veces hasta algunas comunidades de personas, parecen tener una predisposición hereditaria al resentimiento y a ser conflictivas. Los que han sido criados en un ambiente así tienden a aceptar las envidias, las sospechas y el pensar mal de otros como la norma. Simplemente suponen que todo el mundo los critica. Créanlo o no, existe otro mundo en donde las personas se aman unas a otras, y no hay sentimientos de amargura o resentimientos entre ellas. Un mundo en donde uno jamás se imagina que alguien pueda estar pensando mal de ellos, un mundo de paz y contentamiento diario.

"Derribando argumentos y toda altivez que se levanta contra el conocimiento de Dios, y llevando cautivo todo pensamiento a la obediencia a Cristo" (2 Corintios 10:5).

Ahora mismo, como joven soltera, pídele a Dios que te dé la sabiduría para limpiar tu alma de esta plaga de pensamientos negativos. Así como mi amiga clamaba a Dios, llena tu alma con la hermosura de una vida de pensamientos nobles. Espera que las personas hagan el bien. Ocúpate en servir a otros; no nada más a tus amigos, sino a cualquiera que tenga una necesidad. Puede ser que te traten injustamente (pero probablemente no sucederá así) y mientras tanto tu alma será libre para remontar el vuelo.

En el Salmo 15 el salmista cantó: **"Jehová, ¿quién habitará en tu tabernáculo? ¿Quién morará en tu monte santo? El que anda en integridad y hace justicia, y habla verdad en su corazón. El que no calumnia con su lengua, ni hace mal a su prójimo, ni admite reproche alguno contra su vecino."**

Tu Cofre del Tesoro

"Con sabiduría se edificará la casa, y con prudencia se afirmará; Y con ciencia se llenarán las cámaras de todo bien preciado y agradable." (Proverbios 24:3-4)

💜 Coloqué esta tragedia hacia el final del libro por una razón. Todo lo que hemos cubierto en este libro, la oración, el cortejo, encontrando la voluntad de Dios, la castidad, todo puede hacerse correctamente pero a pesar de ello, todavía puedes arruinar tu vida y matrimonio, si estás llena de pensamientos acusadores y de palabras hirientes.

💜 Una mente y un corazón puro son los elementos más importantes que traerás a tu vida y a tu matrimonio. Sin falta, agrégalos como un tesoro invaluable a tu baúl, a ese cofre del tesoro que contiene las cosas que atesoras para tu matrimonio. Haz un compromiso por escrito.

_____

_____

_____

_____

_____

💜 Encuentra un versículo de la Biblia que puedas apropiar como promesa. ¡Este es un día para atar listones! Asegúrate que esté marcado con letras en negrilla en la tabla de tu corazón.

_____

_____

_____

_____

_____

_____

_____

Predicador, Maestro y Granjero

Cuando todo se haya dicho y hecho, el pensamiento final se reduce a esto: ¿Qué es lo que los hombres buscan en una compañera? ¿Qué clase de chica es la que les llama la atención? ¿Qué es lo que los hace felices? Nosotras mismas debemos hacernos la siguiente pregunta. ¿Qué lo enorgullecería de tenerme por esposa? ¿Qué es lo que lo haría querer ser fiel, amoroso y amable para conmigo? ¿Qué es lo que hará que su amor por mí se profundice con cada día que pase? ¿Qué es lo que yo, su ayudadora, necesito en mí que lo dejará con la libertad de responder a Dios y llegar a ser todo lo que Dios quiere que sea? Con esto en mente, les he pedido a hombres casados que me digan qué es lo que consideran como lo más importante en una mujer. Comenzaré con mi propio y sabio esposo.

CAPÍTULO 17

QUÉ
DICEN *los*
HÓMBRES?

Un Corazón Agradecido

Habla Michael:

CUANDO ESTOY ACONSEJANDO A JÓVENES varones y me preguntan: "¿Qué es lo más importante que debemos buscar en una candidata potencial?" Mi respuesta es sencilla y ha sido la misma por muchos años.

Les digo a los muchachos que si una chica se considera "el premio mayor," entonces no lo es. Si ella piensa que te está haciendo un favor casándose contigo, entonces da por un hecho que te estás metiendo en un gran lío. Asegúrate de que ella se sienta agradecida porque la has escogido. Sigue buscando hasta que encuentres a una chica con el rasgo de carácter más importante de todos: un corazón agradecido.

A una muchacha floja se le puede enseñar a que haga lo que le corresponde; a una chica que no ha sido entrenada adecuadamente se le puede encauzar para que aprenda todo lo que necesita saber; una chica fea puede componerse con algo de maquillaje (además, conforme envejecen las mujeres todas pierden esa belleza juvenil); una joven gorda puede bajar de peso (aunque con el tiempo nosotros los casados llegamos a apreciar cuando hay algo extra que manejar); hasta una mujer corajuda y enojona puede arrepentirse. Pero la mujer que piensa que es mejor que tú, no abrirá su corazón para ser corregida; es un callejón sin salida.

La chica que va al matrimonio pensando que ella es el mejor partido porque es hermosa, talentosa, de buen corazón o espiritualmente superior, será un tormento para su marido. Cada vez que se disguste con su esposo, su alma, mente y en ocasiones hasta su voz gritarán: "¿Por qué me casé con este perdedor? Podía haberme casado con el que yo quisiera." Ningún hombre quiere acabar por tener a una mujer que piensa de esa manera.

Un espíritu agradecido es lo opuesto a un espíritu orgulloso. Una chica que se ríe y disfruta de la vida, rebosa de gozo y simplemente parece estar satisfecha con su vida— eso es lo que busqué que tuviera mi esposa.

Después de más de cuarenta años de casado, sigo pensando que el rasgo principal en el que debemos fijarnos los varones al buscar esposa es un espíritu gozoso y agradecido.

~*Michael Pearl*

Actitud de Gratitud

Hay mucho qué decir de un corazón agradecido. De hecho la palabra gozo aparece 167 veces en la Palabra de Dios. Palabras como agradecimiento, gratitud, dar gracias, corazón alegre, regocijo y adoración están entretejidas alrededor de la palabra gozo indicando que una concibe a la otra.

Los proverbios están llenos de contrastes entre un comportamiento negativo y un rasgo piadoso. Puedes leer cómo Dios considera un corazón alegre: **"El corazón alegre constituye buen remedio; mas el espíritu triste seca los huesos"** (Proverbios 17:22). Luego en proverbios 15:13 Dios dice: **"El corazón alegre hermosea el rostro; mas por el dolor del corazón el espíritu se abate."**

La depresión, la amargura, el enojo, el resentimiento y la frustración no provienen de Dios. No son su voluntad ni su manera de hacer las cosas, y conducirán a tener un rostro feo como también un alma todavía más fea. La lectura del rostro de una mujer es como un mapa de ruta que nos indica su gratitud o su amargura. Las líneas pequeñas que parten como abanico a ambos lados de los ojos dan testimonio de mucha risa, mientras

Puesto que muchas mujeres han soñado con casarse con un hombre perfecto, pero ninguna mujer jamás lo ha logrado, la chica que piense que ella es el mejor partido, inevitablemente llegará a creer que le podía haber ido mejor, independientemente de qué tan buen marido tenga.

Un consejero sabio me dijo en una ocasión que el orgullo espiritual siempre conduce a la amargura. He visto a mujeres ver con menosprecio a sus maridos por su aparente "falta de espiritualidad," pero generalmente, el marido es espiritual, simplemente no está llenando las expectativas que ella tiene de él.

que las líneas más hondas en la frente son la marca de una continua y tensa amargura. Las líneas en el rostro son inevitables y son algo que te llevarás contigo a la tumba; dan testimonio del alma interior.

La mayoría de las mujeres dicen que no pueden evitar sentir lo que sienten. Esta es una mentira que te mantendrá atada a una vida miserable. Dios dice: **"Todos los días del afligido son difíciles; mas el de corazón contento tiene un banquete continuo"** (Proverbios 15:15). No es que una mujer tenga una vida maravillosa y la otra no tenga sino miserias; más bien, una ve la vida a través de ojos de gratitud y la otra a través de un corazón sin contentamiento. Una actitud de abatimiento es una deshonra a Dios y a tu futuro esposo. Muchas de ustedes solamente han tenido alguno que otro pleito ligero con sus padres y ocasionalmente han llorado por algún disgusto, pero cuando estés casada y tu marido insensible lastime tus sentimientos una y otra vez, súbitamente este desafío se convertirá en una verdadera batalla en tu alma.

Memoriza versículos tan importantes como Filipenses 4:11 donde dice: **"…he aprendido a contentarme, cualquiera que sea mi situación."** También 1 Timoteo 6:6 dice: **"Pero gran ganancia es la piedad acompañada de contentamiento; porque nada hemos traído a este mundo, y sin duda nada podremos sacar."**

Recuerda que Dios nos ha dejado la lista del fruto del Espíritu. Cuando una persona conoce al Salvador, manifestará su fruto. **"Mas el fruto del Espíritu es amor, gozo, paz, paciencia, benignidad, bondad, fe, mansedumbre, templanza; contra tales cosas no hay ley"** (Gálatas 5:22-23).

La vida es una elección. Escoges honrar a Dios al alegremente seguir por su camino, que es el camino del agradecimiento, del gozo, de honrar y obedecer a tu marido, de servir a otros, manifestando respuestas amables, no tomando ofensas, siendo casta en tu conversación y estilo de vida, y teniendo oídos para oír y un corazón para cambiar.

El corazón agradecido rebosa de la persona, no con tarjetas de sentimentalismos, sino con servicio y deleite. Todas las que leemos esto podemos pensar en alguien que conocemos que es agradecida. Se manifiesta en su hablar, está escrito en su rostro sonriente y se expresa en la forma en que sirve a otros. DIOS AMA LA GRATITUD. Él quiere que su esposa celestial sea agradecida, y tu futuro esposo también querrá ver agradecimiento en ti.

Si no eres una persona agradecida o si eres dada a tener ataques de depresión y soledad, comienza a dar gracias. No esperes que la depresión se vaya inmediatamente, pero lo hará si haces del ser agradecida un hábito. Me encanta Isaías 61:3 donde dice: ¡Nos ha dado manto de alegría para el espíritu angustiado!

Treinta y un veces en los Salmos, David expresa gratitud a Dios. David cometió pecados bastante serios en su vida; no obstante, Dios lo llamó: "un hombre conforme a mi corazón." David es el hombre que Dios levantó para reinar en tiempos pasados y en tiempos por venir. ¿Por qué? David tenía un corazón agradecido. Vez tras vez hace mención de su agradecimiento. Diecinueve veces David nos exhorta a estar gozosos. El gozo es el resultado de estar agradecido. El gozo es visible. No puedes mantenerlo oculto. Se levanta en adoración y canto.

¿Estás llena de gozo?

¿Brilla tu rostro de agradecimiento?

El Caso de la Plomería

Del Predicador Tremaine (truthfromthebible.com)

Bueno, quiero decir que la cosa más importante para mí es que mi esposa no tiene un espíritu crítico para conmigo. No lleva cuentas, como algunas mujeres lo hacen. Lo que quiero decir con esto, es que no lleva cuentas mentales de la cantidad de quehaceres del hogar que hago para luego comparar con la cantidad que ella hace. Veo a otras esposas que se aseguran de que sus esposos tomen su turno haciendo los quehaceres del hogar o cuidando a los niños, y si el esposo no salta para hacer lo que a él "le toca" como ella ha determinado que sea, entonces se enoja. Estoy tan orgulloso de mi excelente esposa. Su corazón de servicio me hace amarla más y más cada día.

Mi foto favorita de ella es una en la que está cubierta de lodo después de hacer un trabajo de plomería. Hay una gran historia detrás de esa fotografía que demuestra su compromiso conmigo.

Soy un predicador del evangelio. Uno de mis lugares favoritos para predicar es en las cárceles. Había metido una solicitud para predicar en una nueva prisión, pero pasaron meses y no tenían espacios disponibles. Luego un día el capellán me llamó diciendo que alguien había cancelado y que podía ir en su lugar. Era una apertura que sabía podía resultar en que se me diera un espacio de tiempo cada semana. Me estaba vistiendo cuando escuché a mi hijo decir: "No sale agua." Mi esposa salió y se asomó debajo de la casa, luego entró y me dijo que se había roto una tubería y que el agua estaba derramándose. Era un domingo por la tarde y no había posibilidad de conseguir a un plomero aun si hubiéramos tenido con qué pagarle. Sentí que se hundió mi corazón. Yo no sabía nada de plomería, así que temía siquiera intentar algo. Además, sabía que si le quedaba mal al capellán no yendo a la prisión en esta ocasión, probablemente nunca más me llamarían. Mi rostro debió haber reflejado la derrota mientras estaba sentado en la cama quitándome mi ropa de vestir.

Sentí que mi esposa se me acercó y puso su mano en mi hombro. Levanté la vista y mire sus ojos sonrientes. Mientras me hablaba, su tono estaba lleno de aliento y confianza. "Yo puedo arreglar la tubería. Tú ve a la prisión. Yo sé lo mucho que eso significa para ti."

Esa misma tarde, yo regresaba lleno de entusiasmo por haber tenido una buena reunión en la cual pude predicar el evangelio a un buen número de pecadores. Mientras me estacionaba frente a la cochera, vi a mi esposa que salía a gatas de debajo de la casa, cansada y totalmente enlodada pero habiendo tenido éxito en reparar la tubería. Mi hijo tomó una fotografía.

¿Qué clase de mujer me dio Dios? La mejor entre las mejores. Ella es la mujer más dispuesta a servir que jamás pudiera haberme imaginado.

Tenemos una casa llena de niños educados en el hogar; ella es una gran cocinera, conserva limpia la casa, y al mismo tiempo mantiene una actitud alegre. Cuando regreso a casa del trabajo me siento como un rey, pues ella y todos los niños se amontonan a mi alrededor para darme la bienvenida. No podría ser el hombre que soy hoy en día sin ella. Cada vez que me paro a predicar sé que estoy ahí gracias a ella. Estoy libre de las cargas de la vida y de la turbulencia del estrés porque ella se asegura que el hogar esté funcionando sin problemas y pacíficamente. Sin una esposa como ella no sería un predicador exitoso.

Entonces, ¿soy un esposo maravilloso que continuamente se sacrifica? No. Me distraigo por lo que pienso, estoy enfocado en el ministerio, y probablemente soy más egoísta que la mayoría. Pero estoy tan agradecido que ella no mide mi valor y servicio a ella, antes de honrarme y servirme. Juntos somos un equipo trabajando para honrar y servir al Señor.

Entonces, ¿qué es lo que pienso es importante en una mujer? Un corazón dispuesto.

~ *Un Predicador Agradecido*

Continúa Debi

Agrega la plomería a tu lista de cosas por aprender. Cualquier oficio que una chica pueda aprender le vendrá bien después de casada. Aprende a cambiar el aceite del auto, a cambiar una llanta, a cuidar animales de granja, a cocinar platillos extranjeros, a tratar y prevenir las enfermedades comunes usando remedios naturales y cualquier otra habilidad u oficio que puedas aprender.

Recuerda a la mujer sabia descrita en Proverbios 31. Dios la llama más valiosa que las piedras preciosas. Ella sabía coser, tejer, comprar y vender propiedades, vender mercancías en la calle, tintura de la ropa, plantar viñedos, tratar a los enfermos y a los pobres, y muchas otras cosas.

El Predicador Tremaine aprecia a su esposa porque ella es valiosa. Le ha demostrado su valor una y otra vez. No te comportes de manera arrogante pensando que un hombre debe apreciarte porque es su deber amarte y adorarte aun cuando te portes como una mujer rebelde y fastidiosa. Sé una persona de valor. Nunca te lamentarás de haber aprendido a hacer una variedad de cosas.

Debi Entrevista al Granjero

P. **Tú y tu esposa parecen realmente tener un buen matrimonio y además fantásticos chicos. Me gustaría hacerte unas preguntas. Supongo que mi primera pregunta será: ¿Cuáles crees que son los rasgos más importantes que una esposa debe tener?**

R. Por supuesto, confirmaría lo que Michael ya ha dicho, que la gratitud es suprema en una mujer. Y como Tremaine dijo, una mujer trabajadora y dispuesta a servir puede liberar a un hombre para que sea más exitoso en cualquier trabajo. Puesto que ellos ya hablaron de estas cuestiones tan importantes, hablaré de relaciones balanceadas. Cuando una mujer se casa, el destino o la suerte de su marido será la suya. Esto dice mucho. Si una joven se casa con un granjero, como es el caso de mi esposa, entonces la chica va a ser la esposa de un granjero, lo que puede significar que tendrá que ordeñar a las vacas, hacer mantequilla, plantar una huerta, preparar miles de frascos con verduras en conserva y miles de otras tareas. Si ella creció en la ciudad esto puede ocasionar serios problemas culturales.

De manera semejante, supongo que si un hombre vive en la ciudad y necesita asistir a eventos sociales, entonces una esposa que venga de un trasfondo rural naturalmente podría sentirse un poco incómoda en ese ambiente. Independientemente de cómo fue criada, ella tendrá que disfrutar ajustándose a las necesidades de su marido y tendrá que estar ahí sonriente cuando llegue el momento de asistir a algún evento social.

Un buen matrimonio que funcione bien solamente puede ocurrir cuando la familia tiene una visión común y trabajan juntos para alcanzarla. <u>Una pareja no debe casarse si ella insiste en vivir en Nueva York, mientras que él insiste en trabajar en una granja en Tennessee.</u>

Un joven varón hará muy bien en considerar esto cuidadosamente al escoger esposa. No debe sacar al pez fuera del agua a menos que la chica sincera y entusiastamente desee adaptar su estilo de vida al de él.

Tengo un par de mulas con las que trabajo, y he aprendido una cosa de ellas: cuando hay dos mulas tirando de una carreta, solamente puede haber un conductor que decida por dónde se van a ir. El matrimonio es así. Dos mulas con distintas mentes pueden desbocar a la carreta— así no se logra hacer ningún trabajo.

La Biblia dice que no debemos unirnos en yugo desigual. (2 Corintios 6:14)

P. Te he escuchado decir que el amor es una decisión, algo que uno escoge hacer. ¿Qué quieres decir con eso? ¿Quiere eso decir que no hay tal cosa como enamorarse?

R. El <u>sentimiento de "enamorarse" es bonito</u>, pero una mejor manera de definir esa experiencia es decir que se sienten "sumamente atraídos." Una buena relación comienza de la siguiente manera:

Primero hay una atracción. Necesita haber una atracción natural. Pero en la vida pueden ocurrir muchas atracciones naturales que nunca llegan a nada, ni deberían llegar a algo.

<u>Enseguida debe haber una evaluación.</u> Con esto quiero decir que la persona debe decirse a sí misma: "Me siento atraído a esta persona, ¿pero vamos en la misma dirección?"

Esto quiere decir que el andar de cada uno delante del Señor, sus creencias doctrinales, la estación en la vida en que se encuentran y sus esperanzas del futuro, deben ser básicamente las mismas. Puesto que la mujer es la que tiene que hacer los cambios más drásticos (ella es la que se entrega), es importante que ella mire hacia adelante y haga una decisión sabia antes de involucrarse emocionalmente en la relación. Aquí es donde los buenos consejos son tan importantes. Si la chica está abierta a recibir consejo sabio, evitará tomar malas decisiones. El problema está en que la mayoría de las se portan como mulas cuando se sienten atraídas a un muchacho y piensan que él es el gran amor de su vida. Entonces estas chiquillas se creen más sabias que sus mayores. Destruyen su oportunidad y la oportunidad de sus futuros hijos de una buena vida debido

No hay tal cosa como "amor a primera vista." Atracción a primera vista, sí. El amor debe surgir después, conforme uno crece en el conocimiento de la joven.

Quisiera haber sabido esto hace años, antes de haberle dado mi corazón a una chica que iba en una dirección muy diferente a la que yo iba en la vida. No iba encaminándose al pecado pero definitivamente no iba en la dirección del llamado de Dios para mi vida.

a que no quisieron esperar en Dios. Esto es importante porque el amor es una decisión. Aun en medio de la tortuosa angustia del amor, puedes escoger andar por el camino de la sabiduría, en vez del camino que se siente bien pero que conduce a conflictos perpetuos.

El Amor es una Elección. Cuando uno es joven quiere pensar que el amor es enamorarse, porque lo hace uno tantas veces y se siente tan bien. Cuando una joven se siente sumamente atraída hacía un chico, naturalmente espera o "sabe" que "éste es." Pero antes de que te permitas ir más adelante, necesitas dar un paso atrás y permitir que tu mente haga una evaluación. Después de que tú y aquellos que se preocupan por ti, estén convencidos de que harás un buen papel al conformarte a las metas de él para su vida, y suponiendo que él se siente igualmente atraído por ti, hasta entonces y sólo hasta entonces, deberás proceder con el cortejo, o como le quieras llamar a los pasos previos al matrimonio.

Cuando por primera vez conocí a mi esposa me sentí sumamente atraído hacia ella, y también me dí cuenta que yo le gustaba. Regresé a casa y hablé de ella a mis padres. Ella tenía una manera de pensar que iba de acuerdo con mi estilo de vida y creencias doctrinales. Estuvimos de acuerdo en que ella sería una buena pareja para mí. Aunque yo solamente tenía diecinueve años de edad y ella apenas dieciséis, nuestros padres gustosamente dieron su bendición para que nos casáramos.

Ha sido un matrimonio hecho en el cielo, aunque también fue muy bien orquestado aquí en la tierra. A veces la miro y me pregunto, ¿por qué soy tan bendecido? Ha habido tiempos de dificultades económicas y hemos tenido escasez; pero ella está a mi lado, trabaja conmigo y con su sentido del humor hace que nuestros problemas parezcan más ligeros, y me ama tiernamente. Se me pone la piel chinita nada más al pensar en ella. Señor, gracias por esta mujer. Me siento tan bendecido.

"Donde no hay dirección sabia, caerá el pueblo; mas en la multitud de consejeros hay seguridad" (Proverbios 11:14).

Tu Cofre del Tesoro

"Con sabiduría se edificará la casa, y con prudencia se afirmará; y con ciencia se llenarán las cámaras de todo bien preciado y agradable" (Proverbios 24:3-4).

♥ ¿Algún día se sentirá un hombre de esta manera respecto a ti?

_____

_____

♥ ¿Cuáles son las cosas que los hombres más valoran?

   ♥ La gratitud y el aprecio por su esposo.

   ♥ A una mujer que no lleve cuentas, ni trate de que su marido haga su parte por igual.

   ♥ A una mujer trabajadora que camine a su lado.

♥ Anota las áreas de tu vida que piensas serán una bendición para tu futuro esposo. Agrega a esta lista aquella cosas que quieres refinar para ese hombre especial. Dios ve tu corazón. Él sabe que te has vuelto a Él y a sus caminos. Él quiere bendecirte. ¿Sientes un hormigueo en tu piel que anticipa lo que está por venir?

_____

_____

_____

_____

_____

_____

_____

_____

CAPÍTULO 18

REFLEXIONES

En el Capítulo Uno aprendimos que la mujer que logró quedarse con el Predicador fue la que oró por el hombre y no la que oró para conseguir al hombre. Aprendimos que la oración es una herramienta que Dios nos manda utilizar. Somos comandantes en la guerra espiritual. El ejército de Dios está preparado, esperando que nosotras oremos por los obreros que Él ha levantado y enviado al campo de batalla. Los hombres en nuestro círculo de conocidos deben estar en nuestra lista de oración conforme obedecemos el mandamiento de Dios de orar por obreros.

❤ Anota tus pensamientos respecto a lo que Dios te enseñó en el Capítulo 1.

_____

_____

_____

_____

En el **Capítulo 2** leímos la historia de cómo Lydia tuvo que decidir si estaba abierta al consejo de sus padres para aceptar la propuesta de prácticamente un desconocido. Algo importante que aprendimos de Lydia es que **necesitamos mantener abiertas nuestras opciones**. Si ella secretamente hubiera tenido sus esperanzas puestas en algún otro muchacho, entonces tal vez no hubiera tenido su corazón abierto, ni dispuesto para considerar a un joven que anteriormente no le había llamado la atención. Aprendimos que si andamos en la verdad y tenemos nuestra mente abierta a la voluntad de Dios, entonces Él dirigirá nuestro camino. Pienso que las palabras clave son "mente y corazón abiertos," lo que significa que ella estaba dispuesta a dejarse conquistar. El dar una oportunidad a la atracción es sabio, y el amor perdurable es una decisión basada en la sabiduría.

❤ ¿De qué manera te afectó esta historia?

_____

_____

_____

_____

En el **Capítulo 3** aprendimos que el varón fue creado a la imagen de Dios, la cual consta de tres personas distintas: El Padre, el Hijo y el Espíritu Santo. Aprendimos que el Padre es Rey, el Hijo es Sacerdote y el Espíritu Santo es Profeta. Los tres oficios de: Rey, Sacerdote y Profeta los encontramos en todas las culturas. De igual manera, los hombres vienen en estas tres naturalezas. Si nos casamos con un hombre que es conforme a la imagen del Profeta (Espíritu Santo) necesitaremos ser flexibles, alentadoras y muy cuidadosas y puras en nuestras conversaciones.

♥ Describe a un chico que tú piensas es un tipo Profeta.

_____

_____

_____

_____

En el **Capítulo 4** aprendimos que si te casas con un chico que se parece más a Jesús, será del tipo Sacerdote, amable y servicial. Querrá que su esposa sirva a otros y él servirá a los que le rodean. Esto implica que habrá necesidad de tener el hogar abierto a la hospitalidad.

♥ ¿Qué es la hospitalidad piadosa? ¿Cómo la usarías como un ministerio?

_____

_____

_____

_____

El **Capítulo 5** nos enseñó a comportarnos como reinas si nos casamos con un hombre a la imagen de Dios Padre, un Rey. Aprendimos lo importante que es reverenciar a este tipo de hombre. Si este hombre va a ser usado por Dios, tendremos que aprender a ser su ayudadora.

♥ ¿Cómo crees que reaccionarías si te encontraras sentada a la mesa después de haber preparado y servido una espléndida comida, dándole de comer a tu hijo pequeño mientras que al mismo tiempo cargas al bebé y tu esposo te pide que le pongas más hielo a su vaso de té? Sé creativa al escribir cómo crees que reaccionarías.

_____

_____

_____

_____

En el **Capítulo 6** ¡encontramos una gran sorpresa! ¡Aprendimos que los chicos y las chicas son diferentes! Dios nos creó para realizar diferentes roles y de esa manera representar a Cristo y a la Iglesia. Es por esto que es tan importante para Dios que mantengamos nuestro lugar como mujeres en el diseño de Dios. Nuestra meta es conformarnos a ser el tipo de mujer que nuestro esposo necesite, según sea Rey, Sacerdote o Profeta.

♥ Escribe un breve párrafo acerca del papel de la mujer en el matrimonio.

_____

_____

_____

_____

En el **Capítulo 7** aprendimos a abrir la puerta del conocimiento, del entendimiento y de la sabiduría. Cada día de nuestras vidas debe ser usado para aprender algo nuevo y desafiante. Si no comenzamos a aprender hoy, entonces ya habremos perdido algo.

♥ Haz una lista de las cosas que necesitas implementar en tu vida para hacer que el adquirir conocimiento se convierta en parte de tu manera de ser.

_____

_____

_____

_____

El **Capítulo 8** fue acerca de Ellie y su Príncipe Italiano. Ellie nos mostró que el haber usado su juventud para aprender y servir, la convirtió en el tipo de mujer que el Príncipe Italiano valoraba grandemente. Aprendimos que el tipo de mujer que somos estando solteras, determinará el tipo de hombre que atraigamos. La relación de Ellie con su futuro esposo fue un cortejo tipo "buenos amigos," que es semejante a la historia de la Chiquilla.

♥ Haz una lista de los nuevos proyectos que te propones realizar después de haber leído este capítulo.

_____

_____

_____

En el **Capítulo 9** aprendimos la importancia de ser mujeres equilibradas. Ninguna de nosotras quiere ser Agarradora, ni tampoco queremos languidecer toda la vida como Flores Escondidas. Aprendimos cómo dar a entender a los chicos que estamos interesadas en su atención, sin parecer que nos estamos ofreciendo.

💜 Imagínate que estás sentada en una reunión de la iglesia y ves entrar a un joven maravilloso. Tu corazón se acelera, tratas de no quedártele viendo, pero te preguntas cómo hacerle para que se fije en ti. Describe qué podrías hacer.

_____

_____

_____

_____

En el **Capítulo 10** leímos varias historias acerca de las chicas Inquietas e Impacientes y de las situaciones cómicas, y hasta peligrosas a donde esta actitud te puede llevar. Todas vamos a aprender a tener contentamiento y a ser pacientes hasta que Dios nos traiga a quien será nuestro esposo.

💜 Anota una ocasión en la que te comportaste de manera Inquieta e Impaciente. En la que presionaste aunque haya sido muy poco en una relación. ¿Cómo reaccionarías ahora en una situación semejante?

_____

_____

_____

_____

En el **Capítulo 11** estudiamos acerca de los peligros de chatear o mandar mensajes de texto que pueden iniciar relaciones que solamente son castillos en el aire. A través de varias historias verídicas aprendimos que el chatear puede ser usado por el diablo como un arma malvada para destruir vidas. Aprendimos acerca de aquella jovencita educada en el hogar que arruinó su vida por haber construido un castillo en el aire. Aprendimos en este capítulo que no es posible establecer una relación de cortejo limpia y honesta a través de chatear.

💜 Escribe un compromiso de no establecer relaciones de esta manera, para que si te ves tentada a hacerlo en el futuro, puedas regresar aquí y recordarte a ti misma de tu sabiduría anterior.

_____

_____

_____

_____

En el **Capítulo 12** encontramos una bocanada de aire fresco. La Cenicienta nos enseñó lo precioso que es compartir tu "primer" con el amor de tu vida, si andas en la verdad y en pureza. Dos declaraciones de la Cenicienta nos impartieron un profundo conocimiento.

La primera: Conforme vayas corriendo rápido y recio tras Jesús, voltea a tu derecha y a tu izquierda, y cásate con el hombre que vaya corriendo a tu lado.

La segunda: No trates de encontrar al Sr. Correcto. Aprende a ser la Srita. Correcta, y quien te encuentre será el Sr. Correcto.

¿Estás corriendo rápido y recio tras Jesús, o estás por ahí sentada ociosamente y siendo espiritual? Correr quiere decir hacer. Involúcrate en alguna actividad en la que sirvas a otros, y luego familiarízate con las personas que están en tu círculo.

La relación de la Cenicienta con su futuro esposo fue el resultado de que él la estuviera observando, y luego la invitara a salir en un par de ocasiones para llegar a conocerla mejor, antes de hablar con el padre de ella para pedir permiso de procurar una posible relación.

💜 ¿Qué estilo de cortejo imaginas que será el tuyo?

_____

_____

_____

_____

En el **Capítulo 13** tuvimos la boda. Aprendimos que tenemos la obligación de prepararnos para ser una buena esposa por medio de aprender oficios, ahorrar dinero y comprar cosas que ayudarán a nuestro esposo cuando nos casemos. La novia nos enseñó que la boda es el primer lugar en el que puedes demostrar que en este matrimonio no buscas lo tuyo sino lo de tu esposo. ¡Planea la boda de manera que estés fresca y descansada para la luna de miel!

La novia nos enseñó que el hombre que demuestra su honor hará florecer el amor de la mujer. Él gentilmente se ganó el corazón de ella. Para esta novia el amor llegó despacito. Ella es en verdad una joven muy bendecida.

❤ ¿Ya habrás comenzado a ahorrar dinero para tu matrimonio? Escribe lo que vas a hacer para comenzar a ahorrar dinero para tu vida futura.

_____

_____

_____

_____

El Capítulo 14 contiene la historia de cómo llegó a ser salvo un cantante de Rock. Su esposa llegó a comprender que no conocía a Jesús de la manera en que su esposo recién convertido lo conocía. Fue para ella una llamada de advertencia. Se nos advirtió que debemos estar seguras de que verdaderamente conocemos al Salvador. <u>Hasta que estemos seguras de ser salvas, todo lo demás es secundario.</u>

❤ Escribe una nota para Dios expresando cómo te sientes en tu relación con Él.

_____

_____

_____

_____

El Capítulo 15 fue el de Las Pulgas. Aprendimos que Dios usa todo tipo de cosas para llevarnos a respetar y reverenciar a nuestro esposo. También se nos recordó que la rebelión de nuestra juventud nos seguirá hasta dentro de nuestro matrimonio. Debemos darnos por advertidas.

❤ ¿Crees que Dios alguna vez ha usado algo "diferente" para hacerte cambiar de opinión? ¿A qué le tienes más miedo?

_____

_____

_____

El **Capítulo 16** fue el más serio y aleccionador. El Hilo quedó muy ensombrecido. Tan oscurecido que parecía que todo color se había perdido. A través de esta terrible historia aprendimos lo tremendamente importante que es mantener nuestras mentes y corazones llenos de agradecimiento. El Pensamiento Apestoso puede destruir tu matrimonio y tu vida.

♥ Todas nosotras somos culpables de tener pensamientos feos y malvados de cuando en cuando. ¿De qué manera ha cambiado este capítulo tu manera de pensar?

_____

_____

_____

_____

En el **Capítulo 17** escuchamos a los hombres. Nos dijeron que todos los hombres están buscando a una mujer que sea alegre, que no sea criticona y que los apoye. A través de ellos, ese listón nos dio un nuevo significado al verlo en las vidas de las mujeres que ellos aman. Se expresaron muy favorablemente de sus esposas trabajadoras y listas. Johnny el granjero nos dijo que el amor es una decisión. Nos enseñó que el sentirnos "enamoradas" no es suficiente razón para hacer el compromiso de casarnos. Aprendimos que podemos escoger no amar cuando es claro que el amor que estamos considerando no es sabio, y podemos escoger amar cuando hacerlo es una decisión sabia.

♥ ¿Cuál de los tres mensajes de los hombres te afectó más? ¿Por qué?

_____

_____

_____

_____

Si tuviera que condensar todo este libro en una sola oración, sería esta:

Anda en la **verdad** con *gozo,*
conviértete en una sierva,
estudia y aprende todo tipo de
habilidades,
practica *honrar* a aquellos que son
tus autoridades, y ora por
todo joven soltero que conozcas que
busca al Señor;
ora que estos hombres tengan el
corazón para trabajar
por la cosecha.

Haciendo todo esto te convertirás en el tipo de mujer que un hombre quiere y necesita. Te convertirás en la Srita. Correcta. Cuando seas este tipo de mujer… Dios se asegurará que el Sr. Correcto te encuentre.

"Fíate de Jehová de todo tu corazón, y no te apoyes en tu propia prudencia. Reconócelo en todos tus caminos, y él enderezará tus veredas" (Proverbios 3:5-6).

Para Tu Último Cofre del Tesoro

♥ 1 Corintios 13 es conocido como el capítulo del amor. Algunas versiones usan la palabra caridad porque la caridad es el acto del amor. No es la pasión, no es un sentimiento, sino el profundo darse de uno mismo. La caridad es la manifestación del amor que no espera nada a cambio.

Si una chica se familiariza a fondo con este capítulo, si lo lee con frecuencia para lavar y volver a lavar su alma en su pureza y si hace el compromiso de tener este tipo de amor, entonces ciertamente llegará a ser una novia muy destacada. En los portales del cielo su matrimonio será registrado como una gloriosa representación de cosas por venir. Su esposo la adorará, sus hijos se levantarán y la llamarán bienaventurada, y ciertamente ella será la más bienaventurada entre todas las mujeres.

♥ Para tu cofre del tesoro, vuelve a escribir este capítulo del amor usando tus propias palabras, haciéndolo tuyo propio.

"Si yo hablase lenguas humanas y angélicas, y no tengo amor, vengo a ser como metal que resuena, o címbalo que retiñe. Y si tuviese profecía, y entendiese todos los misterios y toda ciencia, y si tuviese toda la fe, de tal manera que trasladase los montes, y no tengo amor, nada soy. Y si repartiese todos mis bienes para dar de comer a los pobres, y si entregase mi cuerpo para ser quemado, y no tengo amor, de nada me sirve. El amor es sufrido, es benigno; el amor no tiene envidia, el amor no es jactancioso, no se envanece; no hace nada indebido, no busca lo suyo, no se irrita, no guarda rencor; no se goza de la injusticia, mas se goza de la verdad. Todo lo sufre, todo lo cree, todo lo espera, todo lo soporta. El amor nunca deja de ser..." (1 Corintios 13:1-8).

♥ *"Ciertamente el bien y la misericordia me seguirán todos los días de mi vida, y en la casa de Jehová moraré por largos días"* (Salmo 23:6).

♥ *"No nos cansemos, pues, de hacer bien; porque a su tiempo segaremos, si no desmayamos"* (Gálatas 6:9).

No puedo pensar en algo
que más desee,

que alguien *verdaderamente me ame.*

Guía de Preparación para la Maestra

¿Así que quieres enseñar una clase sobre Prepárate Para Ser Una Ayuda Idónea? Me da mucho gusto. No es tan difícil y disfrutarás el desafío. Las en tu clase son las que harán la mayor parte del trabajo; solamente necesitan un poco de dirección para que se mantengan centradas. Tu disposición a llevar a cabo este curso puede cambiar las vidas de muchas personas y salvar del fracaso a innumerables matrimonios en el futuro. Una pequeña piedra que es arrojada en un estanque continuará haciendo olas aún tiempo después de haber quedado inmóvil en el fondo.

Así es como puedes iniciar: Primero, elabora y envía invitaciones con suficiente anticipación donde incluyas la fecha, la hora y el lugar, y cuánto necesita invertir cada chica para adquirir el libro. Recoge el dinero de las que van a participar y manda pedir esa cantidad de libros y un par más en caso de que otras se agreguen después. Pídeles a las que lleven un diario o cuaderno para que hagan sus propios apuntes.

▶ **Para la primera clase:** puedes servir té caliente y algunos antojitos. Las chicas pueden ofrecerse y turnarse para después preparar refrigerios para las siguientes clases.

▶ **Comienza la reunión con una oración.** Estamos aquí para comentar el material del libro *Prepárate Para Ser Una Ayuda Idónea*. En esta guía de estudios vamos a estar buscando versículos en las Escrituras y comentando acerca de lo que Dios dice acerca de cada tema. Deberás leer el capítulo y estar familiarizada con su contenido antes de venir a la clase. Necesitarás traer a cada clase el libro, tu Biblia versión Reina-Valera 1960 (para que todas estemos leyendo de la misma traducción), un cuaderno para apuntes y un bolígrafo. Para involucrar a las jóvenes con su participación, pregúntales qué es lo que esperan aprender en estas reuniones. Asegúrate de compartir lo que tú esperas aprender.

▶ **Ahora voy a leer** *la historia de amor de Shalom.*

La Historia de Amor de Shalom
por Shalom Brand

Puesto que soy yo la que está escribiendo *"La Guía de la Maestra"*, pensé que querrían conocer mi historia de amor. Es verdaderamente tierna y se hace más tierna con cada año que pasa. Mi esposo y yo acabamos de celebrar nuestro séptimo aniversario de bodas. Ahora tenemos dos niñas pequeñas y un niño recién nacido. Estoy muy agradecida por la bondad de Dios en nuestras vidas. Esta es mi historia de amor.

Cada chica que conozco que tiene el deseo de encontrar un buen hombre y criar una familia, tiene el mismo temor: ¿Encontraré al hombre correcto?

¿Será este? Pero, ¿qué tal aquel? También es un buen chico. Muchas chicas hacen una lista de lo que desean o de lo que piensan que necesitan. Te puedo decir francamente, nosotras las jóvenes no tenemos ni idea de lo que realmente necesitamos.

Cuando estaba por cumplir veinte años, conocí al hombre a quien llegaría a amar y a llamar *Mi Hombre*, pero en ese tiempo no hubiera podido diferenciarlo en un grupo de cinco chicos. Él simplemente era uno de los demás chicos que pasaban tiempo en nuestra comunidad. Fue hasta más de un año después que comencé a verlo como el hombre para mí.

Desde que estaba muy chica, sabía que iba a necesitar de mucha sabiduría y de la dirección de mis padres para escoger al hombre a quien le iba a responder: "Sí." Soy una persona muy fácil de engañar, pues todo me lo creo. Fue este rasgo el que me convenció de mi necesidad de orar por sabiduría y de estar totalmente abierta a recibir consejo.

Un verano mi papá estaba dando pláticas durante una semana en un campamento de Biblia y entrenamiento misionero para varones. Nosotras las jóvenes ayudamos en la cocina. Justin Brand estaba ahí entre todos los demás muchachos en esa semana. Apenas tenía diecinueve años, con alma de niño. Sus padres le habían dicho que los Pearl tenían una hija como de su edad y le habían insinuado que me echara un buen vistazo. Lo hizo y me amó desde ese breve principio, aunque yo ni siquiera sabía quien era.

Pasó un año.

Mi hermano Gabriel estaba organizando un campamento para jóvenes para un fin de semana en junio e invitó a Justin al campamento. Él vivía a un par de horas de distancia. Durante los siguientes meses, Justin encontraba una u otra razón para venir a visitarnos. Él trabajaba en el ministerio para niños en su iglesia. En ese tiempo, mi hermana y yo estábamos haciendo títeres para usar como una herramienta en el ministerio, de manera que él usaba eso como una excusa para venir y tomar prestados algunos de los títeres para usarlos en su ministerio. Llegó a conocer a mi familia en ese tiempo.

Yo trabajaba largas horas ayudando a una anciana, de manera que llegaba a casa cansada y nunca lo consideré como un posible marido. Realmente no sabía mucho de él, pero para este tiempo ya me había dado cuenta que yo le gustaba bastante, porque mis hermanos hacían bromas de lo enamorado que él estaba.

El campamento de Gabriel de ese verano era en la propiedad de mis papás. Las jóvenes se hospedaban en casas pero los chicos acampaban junto al arroyo. Teníamos muchas actividades durante el día, incluyendo voleibol, excursionismo, natación y canotaje. En cada oportunidad que encontraba, ahí estaba Justin, contándome acerca de lo que anhelaba en la vida y de cuáles eran sus metas. Me pareció gracioso que fuera tan persistente; la mayoría de los chicos se hubieran dado por vencidos. Pero él sabía lo que quería, y estaba decidido a seguir intentándolo.

Siempre había pedido por sabiduría para que cuando llegara el hombre correcto, supiera la voluntad de Dios. También sabía que cuando mis padres finalmente decían que "sí" a alguien, eso tenía bastante peso, pues ya habían dicho "no" a muchos jóvenes buenos y piadosos. Mi padre no valora lo que otros hombres valoran. A él no le impresionan las apariencias, el dinero, los títulos académicos, casas, trabajos, relaciones familiares, posibilidades futuras, etc. No les puedo explicar qué es exactamente lo que mi padre buscaba que tuvieran los hombres, pero yo sabía, sin la menor duda, que podía confiar en él para que tomara una decisión sabia.

Fue al final del campamento, mientras estaba platicando con Gabriel y preparándome para partir, que Justin llegó en su auto y se estacionó frente a la cochera. Después supe que había llamado a sus padres para decirles que iba a hablar conmigo para decirme que quería llegar a conocerme mejor, con la intención de llegar al matrimonio.

Yo estaba sentada en el carro lista para partir cuando Justin llegó volando desde su camioncta y me dijo: "Necesito hablar contigo." En este punto yo todavía no tenía ningún interés, ni intención de llegar a conocerlo mejor, pero accedí a acompañarlo a caminar para que pudiera hablar. Habló y siguió hablando de todo lo que estaba pensando. Yo siempre había pensado que me casaría con alguien que estuviera en el ministerio. Pero conforme hablaba, seguía repitiendo: "Mi familia será mi ministerio, no importa lo que haga o a dónde vaya, ellos tendrán el primer lugar. Mis hijos sabrán que para mí ellos serán lo más importante en el mundo. Si pierdo a uno de ellos, entonces perderé mi corazón." Dijo esto con lágrimas en los ojos..

En ese momento Dios me dio paz en mi corazón respecto a este joven tan persistente, y supe que era el hombre que Dios tenía para mí. Si amaba a sus hijos, entonces siempre haría lo que fuera correcto para ellos y para mí. En realidad, todo lo demás no tenía mucha importancia. Así que, como una hora después de que él comenzara a hablar conmigo, le respondí: "Si mi papá dice que, 'Sí', entonces yo diré que 'Sí'." Me volteó a mirar y comenzó a orar dando gracias a Dios por su bendición, y pidió que Dios nos bendijera puesto que ambos buscábamos hacer su voluntad.

A la mañana siguiente, Justin se apareció en nuestra casa antes de que Papá se hubiera levantado y esperó afuera hasta que él saliera. Todas nosotras fuimos a la huerta de hierbas medicinales a observar y esperar. Después de como dos minutos, Justin bajó corriendo de la colina gritando: "¡Sí!"

Dios es un Dios tan grande, y le gusta bendecir a aquellos que desean su voluntad y le buscan. Tres semanas después nos comprometimos y dos meses después nos casamos. Dios sabe lo que está haciendo. Todo lo que yo tuve que hacer fue confiar en Él.

Aprendiendo a hacer un estudio de palabras sobre la Oración:

Durante estas clases se te pedirá que hagas estudios sobre palabras específicas. Este es un ejercicio sencillo, pero uno que grandemente ampliará tu entendimiento y conocimiento. Esta semana busca la palabra oración (en su sentido de plegaria) en un diccionario de la lengua. Anota la definición. Selecciona palabras de la definición (incluyendo antónimos, lo opuesto a oración) y busca el significado de esas palabras para ampliar la definición. Utiliza una concordancia o un programa bíblico en la computadora y haz una búsqueda de la palabra oración como aparece en la versión Reina-Valera 1960. Encuentra cuántas veces se utiliza la palabra. Lee algunos de los pasajes para que puedas captar el contexto de cómo usa Dios la palabra y puedas apreciar la perspectiva divina respecto a la oración. Anota unos cuantos versículos clave que utilicen la palabra oración o la palabra orando. Registra todo lo que aprendas para que lo puedas compartir con la clase.

Utiliza esta misma técnica para el estudio de palabras que hagamos cada semana.

TAREA:

1. Pídele a las jóvenes que oren cada mañana y cada noche en esta próxima semana, pidiendo que el Señor les abra su corazón y su mente a Su dirección, para que Él pueda dirigirlas a encontrar Su voluntad para sus vidas. Haz que registren esto en sus cuadernos que traerán a la clase.

2. Pídele a cada una de las jóvenes que encuentren tres versículos que traten acerca de la oración y que los compartan en la siguiente reunión. Muéstrales la concordancia que está al final de sus Biblias y también cómo se usa.

3. Recuérdales que lean el primer capítulo de Prepárate Para Ser Una Ayuda Idónea como preparación para la siguiente clase.

TERMINA CON ORACIÓN

GUÍA DE LA MAESTRA PARA EL CAPÍTULO 1
LA CHIQUILLA

COMIENZA CON ORACIÓN:

Quisiera iniciar esta clase dando gracias a Dios por la oportunidad de estudiar su Palabra y pidiéndole que abra nuestros corazones y mentes.

ROMPEHIELO

Haz la siguiente pregunta a las jóvenes y pídeles que anoten su respuesta en un pedazo de papel que colocarán en una cajita de donde las sacarán al azar y las leerán al grupo. Luego pide que todas traten de adivinar de quién es cada respuesta. (Cada semana la maestra tendrá que proporcionar tarjetas 3 X 5 u hojas de "post-it" para que todas las hojas que usen las jóvenes sean del mismo tamaño y color.)

❤ Si te fueran a dar 10 kilos de algo que no fuera oro, plata o joyas, ¿qué escogerías recibir?

PREGUNTAR Y COMENTAR:

Haz las siguientes preguntas y anima a las jóvenes a que las respondan. Si algunas parecen cohibirse o se quedan calladas pídeles por nombre que las respondan.

❤ ¿Leíste el primer capítulo? (Recuérdales que cada semana antes de venir a la clase deben haber leído el capítulo que corresponde a esa semana. Puesto que ésta es la primer clase, tú tendrás que presentar el resumen del capítulo, pero diles que en las siguientes clases llamarás a una o dos de ellas para que den el resumen).

❤ ¿De qué manera cambiaron su vida las oraciones de la Chiquilla?

❤ Si no hubiera escuchado a Dios ni orado, ¿crees que se hubiera casado con Mike?

❤ ¿Por qué sí o por qué no?

❤ ¿Pudiera ser que te estés perdiendo la mejor opción que Dios tiene para ti ahora mismo porque no estás orando?

❤ Si Dios te hablara, ¿cómo responderías?

LEER:

Dios nos ha hablado a cada una. Es nuestro deber orar por aquellos que se encuentran ocupados compartiendo el evangelio con aquellos que nunca han oído. Podemos hacer y hacemos una diferencia en la eternidad cuando oramos. Si esto no fuera cierto no tendría sentido orar. La palabra de Dios nos viene directamente de Él. Cada palabra es especial.

▶   Haz que las jóvenes se turnen buscando y leyendo en voz alta los siguientes pasajes y luego comentándolos: Mateo 9:38, Lucas 10:2, Juan 15:7 y 2a Tesalonicenses 3:1-2.

LEER EN VOZ ALTA

Escoge a algunas chicas para que lean las siguientes dos secciones de Preparándote *Para Ser Una Ayuda Idónea*.

♥   ¿Por qué quiere Dios que oremos?

♥   Llamadas a Orar.

LEER

Mateo 18:18 dice: **"De cierto os digo que todo lo que atéis en la tierra, será atado en el cielo; y todo lo que desatéis en la tierra, será desatado en el cielo."**

Recordarán que leímos acerca de Daniel y de cómo sus oraciones dieron inició a una pelea entre el bien y el mal. Las cosas no han cambiado. Dios sigue siendo Dios y todavía se nos exhorta a orar. Depende de nosotras dar comienzo a la pelea. No dejen que los ángeles de Dios se queden esperando mientras ustedes se peinan y se ponen el maquillaje.

BUSQUEN Y LEAN:

Pide a las jóvenes que busquen y lean los siguientes pasajes: Mateo 7:7, Lucas 11:9 y Juan 16:23.

BUSQUEN Y LEAN:

Santiago 4:3-4

Dios nos dice cuál es el tipo de oración que Él no va a honrar. ¿Se dieron cuenta cómo las otras chicas que se querían casar con Mike estaban orando para su propio beneficio? La Chiquilla oró por él como un guerrero de Dios que necesitaba combatir en la guerra contra el mal.

PREGUNTAR Y COMPARTIR

¿Quién hizo el estudio de la palabra oración? Comparte con nosotras lo que aprendiste.

UNA PRUEBA DE ORACIÓN:

Traten de orar por alguien que les haya hecho enojar o que las haya lastimado de alguna manera, y verán cómo Dios responde a sus oraciones y cambia su corazón y actitud hacia esa persona. Cuando nos volvamos a reunir la semana entrante nos podrán contar lo que Dios ha hecho en su vida y en la vida de esa persona en respuesta a la oración.

TAREA

Para la próxima semana lean el capítulo 2 y pongan atención a cómo Lydia abrió su corazón y estuvo dispuesta a considerar a un hombre a quien no conocía. Lo hizo porque aquellos que estaban en autoridad sobre ella pensaron que estaba bien, de manera que ella estuvo dispuesta a considerar que podría ser la voluntad de Dios. Ella es un ejemplo de los versículos que leímos antes en Juan 15:7. También prepárate para comentar en la siguiente clase por qué piensas que Billy escogió a Lydia de entre otras chicas que le pudieron parecer atractivas. Haz una investigación de la palabra: obstinado.

HAZ UNA INVESTIGACIÓN DE LA PALABRA: OBSTINADO.

Esta semana busca en el diccionario de la lengua la palabra obstinado. Anota la definición. Escoge palabras de la definición (incluyendo antónimos, lo opuesto a obstinación) y busca el significado de esas palabras para ampliar la definición. Utiliza una concordancia o un programa bíblico en la computadora y haz una búsqueda de la palabra obstinación como aparece en la versión Reina-Valera 1960. Encuentra cuántas veces se utiliza la palabra. Lee algunos de los pasajes para que puedas captar el contexto de cómo usa Dios la palabra y puedas apreciar la perspectiva divina respecto a la palabra obstinado. Anota unos cuantos versículos clave que utilicen la palabra obstinado u obstinación. Registra todo lo que aprendas para que lo puedas compartir con la clase.

GUÍA DE LA MAESTRA PARA EL CAPÍTULO 2
¿CORTEJO CON QUIÉN?

APERTURA:

La semana pasada leímos acerca de La Chiquilla y cómo ella oró por Michael. Aprendimos que oró pidiendo que llegara a ser un guerrero poderoso de Dios, un obrero del evangelio. Esta semana la historia fue acerca de una chica llamada Lydia a quien se le pidió que considerara casarse con un hombre a quien apenas conocía.

ORACIÓN:

Vamos a dar principio a la reunión pidiendo a Dios que nos dirija. ¿Quién de ustedes quiere orar?

ROMPEHIELO E INSTRUCCIONES:

▶   Hazles a las jóvenes la "pregunta personal" que viene abajo, y pídeles que anoten su respuesta en las tarjetas 3 X 5 ó notas de "Post-it" que les provees. Luego mete todas las respuestas en una caja y enseguida comiencen a sacarlas una por una para leerlas y tratar de adivinar de quién es cada respuesta.

♥   Antes de comenzar el estudio de hoy, vamos a compartir nuestro punto de vista personal acerca de un tema importante. ¿Preferirías casarte con un hombre que fuera diez años mayor o con uno que fuera cinco años menor que tú? ¿Por qué?

SEGUIMIENTO A LA TAREA:

Al leer la historia de Lydia, ¿se dieron cuenta de que no fue obstinada, sino que se abrió a la voluntad de Dios? ¿Qué otras cosas notaron que hizo Lydia para determinar si era o no la voluntad de Dios?

PREGUNTAR Y COMPARTIR:

¿Quiénes encontraron versículos acerca de la obstinación? Da oportunidad para que las jóvenes compartan lo que aprendieron de su investigación.

LEER Y COMPARTIR:

Vamos a leer algunos versículos que nos dicen qué hacer para ayudarnos a discernir cuál es la voluntad de Dios. Lee cada una de las oraciones y haz que diferentes chicas lean el pasaje. ¿Puede acaso la obstinación hacer que nos perdamos de la voluntad de Dios y, tal vez, hasta del hombre que Dios tiene para nosotras? ¿Cómo puede una chica saber la voluntad de Dios con respecto a la persona con la que se ha de casar?

- Honra a Dios en su juventud, 1 Corintios 7:34.
- Está abierta para recibir consejo, Proverbios 11:14 y 12.15.
- Demuestra ser trabajadora y dispuesta a ser una buena esposa, Proverbios 31: 10-31.
- Ora pidiendo sabiduría, Santiago 1:5.
- Ora por las personas que Dios ha puesto como autoridad sobre su vida para que estén vigilando por si aparece algún joven con quien tuviera buena compatibilidad, 1 Timoteo 2:2.
- Espera pacientemente y gozosa, Colosenses 1:11, Romanos 5:3-4 y 8:25.
- Busca servir a otros, Gálatas 5:13.
- Cuando un hombre de honor pide establecer una relación con ella, y aquellos que cuidan de ella y la protegen piensan que es un buen candidato, entonces ella sincera y genuinamente busca la dirección de Dios en el asunto, Proverbios 19:20-21.

SEGUIMIENTO A LA TAREA:

- ▶ Pide a las jóvenes que respondan a las siguientes preguntas:
- ¿Por qué piensan que Billy escogió a Lydia?
- Si un hombre de Dios bueno y piadoso viniera tocando a tu puerta, ¿habría cosas acerca de ti que no quisieras que él viera inmediatamente?

RESPUESTA:

Algunas de ustedes pueden pensar: "Bueno, si no le gusta como me visto, o los temas acerca de los cuales escribo, o con quien hablo, entonces no me interesa casarme con él de todas maneras." Si así es como te sientes, entonces vas a tener que bajar tus normas respecto al tipo de hombre con el que te quieres casar. Si no eres de lo mejor, entonces no esperes de lo mejor. Los muchachos te están observando todo el tiempo para ver qué clase de chica eres.

- ¿Alguna vez te has dado cuenta que un muchacho te ha estado observando y luego de buenas a primeras ya no lo hace? ¿Y luego te preguntas por qué? ¿Pudiera ser que no diste el ancho?
- ¿Podría haber sido la manera en que te vestiste un día o la manera en que coqueteaste con él, o con algún otro chico?

♥ ¿Podría haber leído algún comentario que publicaste en Facebook y que le pareció de mal gusto? Recuerda lo que escribió Billy:

"Busqué en el Internet cualquier cosa que ella hubiera escrito a alguien. Encontré su blog (o página en Facebook) y leí todo lo que había publicado ahí. Si hubiera leído disparates y coqueteos, o notado algo que indicara falta de castidad o decencia en su manera de hacer las cosas, o si hubiera visto fotos que me alertaran a algo fuera de tono, la hubiera descartado."

BUSCAR Y LEER EN VOZ ALTA:

Proverbios 3:1-6

Dios nos llama a andar en rectitud. Conforme reconocemos a Dios en nuestras vidas, de igual manera Él se manifestará en nuestras vidas.

TAREA:

En las siguientes cuatro lecciones vamos a estar aprendiendo acerca de los tres tipos de hombres y con cuál te complementarías mejor. Esto va a ser divertido. Al estar leyendo el capítulo tres, piensa en los hombres que hay en tu vida. Trata de identificar a cuál de los tres tipos pertenece cada uno y prepárate para comentar esto en la siguiente clase.

Haz una investigación sobre el tema "conversación." Utiliza el diccionario y la concordancia. Ven preparada a compartir lo que hayas aprendido.

GUÍA DE LA MAESTRA PARA EL CAPÍTULO 3
EL PROFETA

APERTURA:

En la primera semana estudiamos acerca de la oración. La semana pasada vimos cómo el estar abierta y no ser obstinada, nos permite ser libres para escuchar cuando Dios nos habla a través de aquellos que nos aman. Esta semana estamos comenzando la lección acerca de los tres tipos de hombres. Leyeron acerca de los hombres tipo "Profeta" en el capítulo tres

ORACIÓN:

Vamos a dar principio a la reunión pidiendo la bendición de Dios sobre nuestro tiempo de estudio. Mientras oramos, cada una pida al Señor en silencio que le enseñe a estar abierta a Su voluntad. ¿Quién quiere orar?

ROMPEHIELO E INSTRUCCIONES:

Antes de comenzar, para romper el hielo vamos a ver a cuál de ustedes le gustaría casarse con un hombre profeta / visionario.

♥ Sean muy honestas. Si estuvieras casada con un Profeta y un día anunciara que toda la familia se va a mudar a Irak para servir al Señor allá, ¿cómo responderías?

COMENTAR:

▶ Para comenzar esta sección escoge a dos de las jóvenes para que den un repaso del capítulo 3. ¿Cómo debe ser una esposa y qué debe hacer para llegar a ser una verdadera ayuda idónea para un hombre tipo Profeta / Visionario?

LEER Y COMENTAR:

▶ Pídele a varias de las jóvenes que lean los versículos mientras das la clase.

♥ Mateo 12:36

Las buenas intenciones no siempre evitan que un Visionario cause mucho daño. Si no son sabios pueden empezar a preparar un flan y terminar con una mezcolanza tóxica. Una esposa falta de sabiduría puede añadir leña al fuego, si emplea palabras negativas. Pero una esposa sabia puede utilizar palabras de cautela para ensalzar la bondad del flan y a la vez recomendar con sabiduría que las cosas se dejen como están. Todo hombre tipo Profeta necesita de una buena esposa que sea sabia, estable, prudente y con una perspectiva positiva de la vida.

❤ 1 Timoteo 4:12

Puedes comenzar a aprender, ahora mismo, cómo tener una conversación que vaya acompañada de temor. De manera que si algún día te casas con un tipo Profeta, ya habrás aprendido a tener una conversación casta, y evitarás incitar la ira de tu esposo contra ti misma o contra otros. Aprende a ser el instrumento de Dios para aplacarlo y tranquilizarlo.

❤ Efesios 2: 3 y 4:22-32

Un recordatorio para que no permitamos que nuestra conversación sea controlada por la concupiscencia de la carne.

❤ Filipenses 1:27, 3:20; 1 Pedro 1:15.

Una relación directa entre nuestra conversación y el evangelio.

❤ Hebreos 13:5

Un recordatorio a estar contentas con lo que tenemos.

❤ Santiago 3:13-18

La relación entre la sabiduría y la conversación

❤ 1 Pedro 3:1-2 y 16

Conversación sin palabras

PREGUNTAR Y COMPARTIR:

▶ Anima a las jóvenes que estudiaron la palabra "conversación" que compartan lo aprendido.

COMENTAR:

Enseguida se mencionan algunas de las cualidades que las jóvenes deberán aprender para ser la esposa de un Profeta. Haz que comenten acerca de cada una de ellas.

❤ Aprende a ser flexible.

❤ Aprende a ser leal a tu esposo.

❤ Déjate llevar por la corriente.

❤ Debes saber que él va a necesitar de tu apoyo.

❤ Aprende a disfrutar del viaje.

❤ Una de sus más grandes necesidades va a ser tener una esposa que piense objetivamente y que haga uso del sentido común.

- Necesitarás permanecer con una actitud positiva; sin embargo, debes evitar saltar dentro de su mundo imaginario, tratando de hacerle a la animadora de sueños que son un callejón sin salida.
- Toda esposa debe cuidarse de no hablar de manera negativa de otras personas. Una conversación ociosa puede provocar la ira en tu esposo.
- La esposa de un Profeta debe ser aguantadora, y no ofenderse fácilmente con las cosas que él dice o hace.
- Necesitas saber escuchar para poder apoyarlo, para ser su animadora.

PREGUNTAR Y LEER:

¿A alguna de ustedes se le ocurre algo más que debemos agregar a esta lista? ¿Qué de la fe? Leamos Hebreos 11:1-40.

- Van a necesitar de mucha fe para poder seguir a un Profeta / Visionario. La fe ve más allá de las cosas con las que no estás de acuerdo o que no comprendes. La fe se apoya en Dios para que Él guíe a tu marido mientras tú lo sigues.

COMENTARIOS PARA CONCLUIR

Comienza ahora mismo a escudriñar tu corazón para identificar qué es lo que te motiva a decir lo que dices de otras personas.

- ¿Cuál es tu intención al hablar?
- ¿Criticas a otros para hacerlos ver mal y tú verte bien, y hacer pensar a los demás que eres perfecta?

TAREA:

La semana próxima aprenderemos acerca del hombre Sacerdote / Estable. Lean el capítulo 4 y estén preparadas para dar un resumen al grupo. Hagan una investigación acerca de las palabras pudor y ociosidad. Vengan preparadas para compartir lo que hayan aprendido.

DESPEDIR CON ORACIÓN

GUÍA DE LA MAESTRA PARA EL CAPÍTULO 4
EL SACERDOTE

APERTURA:

¿Leyeron el capítulo cuatro como preparación para la clase de hoy? Estoy segura que pueden pensar en varios hombres que encajan en el perfil del tipo Sacerdote. Vamos a comenzar la clase orando por varios de estos hombres, pidiendo que Dios los haga obreros en su cosecha.

ROMPEHIELO:

¿Qué cosa ociosa haces más de una vez cada semana? Ejemplos: leer en exceso, pasar demasiado tiempo frente al espejo o comiendo, tiempo en la computadora, chateando o chismeando con las amigas, ejercicio en exceso.

LEER Y COMENTAR:

▶   Bueno, vamos a comenzar. Pide a dos de las jóvenes que den un repaso del capítulo 4.

Lee cada una de las oraciones siguientes y luego anímalas a que expresen sus comentarios. Estas son algunas de las cosas que aprendimos acerca del hombre tipo Sacerdote.

♥ Si te casas con un Sacerdote, él querrá que camines a su lado pero te permitirá crecer por tu propia cuenta delante de Dios y los hombres.

♥ El Sacerdote prefiere que su esposa muestre algo de iniciativa.

♥ A los sacerdotes les gusta que sus esposas se involucren en los negocios.

♥ Él se sentirá orgulloso de tus logros. Él querrá que utilices tus destrezas, habilidades e inclinaciones naturales. Tus logros serán motivo de orgullo para él, pero si eres perezosa y dada al ocio, se sentirá grandemente desanimado.

♥ Un hombre Sacerdote verdaderamente valora a una mujer habilidosa, trabajadora y emprendedora, que se comporta con dignidad y honor. Es muy importante para el Sacerdote que su mujer sea autosuficiente en todas las tareas rutinarias de la vida diaria.

PREGUNTAR Y COMENTAR:

♥ ¿Conoces a algún hombre que sea muy claramente del tipo Sacerdote?

♥ ¿Es tu papá un hombre tipo Sacerdote?

- ¿Qué puedes hacer como hija que le cause satisfacción?
- ¿Cuáles crees que puedan ser otras características que un tipo sacerdote quisiera ver en su esposa?

LEER EN VOZ ALTA Y COMENTAR:

▶ Anima a las jóvenes a que compartan lo que aprendieron acerca del pudor y de la ociosidad.

Leamos algunos versículos referentes a la pereza. La palabra "ocio" significa: falta de actividad, flojera, inutilidad, pereza y lentitud. Si somos ociosas siendo solteras, también lo seremos como mujeres casadas. Veamos lo que Dios dice acerca de la pereza y de la ociosidad.

- Proverbios 19:15 - Pereza
- Eclesiastés 10:18 - Pereza
- 1 Timoteo 5:13- Ocio
- Proverbios 31:27 - Ociosidad
- Ezequiel 16:49 - Ociosidad
- Romanos 12:9-21 - Pereza
- Hebreos 6:9-12 - Pereza

PREGUNTAR Y COMENTAR:

▶ Para hacer que las jóvenes expresen sus opiniones haz las siguientes preguntas:
- ¿Qué estás haciendo hoy para aprender destrezas que te servirán en el futuro?
- ¿Si hubiera algo que pudieras hacer todos los días por el resto de tu vida, qué escogerías hacer?

RESUMEN:

Una buena esposa se adaptará a las necesidades e intereses de su esposo. Usará su tiempo para hacer del hogar un lugar donde sea placentero estar juntos. Aprenderá a cocinar para grupos numerosos de personas y se convertirá en una excelente anfitriona. Su punto fuerte y ministerio será la hospitalidad. Esto honrará a su esposo.

Comienza hoy; aprende a pagar las cuentas, a hacer citas y a atender invitados con tal competencia que traerá a tu futuro esposo satisfacción. Tus pasatiempos deben ser cosas útiles y creativas. Aprende cosas prácticas que luego podrás enseñar a tus hijos. Si estás ocupada y eres productiva ahora, entonces también lo serás cuando estés casada. Tus destrezas y logros serán el currículo de tu marido. Si tú eres sabia y competente, quien te observe pensará que él también lo ha de ser, pero en mayor grado. Al final del día, tu esposo tipo sacerdote disfrutará ponderando lo que él ha logrado más lo que tú has logrado, y se gozará de tener una compañera digna en la gracia de la vida.

COMENTAR:

▶   Dales la oportunidad a las jóvenes de expresar qué es lo que piensan hacer diferente en sus vidas, ahora que han leído este capítulo.

TAREA:

Para la siguiente clase lean el capítulo cinco. Estaremos leyendo acerca del hombre tipo Rey. Esta semana en nuestra lectura estaremos aprendiendo cómo servir a otros. Investiguen lo que la palabra sujeción significa (sujetó, sujetas, sujetaos, etc.).

DESPEDIR CON ORACIÓN

GUÍA DE LA MAESTRA PARA EL CAPÍTULO 5
EL REY

APERTURA:

Esta semana leímos acerca del hombre tipo Rey. Levanten la mano las que creen que su papá es un hombre tipo rey al 100%. ¿Y qué de los ancianos de su iglesia?

Los hombres tipo rey no son comunes. Un grupo de personas solamente necesita de un rey, de manera que parece que Dios ha decidido limitar el número de los hombres tipo Rey. ¿Alguna de ustedes puede pensar en algún niño que manifiesta los rasgos de un tipo Rey?

ORACIÓN:

Vamos a comenzar con una oración. ¿Quién quisiera pedir la bendición de Dios sobre nosotras, conforme buscamos prepararnos para ser buenas ayudas idóneas?

ROMPEHIELO:

Describe al jefe perfecto usando cuatro palabras o menos.

LEER:

Un Rey no quiere que su esposa se involucre en ningún proyecto que le impida servirle a él. Si eres bendecida ganándote el favor de un hombre mandón, fuerte e impositivo, entonces es muy importante que aprendas a servir con gozo. Hoy vamos a estudiar cómo servir con gozo.

PREGUNTAR Y COMENTAR:

¿Quién investigó lo que significa la palabra sujeción? Comparte lo que aprendiste.

LEER Y COMENTAR:

"En sujeción" significa: estar sometido, estar en obediencia, someterse uno a otro, vasallaje, subyugar. La frase "en sujeción" también se traduce como: someter, sumisión, obedecer, obediente, doblegar.

▶ Lee la siguiente oración y anima a las jóvenes a compartir. Después de unos minutos detén el compartir opiniones.

¿Es la voluntad de Dios que la esposa se sujete a su marido? ¿Acaso la esposa deberá primero pedir entendimiento a Dios antes de sujetarse a su esposo? Si uno de los pastores le dice a una mujer que haga una cosa, pero su esposo le dice que haga otra, ¿a quién deberá obedecer?

LEER Y COMENTAR:

Abran sus Biblias y lean lo que Dios dice acerca de la sumisión:

- ♥ Filipenses 3:21
- ♥ Colosenses 3:18
- ♥ Tito 2:5, 9 y 3:1
- ♥ Hebreos 12:9
- ♥ Santiago 4:7
- ♥ 1 Pedro 2: 13-18
- ♥ 1 Pedro 3:1, 5, 22
- ♥ 1 Pedro 5:5
- ♥ 1 Timoteo 2:11 y 3:4

RESUMEN:

Cuando un hombre tipo Rey, creyente o inconverso, es tratado por su ayuda idónea con honor y reverencia (respeto), ella encontrará que su esposo la apoyará y será un protector maravilloso. En la mayoría de los matrimonios, la contienda no se debe a que el hombre sea cruel o malvado; más bien se debe a que él espera obediencia, honor y respeto, y no lo está recibiendo. Esto lo hace reaccionar de mal modo.

Comienza hoy a practicar las siguientes cosas:

- ♥ Sujétate a las personas que son tus autoridades.
- ♥ Practica todos los días servir con un corazón alegre.
- ♥ Busca maneras en las que puedas servir a la familia.
- ♥ Pregunta a los líderes de tu iglesia si hay algo en lo que puedas servir a la iglesia, y no pidas que te den el trabajo cómodo o divertido. Haz el trabajo que nadie quiere hacer.

TAREA:

En el capítulo seis aprenderemos acerca de los diferentes tipos de mujeres y cómo nuestros tipos complementan a los distintos tipos de hombres. Como preparación para la clase de la semana entrante, lean el capítulo seis, y cada una trate de identificar qué tipo de mujer es. También hagan una investigación con la palabra: ejemplo.

Vamos a concluir con una oración dando gracias a Dios por permitirnos (en el futuro) ser la ayuda idónea de nuestro esposo.

TRES TIPOS DE MUJERES

APERTURA:

¡Después de haber leído el capítulo seis, cada una de nosotras ya debe saber qué tipo de mujer es! En esta clase hablaremos acerca de cuál tipo de hombre cada una de nosotras complementa mejor.

ORACIÓN:

▶ Pide a una de las jóvenes que ore pidiendo la dirección y bendición de Dios para la clase.

ROMPEHIELO:

¿Qué es tu papá, un Profeta, Rey o Sacerdote?

PREGUNTAR Y COMENTAR:

Comienza está sección dando oportunidad a cada una para que exprese el tipo de mujer que cree ser.

- ♥ ¿Qué tipo eres?
- ♥ ¿Tienes alguna amiga que sea una Soñadora?
- ♥ ¿Alguna vez te ha irritado alguna chica por el tipo que es?
- ♥ Por lo que has leído y por los dones que tienes, ¿a qué tipo de hombre crees que complementarias mejor?

SIERVA SE CASA CON UN REY

Pensemos todas en esto: Si eres una chica tipo sierva y te casas con un Rey, tendrás que aprender a ser fuerte y a tener confianza. Este tipo de hombre necesitará de una Reina que esté a su lado y le ayude a guiar al pueblo.

Leemos un ejemplo de esto en el libro de Ester. La reina Ester le sirvió al rey tres comidas especiales. Como reina tenía muchos siervos para que le hicieran las cosas. El que ella haya decidido servirle, mostró su humildad y le honró a él. Ella lo hizo para ganar su favor para beneficio de su pueblo, los judíos, quienes ya estaban condenados a morir. Ella pudo haberse quedado en un rincón diciéndose a sí misma: "¿Qué puedo hacer? Soy tan sólo una mujer. Si digo algo, mi propia vida estaría en peligro porque secretamente soy una judía. ¿Por qué me puso Dios aquí con este hombre tan cruel?"

La reina Ester utilizó su posición de esposa para ganarse el corazón de su marido, luego rogó pidiendo misericordia. En vez de culpar al rey por su falta de misericordia y sabiduría, ella apeló a él como su señor. Cuando el rey escuchó su humilde, aunque valerosa súplica, comprendió que había estado prestando oído a hombres malvados que intencionalmente le habían aconsejado, de tal manera que iba a resultar en la muerte de multitud de inocentes, incluyendo su propia esposa. Ester tuvo que llegar a ser una reina con corazón de sierva.

PREGUNTAR:

¿Quiere alguna de ustedes, de las más tímidas, decirnos cómo cree que hubiera reaccionado si fuera la reina Ester?

PREGUNTAR Y COMENTAR:

Jóvenes, háganse estas preguntas: ¿Soy una chica Emprendedora o soy una Soñadora? ¿Qué me hace falta para estar mejor preparada en caso de que me llegue a casar con un hombre tipo Rey?

EMPRENDEDORA O SOÑADORA SE CASA CON UN REY:

Tanto la chica Emprendedora como la Soñadora tendrá que aprender a esperar en su esposo para que él la guíe. Nunca intenten controlarlos. Soñadoras, no se enfaden cuando su Rey se tome el crédito por lo que ustedes crearon. Entre más ame la gente al Rey, más amarán también a su Reina.

Emprendedora: Si este tipo de chica puede aprender a reverenciar a su marido, entonces van a llegar muy lejos como pareja. El liderazgo del varón junto con el liderazgo de su esposa puede formar un equipo muy fuerte. Generalmente, las chicas emprendedoras nunca aprenden a someterse ni a reverenciar, de manera que en vez de ser un equipo fuerte, se convierten en competidores. Su matrimonio no será feliz.

SIERVA SE CASA CON PROFETA:

Vamos a hablar de la mezcla de un Profeta casándose con una Sierva. ¿Qué le puede hacer falta a esta chica que no tiene de manera natural?

LEER:

El tipo Profeta será un excelente novio porque se enfocará totalmente en su amada. Será muy romántico, dándole flores y regalos. Si atrapas el corazón de un Profeta serás la pasión que lo consuma, su mayor desafío; su sueño hecho realidad. Pero, pocas semanas después de la boda su enfoque se centrará en un nuevo desafío. Como recién casada te sentirás abandonada. Es importante que todas las chicas comprendan esta gran verdad independientemente de con qué tipo de hombre se casen: Necesitan tener una vida vibrante antes de que su hombre entre en escena.

Una esposa pegajosa e inútil, que le falta iniciativa, motivación, metas, ambiciones o sueños, es nada más eso: una inútil.

Ahora mismo, ¿tienes una vida con propósito? Si la tienes, entonces cuando tu nuevo esposo Profeta / Visionario súbitamente se ve totalmente absorbido por un nuevo proyecto, tu vida podrá continuar tranquila y felizmente. Necesitas recordar que no debes ofenderte si su atención está en otra cosa y no en ti. Así es su tipo. No puede ser de otra manera. Pero cuando vuelva a poner su atención en ti, todas las demás esposas sentirán celos, pues tú tendrás junto a ti al hombre más romántico que se pueda hallar.

PREGUNTARY COMENTAR:

¿Qué piensan ustedes de esto?

COMPARTIR:

▶ Que las chicas que hicieron la investigación de la palabra, ejemplo, ahora compartan lo que aprendieron.

APRENDIENDO DEL EJEMPLO DE OTROS:

Busquen y lean: 1 Timoteo 4:12.

OBSERVAR:

Sugiero que vean a su alrededor y observen a las diferentes parejas que están criando felizmente a una familia y ministrando a otros. ¿Cuáles son sus tipos? ¿Cómo funcionan como equipo? Aprendan de su éxito. Fíjense en cómo responde el uno al otro y en otros detalles acerca de ellos, que producen buenos frutos. Tomen apuntes para que aprendan de su ejemplo. También fíjense en esas parejas a su alrededor, donde no parece haber un equilibrio. Aprendan de ellos lo que no quieren que pase en su matrimonio.

TAREA:

La semana próxima estarán leyendo el Capítulo Siete. Quiero que cada una de ustedes venga preparada para compartir con el grupo alguna cosa práctica que planea aprender, que le ayudará a ser una mejor ayuda idónea. Asegúrense de determinar dónde, cómo y cuándo van a llevar a cabo este aprendizaje. Hagan una investigación de la palabra: conocimiento.

DESPEDIR CON ORACIÓN

GUÍA DE LA MAESTRA PARA EL CAPÍTULO 7
CONOCIMIENTO

APERTURA:

Este capítulo es muy práctico. ¿Qué pensaron acerca de la historia del Ángel de la Muerte? ¿Alguna quisviera compartir una historia breve que les enseñó una lección importante?

COMENZAR CON UNA ORACIÓN

ROMPEHIELO:

Menciona una cosa práctica que has aprendido, de la cual podrías compartir tu conocimiento, y una cosa práctica que no has estudiado pero que te gustaría aprender para llegar a ser una mejor ayuda idónea.

LEER:

El principio

Muchas jóvenes desperdician su juventud dejándose entretener por novelas o películas, yendo continuamente de compras, jugando el juego social, charlando por teléfono, chateando, etc. o simplemente esperando que suceda una de estas cosas. Cuando alguien les presta o regala un libro como Preparándote Para Ser Una Ayuda Idónea, gesticulan y dicen: "No soy una persona que lea mucho… es tan pesado y tan aburrido" o "Estoy tan ocupada que no tengo tiempo de leer libros como ese. Además ya anteriormente leí un libro parecido a ese." De manera que sus vidas permanecen limitadas por la falta de conocimiento, entendimiento y sabiduría.

¡Pero ustedes, no! Ustedes han recibido en este libro conocimiento que de otra manera se lleva toda una vida aprender, además de la sabiduría que nos comparten varias mujeres. Lo que han aprendido acerca de los tres tipos de hombres y de su responsabilidad delante de Dios de responder a su esposo, abrirá la puerta a una vida que realmente podrán vivir, si hacen uso de este conocimiento.

LEER EN VOZ ALTA Y COMENTAR:

▶   Da tiempo para que las jóvenes compartan lo que aprendieron de la palabra: conocimiento. Posteriormente, pídeles que busquen los siguientes pasajes, que los lean en voz alta y que los comenten.

♥   Éxodo 31: 3-5

- Proverbios 1: 20-22
- Proverbios 5: 1-2
- Proverbios 8: 10-14
- Proverbios 21: 11
- Proverbios 23: 12

LEER Y COMPARTIR:

Lean 1 Pedro 4:8-10. Anima a las jóvenes a compartir sus planes. La hospitalidad es un don que necesitamos desarrollar.

¿A cuáles cuatro familias vas a invitar a comer? ¿Qué vas a preparar? ¿Y qué tipo de entretenimiento vas a proporcionar?

LEER Y COMPARTIR:

▶ Lean Lucas 12: 42-43. Anima a las jóvenes a compartir sus reacciones. ¿Alguna vez pensaron que hacer rendir el dinero es una función de una buena ayuda idónea? Lo es, y nos hace falta práctica.

¿Para cuál familia piensas hacer compras, y dónde piensas hacer tus compras?

LEER Y COMPARTIR:

▶ Lean Mateo 20:27-28. Anima a las jóvenes a compartir sus reacciones. Aprender a ser responsable es más importante que solamente ser una sierva. Es aprender a hacerte cargo. Es buscar necesidades activamente, y luego suplirlas.

¿A cuál familia piensas servir por una semana, y de qué manera les vas a ayudar?

RESUMEN:

No esperes hasta que te pidan ayuda para ayudar. Debes estar continuamente atenta para percibir las necesidades de otros. Si una habitación necesita ser limpiada, entonces límpiala. Si un niño está batallando para ponerse los zapatos, inmediatamente ofrece ayudarle.

Al ayudar a esa familia, recuerda que te estás preparando para ser mamá, no para ser una hija muy servicial. Puedes practicar ser una hija servicial en tu casa. Cuando seas mamá vas a tener que servir sin que te den las gracias y sin que te digan qué más hacer, así que ponte a practicar.

TAREA:

Para la siguiente semana lean el capítulo 8. Lean Proverbios 31:10-31. Vengan preparadas para poder hacer una descripción del contenido de cada versículo.

GUÍA DE LA MAESTRA PARA EL CAPÍTULO 8
EL PRÍNCIPE ITALIANO

APERTURA:

Nosotros conocíamos al Príncipe Italiano desde que era un jovencito. Él estaba muy motivado y muy enfocado en prepararse para el ministerio. Sabíamos que iba a necesitar de una ayuda idónea que no lo fuera a frenar ni a bajarle el ritmo. Iba a necesitar de una chica que hubiera estado ocupada preparándose para ser una ayuda idónea activa de un verdadero hombre de Dios. Cuando conoció a Ellie, la vida de ella era plena y emocionante como lo era la vida de él. Podemos decir que encontró a su pareja.

Hoy vamos a hablar acerca de lo que cada una está haciendo para encontrar a su pareja.

INICIAR CON ORACIÓN

ROMPEHIELO:

¿Dónde quieres estar en cinco años? ¿Y qué estás haciendo ahora para llegar allá?

LEER:

▶ Esta es una historia adicional de Shalom (Pearl) Brand, autora de la Guía de la Maestra que estamos siguiendo.

LA MARIPOSA Y LA TRABAJADORA

Hace unas semanas asistí a una boda grande y espléndida. Mientras estuve ahí no pude menos que notar a dos jóvenes muy diferentes.

Una de ellas había venido a la boda como invitada, y se veía resplandeciente en un hermoso vestido y su cabello arreglado hacía arriba; lucía su mejor apariencia. Se percató de que en la cocina necesitaban ayuda urgentemente y no vaciló ni un instante para ir a ayudar. Se pasó toda la boda en la cocina, alegremente ayudando a preparar y luego a servir la comida con una sonrisa en su rostro.

Ahora bien, la otra jóven había sido invitada a la boda como ayudante. Durante la boda y luego durante la recepción, no hizo otra cosa sino revolotear como mariposa que había perdido el rumbo. Era obvio que quería que todos los muchachos se dieran cuenta de que ella estaba ahí y que estaba disponible.

Entré a una de las habitaciones por algo que necesitaba uno de mis hijos y casualmente escuché a varias personas hablando. Todas estaban admiradas de esta joven voluntaria, tan trabajadora y alegre. Era tan hermosa, tan refinada, era esto y aquello. Luego el pequeño grupo dirigió la mirada a la otra chica que pasaba por allí, todavía revoloteando ociosamente. Sus rostros de disgusto decían mucho, pero alguien no pudo refrenar su lengua, y dijo: "Esa si que es una buena para nada."

Las palabras viajan rápido. Sin duda toda mamá, papá, hermano y hermana, oyeron hablar de las dos jóvenes. ¿Ustedes, creen que los muchachos van a andar buscando a la señorita socialitos "mírenme a mí"? Yo no lo creo... por lo menos, no el tipo de muchacho en que una chica debe estar interesada. Como regla general, los muchachos piadosos y espiritualmente fuertes no andan buscando divas ociosas, pero se fijarán en la muchacha que ayudó con su trabajo y corazón de sierva para que una boda resultara alegre y hermosa.

LEER EN VOZ ALTA:

▶ Pide a las jóvenes que lean en voz alta y al unísono, 1 Corintios 7:34.

LEER:

▶ Lean versículo por versículo, el pasaje de Proverbios 31:10-31. Que cada una exprese palabras que describen a la mujer en cada uno de los versículos. Las siguientes palabras se incluyen para ayudarte a guiar a las jóvenes.

Verso 10: **Mujer virtuosa, ¿quién la hallará? Porque su estima sobrepasa largamente a la de las piedras preciosas.** (Palabras clave: poco común, extraordinaria, singular, valiosa, sin igual.)

Verso 11: **El corazón de su marido está en ella confiado, y no carecerá de ganancias.** (Palabras clave: honorable, fiel, leal, casta, digna de confianza, honesta.)

Verso 12: **Le da ella bien y no mal todos los días de su vida.** (Palabras clave: perdurable, inmutable, fiel, leal, permanente.)

Verso 13: **Busca lana y lino, y con voluntad trabaja con sus manos.** (Palabras clave: trabajadora, diligente, paciente, persistente.)

Verso 14: **Es como nave de mercader; trae su pan de lejos.** (Palabras clave: ahorrativa, austera, compradora sabia, no despilfarradora.)

Verso 15: **Se levanta aun de noche y da comida a su familia y ración a sus criadas.** (Palabras clave: auto-motivada, con iniciativa, proactiva, dinámica.)

Verso 16: **Considera la heredad, y la compra, y planta viña del fruto de sus manos.** (Palabras clave: emprendedora, ingeniosa, activa en negocios, austera.)

Verso 17: **Ciñe de fuerza sus lomos, y esfuerza sus brazos.** (Palabras clave: trabajadora, con buena condición física, diligente.)

Verso 18: **Ve que van bien sus negocios; su lámpara no se apaga de noche.** (Palabras clave: consistente, siempre disponible, sabe reconocer el valor de las cosas, sabia.)

Verso 19: **Aplica su mano al huso, y sus manos a la rueca.** (Palabras clave: diligente, confiable, dispuesta a hacer trabajo repetitivo.)

Verso 20: **Alarga su mano al pobre, y extiende sus manos al menesteroso.** (Palabras clave: compasiva, misericordiosa, generosa, hospitalaria, activamente buscando a los necesitados.)

Verso 21: **No tiene temor de la nieve por su familia, porque toda su familia está vestida de ropas dobles.** (Palabras clave: preparada, planea con anticipación, confiable.)

Verso 22: **Ella se hace tapices; de lino fino y púrpura es su vestido.** (Palabras clave: autosuficiente, hábil para coser, tejer y hacer otras artesanías.)

Verso 23: **Su marido es conocido en las puertas, cuando se sienta con los ancianos de la tierra.** (Palabras clave: respetada, que respalda, que anima, que trae honor.)

Verso 24: **Hace telas, y vende, y da cintas al mercader.** (Palabras clave: organizada, administradora, creativa, establece y cumple contratos.)

Verso 25: **Fuerza y honor son su vestidura; y se ríe de lo por venir.** (Palabras clave: fuerte, llena de confianza, capaz, alegre, estable.)

Verso 26: **Abre su boca con sabiduría, y la ley de clemencia está en su lengua.** (Palabras clave: amable, gentil, tiene discernimiento, considerada.)

Verso 27: **Considera los caminos de su casa, y no come el pan de balde.** (Palabras clave: confiable, trabajadora, considerada, responsable.)

Verso 28: **Se levantan sus hijos y la llaman bienaventurada; y su marido también la alaba.** (Palabras clave: elogiada, recibe reconocimiento, cosecha lo sembrado, gozosa.)

Verso 29: **Muchas mujeres hicieron el bien; mas tú sobrepasas a todas.** (Pensamientos clave: activamente buscando hacer el bien, se ganó su lugar, destacada.)

Verso 30: **Engañosa es la gracia, y vana la hermosura; la mujer que teme a Jehová, ésa será alabada.** (Pensamientos clave: el temor a Dios es el principio de la sabiduría.)

Verso 31. **Dadle del fruto de sus manos, y alábenla en las puertas sus hechos.** (Palabras clave: elogiada, admirada, aplaudida, digna, merecedora.)

¿Cómo es la mujer virtuosa para Dios?

Es una mujer trabajadora, creativa, austera, gozosa, amable y placentera.

TAREA:

Lean el capítulo 9. Investiguen la palabra: virtud. Cada una haga una lista de las cualidades que desea tenga su príncipe y busque versículos que describan cada una de esas cualidades. Vengan vestidas en el atuendo perfecto para su primera cita con su galán.

DESPEDIR CON ORACIÓN

GUÍA DE LA MAESTRA PARA EL CAPÍTULO 9
ENCONTRANDO EL EQUILIBRIO

APERTURA:

¿Cuántas de ustedes sintieron un poco de vergüenza cuando leyeron acerca de las Agarradoras y de las Flores Escondidas? ¿Se dieron cuenta de lo importante que es vivir nuestras vidas de una manera balanceada? Esta es una buena llamada de atención para todas.

ORACIÓN:

Pide a alguien que haga una oración para comenzar.

ROMPEHIELO:

Cada una describa cómo sería una primera cita perfecta con el hombre con quien se va a casar. Cada una póngase de pie y muéstrenos su vestido para esa primera cita.

COMENTAR:

Cada una comente con la clase la lista que hicieron, describiendo lo que admiran en un hombre y los versículos que encontraron.

PREGUNTAR Y COMENTAR:

Haz las siguientes preguntas a las jóvenes. Anímalas a comentar los temas. Mantén un ambiente ligero y divertido.

UNA AGARRADORA:

- ♥ ¿Qué es una Agarradora?
- ♥ ¿Por qué algunas jóvenes se convierten en Agarradoras?
- ♥ ¿Alguna de ustedes se habrá portado como una Agarradora en alguna ocasión?
- ♥ ¿Dirían tus amigas que eres una Agarradora?
- ♥ ¿Alguna vez habrás visto a una chica que se comportaba como una Agarradora y tal vez sentiste celos porque ella acaparaba toda la atención de los muchachos? La Biblia tiene un capítulo para advertir a los muchachos acerca de las Agarradoras. Pídeles a todas que abran sus Biblias en Proverbios capítulo 5. Por turno lean y comenten cada versículo.

PREGUNTAR Y COMENTAR:

Haz preguntas y anima a las jóvenes a participar.

- ♥ ¿Qué es una Flor Escondida?
- ♥ ¿Por qué algunas chicas se convierten en Flores Escondidas?
- ♥ ¿Alguna de ustedes en alguna ocasión ha aparentado ser demasiado espiritual o ha tratado de aparentar ser mejor que otras?
- ♥ ¿Dirían tus amigas que eres una Flor Escondida?

    Anima a las jóvenes a compartir: ¿Quiénes investigaron la palabra, virtud? Lee los siguientes versículos para que los puedan agregar a los que ellas encontraron.

- ♥ 2 Pedro 1:3
- ♥ 2 Pedro 1:5

LEAN, COMENTEN Y MEMORICEN

Estos son dos pasajes acerca de la virtud y las animo a memorizarlos.

- ♥ Filipenses 4:8
- ♥ 2 Pedro 1: 5-8

TAREA:

Lean el capítulo 10 e investiguen la palabra: paciencia.

DESPEDIR CON ORACIÓN

GUÍA DE LA MAESTRA PARA EL CAPÍTULO 10
CHICAS INQUIETAS E IMPACIENTES

APERTURA:

Todas nos sentimos inquietas e impacientes cuando parece que nada está pasando. Vimos en este capítulo que hay maneras de sacarle la vuelta a este problema. Nuestro estudio fue de la palabra "paciencia," así que estaremos escuchando a las que estudiaron acerca de lo que Dios dice de la paciencia.

INICIAR CON UNA ORACIÓN.

ROMPEHIELO:

¿Cuál ha sido la ocasión en que te has sentido más apenada?

PREGUNTAR Y COMENTAR:

Vamos a comenzar. ¿Quiénes hicieron el estudio acerca de la palabra paciencia? Compartan con nosotras lo que aprendieron. Díganme cuál es el antónimo (opuesto) de las siguientes palabras para que nos ayude a resistirnos a actuar de esas maneras.

- ❤ Perdurable
- ❤ Tolerante
- ❤ Incansable
- ❤ Sufrido (que no se queja)
- ❤ Paciente (no fácilmente provocado)
- ❤ Calmado

LEER Y COMENTAR:

- ▶ Haz que las jóvenes lean y comenten los siguientes versículos.
- ❤ Romanos 15: 4-5
- ❤ 1 Tesalonicenses 1:3
- ❤ Hebreos 12:1
- ❤ Santiago 1:4
- ❤ ¿Cuál ha sido la lección más importante que has aprendido en esta sección?
- ❤ ¿Cuál es la lección más importante que has aprendido hasta hoy en este libro?

- ♥ Lee estas preguntas y dales tiempo para que mediten en ellas.
- ♥ ¿En el pasado, has sido inquieta e impaciente? ¿De qué manera?
- ♥ ¿Alguna vez has caído en comportarte, aunque sea un poco, como Agarradora?
- ♥ ¿Eres una Flor Escondida? Describe en qué maneras.
- ♥ ¿Qué buenas oportunidades para servir vas a buscar ahora que has reconocido que eres una Flor Escondida?
- ♥ ¿Habrás sido un poco perezosa y no lo suficientemente insistente en buscar oportunidades para servir? ¿Qué es lo que vas a comenzar a buscar?
- ♥ ¿Estás dispuesta a hacer los trabajos menos atractivos y servir como una verdadera sierva? Menciona algunos tipos de trabajos en los que puedes servir.
- ♥ ¿Habrás exigido una respuesta de un chico, aunque lo hayas hecho de buena manera? ¿Cómo manejarías una situación así ahora?
- ♥ ¿Qué estaba haciendo Ellie con su vida mientras esperaba?
- ♥ ¿Cuál versículo es el que le ayudó a mantener el enfoque correcto?
- ♥ ¿Crees que el mantenerte ocupada te ayudará a mantener tu mente y corazón pacientes? ¿Qué vas a hacer para mantenerte ocupada?

Para la próxima semana lean el capítulo 11. Repasen el estudio que hicieron de la palabra "conversación" y vengan preparadas para aportar nuevas ideas sobre el tema.

DESPEDIR CON ORACIÓN

GUÍA DE LA MAESTRA PARA EL CAPÍTULO 11
CASTILLOS EN EL AIRE

APERTURA:

Este fue el capítulo que más nos sacudió. Es un nuevo tipo de pecado, que el Diablo está usando para destruir vidas. Necesitamos pedir a Dios que nos dé corazones y oídos abiertos para escuchar, y para que podamos aprender esta lección y evitar manchar nuestras vidas, las de nuestros padres y el nombre de Dios.

ORACIÓN:

Pide a alguna de las jóvenes que ore para comenzar.

ROMPEHIELO:

Que las jóvenes anoten en un trozo de papel cuántos pares de calzado tiene cada una en su clóset. Pon los papeles en una cajita y sácalos al azar uno por uno, que las chicas adivinen y determinen cuál es la diva de los zapatos.

PREGUNTA INICIAL:

¿Cuál ha sido el mensaje de texto o correo electrónico más notable que hayas mandado o recibido?

LEER:

Bien, esta semana hemos leído algunas historias tristes acerca del amor que se desarrolla en la imaginación de nuestros corazones. Es fácil para una joven ser víctima de esta clase de amor. Pero el Señor nos ha dado instrucciones claras para proteger nuestros corazones. Esto es lo que la Biblia dice acerca de la imaginación: "la intención (imaginación) del corazón es malvada."

LEAN Y COMENTEN:

▶ Haz que las jóvenes lean y comenten estos pasajes.

❤ Génesis 6:5

❤ Génesis 8:21

❤ Deuteronomio 5:29

❤ Deuteronomio 28:47

❤ Proverbios 16:9, 21-23

LEAN Y COMENTEN:

Con las nuevas tecnologías vienen nuevos desafíos para las relaciones. Este acceso inmediato a cualquier detalle trivial de nuestras vidas puede rápidamente crear una intimidad y dependencia emocional.

PREGUNTAR:

Jóvenes, háganse la siguiente pregunta: ¿Compartirías a ese mismo nivel de confianza, si ese hombre estuviera presente delante de ti, observando cómo eres realmente en tu vida diaria?

El hombre es atrapado por la atracción física. La tentación del hombre es la lujuria sexual. El hombre que se acuesta con una prostituta no la llega a conocer, y tres días después ni siquiera la reconocería en la calle.

La mujer es atrapada por la apertura emocional. La tentación de la mujer es ser admirada físicamente. Algunas jóvenes, sin saberlo, cruzan la línea de la intimidad con hombres que no son sus esposos... lo hacen mandando mensajes de texto. Cuando nos sentimos solas y sabemos que Juan Pérez siempre es comprensivo, nos sentimos tentadas a chatear con él en línea. Nuestra lujuria es tan malvada como la de los hombres; solamente es diferente.

LEER EN VOZ ALTA:

Leamos algunos versículos que nos dicen en dónde deben estar nuestros corazones cuando somos solteras.

Proverbios 3:5 dice: **"Fíate de Jehová de todo tu corazón, y no te apoyes en tu propia prudencia."**

BUSCAR Y COMENTAR:

▶   Pide a las chicas que busquen y comenten los siguientes pasajes:
♥   Deuteronomio 13:3-5
♥   Deuteronomio 6:5
♥   Deuteronomio 30:14-17
♥   Salmos 24:4
♥   Salmos 27:14
♥   Salmos 37:4
♥   Salmos 111:10

- ❤ Proverbios 4.23
- ❤ Proverbios 1:7

TAREA:

Busquen los siguientes versículos y vengan preparadas para comentarlos la semana próxima. Estudien las palabras que en estos versículos les llame la atención. Lean el capítulo 12 para la siguiente clase.

- 2 Corintios 11: 2-3
- Tito 2:5
- 1 Pedro 3:2-3

DESPEDIR CON ORACIÓN

GUÍA DE LA MAESTRA PARA EL CAPÍTULO 12
LA CENICIENTA

APERTURA:

La semana pasada comentamos acerca de los Castillos en el Aire. ¿Alguna de ustedes habrá cambiado sus hábitos de enviar mensajes o de chatear? Toda persona sabia lo debió de haber considerado seriamente. El tema de esta semana es acerca de una Cenicienta moderna. El capítulo contiene varias oraciones muy sobresalientes. Vamos a repasar algunas de ellas durante la clase y tendrán la oportunidad de contribuir con sus comentarios.

ORACIÓN:

Vamos a orar para comenzar. ¿Quién quiere orar?

ROMPEHIELO:

¿Cuál fue el primer chico de quien creías estar "enamorada"?

Cuéntales acerca del primer chico del que tú pensabas estar enamorada. Y luego da oportunidad para que cada una de las jóvenes comparta.

COMENTAR:

- ▶ Comenten acerca de los versículos 2a Corintios 11:2-3, Tito 2:5 y 1 Pedro 3:2-3.
- ❤ ¿Qué significa "casta"?
- ❤ ¿Cuál sería una palabra moderna que signifique casta?
- ❤ Explica tres maneras en las que puedes mostrar que eres una mujer casta.

LEER Y COMENTAR:

- ▶ Lee cada una de las citas que vienen abajo, luego lee la pregunta. Proporciona tu propia respuesta o dales la oportunidad de contestar, luego comenten las respuestas en grupo.

Citas de La Cenicienta:

- ❤ Comencé a comprender que estaba construyendo mi reputación como la futura esposa de alguien. Algún día mi esposo va a ser honrado o deshonrado por mi conducta como mujer soltera. **"Le da ella bien y no mal todos los días de su vida."**

¿Te habías dado cuenta que durante tus años de soltera estás edificando tu reputación como esposa? ¿Qué has aprendido, que cambiará la manera en que te comportas?

♥   La mayoría de las chicas cargan con una larga lista de credenciales y quieren casarse con un hombre realmente consagrado y piadoso, pero pocas de nosotras nos hemos sacado la viga de nuestro propio ojo.

Piensa en qué clase de chica es con la que se querrá casar el hombre de tus sueños.

♥   Estás construyendo fe y carácter, que llevarás contigo al matrimonio para bendecir a tu marido y a tus futuros hijos.

¿Cuáles son algunos rasgos de carácter que ahora mismo puedes comenzar a fortalecer?

♥   Cada uno de estos "primer" fue como un regalo especial que había guardado para él. Una vez que sepas cuál hombre va a ser tu marido, vas a desear no haberle dado ninguna atención a esos otros chicos en tu pasado.

Cuéntanos de un sencillo "primer" que darás como un presente a tu príncipe.

♥   Mi consejo es que ames al Señor tu Dios con todo tu corazón, alma y mente; que lo busques en todo. No importa qué pruebas vengan, si estás buscando al Señor, Él dirigirá tus pasos y te guiará. No tengas una mentalidad de cuento de hadas y te quedes sentada en casa, esperando a tu príncipe. Siempre que Dios hace algo en la Biblia se requiere de acción.

Ya hemos comentado la importancia de involucrarnos en servir a otros en capítulos anteriores. Después de haber leído esta historia, ¿tienes idea de alguna otra actividad en la que te puedas involucrar?

♥   Un pensamiento que siempre me ayudó a filtrar a los posibles candidatos fue: ¿Es este el tipo de muchacho que quiero llevar a casa en Navidad para que conozca a toda mi familia? ¿Es este el tipo de muchacho con el que quiero que la gente me relacione? ¿Con el que quiero que la gente me vea?

Dinos una cosa que ves en los hombres que no quieres que tenga el hombre que le vas a presentar a tu abuela. (Por ejemplo: que fume, que tome, que se pinte el pelo de color morado, etc.)

♥   Me llegué a sentir frustrada y comenté con mis papás: ¿Qué clase de chica piensa él que soy? Nunca me dice que le caigo bien. Yo no continúo una relación con un chico si pienso que no va a llevar a nada." Mi madre, una mujer de oración, para tranquilizarme dijo: "Cariño, te está estudiando ahora para después tomar una decisión, cuando esté bien informado."

Su mamá probablemente la salvó de convertirse en una chica inquieta e impacienta, ¡y hasta de llegar a ser una Agarradora! Piensa en alguna ocasión en que quisiste "agarrar." Cuéntanos cómo estuvo.

♥ Mientras me cortejaba, traté de pensar diez años en el futuro después de casados, si sintiera deseos de abandonarlo, ¿qué me mantendría en el matrimonio? El pensamiento que seguía apareciendo en mi mente era que Dios nos llamó a David y a mí para que formáramos este matrimonio. Me apoyé firmemente en esta reflexión mientras era confirmada por mis padres, amigos y la oración.

Fíjate en su lista de cómo buscó la confirmación. ¿Cuál sería tu lista?

♥ Chicas, no se den por vencidas y no se conformen con menos. Conviértete en la chica de los sueños de un hombre piadoso. Y no te enredes ni pierdas el tiempo con ningún muchacho que no sea tu príncipe azul.

Recuerda que lo que estás haciendo el día de hoy afectará tu futuro.

♥ David y yo nos propusimos nunca pedir consejo matrimonial a nuestros padres ni a nuestros amigos después de casados. Queríamos honrarnos y respetarnos el uno al otro públicamente. No obstante, sí creemos en aprender de los mayores y en rendir cuentas. Comencé a reunirme con una mujer piadosa de mayor edad, una vez al mes después de casada para que fuera mi consejera matrimonial. **"Las ancianas asimismo... que enseñen a las mujeres jóvenes a amar a sus maridos y a sus hijos, a ser prudentes, castas, cuidadosas de su casa, buenas, sujetas a sus maridos, para que la palabra de Dios no sea blasfemada"** (Tito 2: 2-5).

Piensa en alguna hermana que pudiera ser tu consejera.

♥ Escoge a una señora callada y sin pretensiones que otras pudieran pasar por alto. Recuerda que cuando busques consejo, también estarás ayudando a esa hermana a mantener su enfoque en la voluntad de Dios para su propio matrimonio. Empieza a pedir la bendición y sabiduría de Dios sobre esa señora. Ella va a necesitar bastante entendimiento de las cosas de Dios para ser una buena consejera.

TAREA:

El siguiente capítulo contiene una entrevista con una recién casada quien nos habla de su hermosa boda. Anota algunas de las cosas que sabes que quieres para tu boda. También, conforme lees el siguiente capítulo, anota tus metas semanales, anuales y para la vida. Leeremos algunas de ellas la semana entrante.

GUÍA DE LA MAESTRA PARA EL CAPÍTULO 13
LA BODA

APERTURA:

En esta reunión vamos a estar hablando de nuestros sueños y planes para nuestra boda. Va a ser muy divertido escuchar lo que cada una tiene que decir.

ORACIÓN:

Vamos a iniciar dando gracias a Dios por todo lo que hemos aprendido acerca de cómo ser una buena ayuda idónea.

ROMPEHIELO:

¿Qué es lo más gracioso que jamás hayas visto u oído que sucedió en una boda?

LEER:

Esta es una narración de Shalom (Pearl) Brand acerca del momento más gracioso que sucedió en su boda. El momento más gracioso ocurrió como media hora después de casada. Mi príncipe azul y yo estábamos partiendo el pastel. Él dulcemente me dio a comer una rebanada de pastel. Enseguida, radiante, tomé una rebanada para dársela en la boca. ¡Deben comprender que él no es un hombre al que le guste seguir las tradiciones! En vez de cerrar la boca y masticar como cualquier persona normal y cortés, lo que hizo fue aventarme con el aliento ese gran bocado de pastel que cayó sobre mi rostro, cabello y vestido. Las mujeres que lo vieron abrieron sus bocas aterrorizadas, pero los hombres soltaron la carcajada. Mi recién esposo y yo nos soltamos riendo mientras ambos tratábamos de quitar el pastel de mi cabello. Algunas pueden pensar: ¡Cómo se atrevió! Pero cuando tengamos 70 años de edad lo contaremos a nuestros nietos y todavía nos estaremos riendo. Me estoy riendo mientras escribo esto. Necesitan conocer a mi esposo para poder apreciar lo gracioso que fue eso.

COMENTAR:

▶   Permite que las jóvenes expresen el tipo de boda que están planeando y que cada una diga si alguno de sus planes ha cambiado por haber leído el libro.

▶   Haz que las jóvenes compartan acerca de las metas semanales, anuales y de por vida que escribieron. Luego pregúntales: ¿Si solamente tuvieran $6,000 pesos para gastar en su boda, ¿cómo los gastarían? "¿Cómo gastarían $600,000 pesos?

LEER:

Otro comentario de Shalom:

He visto bodas divertidas y bodas muy estresantes. Es fácil determinar qué es lo que hace que una boda sea divertida y que otra sea muy estresante. He resumido la diferencia en una sola palabra: Gratitud. Una novia con falta de agradecimiento se ofende fácilmente si las cosas no están saliendo como ella quiere. En su mente piensa que ese es su día y, por lo tanto, más vale que todo se haga a su gusto. Es una manera muy lamentable de sentirse, especialmente el día de tu boda.

Algunas novias irradian un gozo profundo. Las personas quieren ayudar cuando ven una novia gozosa y agradecida. Enseguida les narro lo que es un buen ejemplo de cómo la gratitud puede hacer que una boda sea especial. En una ocasión fui a una boda que tenía muy bonitas flores y decoraciones. Llamaré a esta novia la "Novia A". Otra amiga mía se casó cuatro días después; la llamaré la "Novia B". Bueno, yo sabía que la Novia B iba a tener muy pocas flores por falta de presupuesto. Mientras estaba en la primera boda le pregunté a la Novia A que si después de que se hubieran ido los invitados podría llevarme algunas de las decoraciones para la boda de la Novia B. La ahora recién casada Novia A, estaba muy contenta de poder compartir sus flores. Los colores de las decoraciones y de las flores no eran los colores que la Novia B había escogido; no obstante, cuando me vio llegar con las flores estaba muy agradecida. Todos los que estaban ayudando en la boda estaban muy sonrientes y rápidamente comenzaron a colocar el inesperado botín, logrando crear la boda al aire libre más hermosa y exótica que he visto.

Créanme, cuando digo lo siguiente: si la novia no está estresada, ni es una persona que todo lo quiere controlar sino que obviamente está contenta porque se va a casar con el hombre de sus sueños, entonces todo el mundo va a querer que su boda sea hermosa y harán todo lo posible para que así resulte. Es un día para ser recordado, no por su belleza, extravagancia o grandiosidad, sino por el gozo y felicidad de la ocasión. Aprende a ser agradecida. Aprende a ser flexible. Aprende a saber qué es lo que se debe valorar y por qué cosas realmente no vale la pena mortificarse.

RESUMEN:

La oración: **"Dad gracias al SEÑOR, porque Él es bueno; porque para siempre es su misericordia"** (LBLA) aparece cinco veces en las Escrituras. Encuentra los pasajes y márcalos en tu Biblia (1Crónicas 16:34, Salmos 107:1, 118:1, 118:29 y 136:1) Las palabras "dad gracias" aparecen 80 veces en las Escrituras. Es asombroso que el Señor nos diga 80 veces que demos gracias. Es importante que obedezcamos. También busquen y comenten, Salmos 92:1 y 105:1.

TAREA:

La semana entrante estudiaremos el capítulo 13. En este capítulo se nos hace la gran pregunta: ¿Realmente conoces al Señor Jesucristo? Cada una deberá buscar las citas y responder a cada una de las preguntas. Yo les haré esas preguntas al azar, así que vengan preparadas con sus respuestas.

DESPEDIR CON ORACIÓN

GUÍA DE LA MAESTRA PARA EL CAPÍTULO 14
TODAS LAS COSAS NUEVAS Y HERMOSAS

ROMPEHIELO:

¿Alguna de ustedes ha experimentado una experiencia "deja vu"? Esto ocurre cuando uno pasa por un acontecimiento y piensa o siente que ya lo había experimentado antes. Es medio escalofriante pensar que eso ya lo viviste antes. Anima a las jóvenes a compartir.

APERTURA:

El capítulo que estamos viendo hoy puede ser el más importante para ti. Es fácil dejarnos enredar por lo que está ocurriendo a nuestro alrededor. A eso se le llamaba "saltar en la carreta de la banda" o "unirse a los ganadores." Cuando uno crece dentro de la iglesia, es fácil subirse a la carreta porque allí es donde van todos tus amigos, y es posible que algunos no hayan verdaderamente llegado a conocer y amar al Señor Jesús. Por esto es conveniente que hagamos una pausa para examinarnos a nosotras mismas y nuestro andar con el Señor. Tenemos personalidades diferentes. Alguna joven puede estar segura de que es salva y nunca tener dudas, sencillamente porque así es su personalidad. Nunca se deja llevar por las dudas. Otra chica puede frecuentemente tener dudas respecto a su relación con el Señor. Dios nos da lineamientos independientemente de nuestro grado de confianza: **"Examinaos a vosotros mismos si estáis en la fe; probaos a vosotros mismos. ¿O no os conocéis a vosotros mismos, que Jesucristo está en vosotros, a menos que estéis reprobados?"** (2 Corintios 13:5). La clase de hoy será un tiempo serio para hacer esto precisamente.

ORACIÓN:

Oremos para que Dios habrá nuestros corazones a su verdad.

LEER Y COMENTAR:

▶ Lee cada pregunta y pide a las jóvenes que busquen los versículos y se turnen , cada una un versículo en voz alta. Comenten cada uno.

♥ ¿Cuánta justicia se requiere para llegar al cielo? Mateo 5:20

♥ ¿Alguien que se cree salvo podrá ser rechazado? Lucas 13:24, Mateo 7:13, Mateo 7:22-23

- ♥ ¿Es suficiente creer en Dios? Santiago 2:19
- ♥ ¿Cuántos pecados necesita cometer una persona para condenarse? Santiago 2:10
- ♥ Pablo enumera una lista de pecados en Romanos 1:21-22 que son dignos de muerte. ¿Cuáles son los primeros dos pecados que menciona?
- ♥ ¿Serás culpable de no glorificar a Dios o de no ser agradecida?
- ♥ ¿Cuántas veces necesitas mentirle a una amiga para que se te considere una mentirosa?
- ♥ ¿Cuántas veces necesitas robarle a alguien para que seas considerada una ladrona?
- ♥ ¿Alguna vez has dicho de alguien: "Ella es una mentirosa", Mateo 7:2.
- ♥ ¿Habrá algo que puedas hacer que te haga acepta delante de Dios? Romanos 3:10-12
- ♥ ¿Cuál es la paga del pecado? Romanos 6:23, Hebreos 9:27

LEER EN VOZ ALTA Y COMENTAR:

- ▶ Lean Lucas 16:19-31 y hagan un resumen.
- ♥ ¿Cuántas personas están perdidas y necesitan del perdón de Dios?
- ♥ ¿Serás tú una de ellas?

LEER:

Dios quiere que le conozcas. Él lo dio todo para que tus pecados puedan ser lavados y Él te pueda recibir como su hija. Su salvación viene de comprender y recibir su perdón. Es una decisión… tu decisión.

- ♥ ¿Qué obras necesito hacer para ser salva? Efesios 2:8-9
- ♥ ¿Por qué fue necesario que Cristo muriera? Romanos 3:23, 1 Corintios 15:1-4, Hebreos 9:22b, Efesios 1:7
- ♥ ¿De qué manera obtuvo Dios el perdón para ti? Isaías 53:10
- ♥ ¿Puedes tú ser perfecta delante de Dios? 2 Corintios 5:21
- ♥ Dios mira el corazón. Él sabe si te estás volviendo a Él.
- ♥ ¿Es la salvación por obras o por gracia? Romanos 4:3-4, Romanos 11:6
- ♥ ¿Cómo puedes saber que eres salva? Romanos 8:16, Juan 3:18, 1 Juan 5:13
- ♥ Dios dice: **"Porque la palabra de la cruz es locura a los que se pierden; pero a los que se salvan, esto es, a nosotros, es poder de Dios."** 1 Corintios 1:18
- ♥ ¿Has disfrutado leyendo las Escrituras que enseñan lo que Cristo ha hecho por ti? Dios dice que si lo conoces, entonces la sencilla lectura de estos pasajes te llenará con el poder de Dios.
- ♥ Efesios 1:18-20

TAREA:

La semana entrante estaremos estudiando el Capítulo 15. Investiga la palabra *respetar* o la palabra *honrar*. Ven preparada para compartir lo aprendido con el resto de la clase.

DESPEDIR CON ORACIÓN

Da gracias a Dios por su maravillosa misericordia y gracia.

GUÍA DE LA MAESTRA PARA EL CAPÍTULO 15
LA LECCIÓN DE LAS PULGAS

APERTURA:

Hoy vamos a estudiar cómo puedes empezar ahora mismo a aprender a respetar y a honrar a tu futuro esposo.

ORACIÓN:

Pide a una de las chicas que ore para comenzar.

ROMPEHIELO:

¿Qué animal, insecto o criatura no quisieras que Dios utilizara para llamarte la atención?

LEER Y COMENTAR:

▶ Pregunta a las jóvenes, cuál de ellas quiere compartir con la clase lo que aprendió de su investigación de la palabra *respetar*.

▶ Completa lo que a ellas les falte:

Respetar (reverenciar) significa: admirar, adorar, venerar, mostrar asombro, estupor y temor

LEER:

El antónimo de respetar o reverenciar es desacato. La palabra desacato significa: insubordinación, desobediencia, desprecio, desafío, rebeldía.

Dios trae cosas a nuestras vidas para que aprendamos a honrarle y temerle, para que le obedezcamos. Efesios 5:33 dice: "y la mujer respete a su marido." Recuerden cómo Dios le enseñó a la mujer de la historia de las pulgas a honrarle a Él como también a su marido.

COMPARTIR:

▶ Pide a una de las chicas que presente su investigación de la palabra "honrar".

LEER:

Lee la siguiente cita y recuérdales que así fue como Dios enseñó a Patricia a honrar a su esposo. Ella actuaba con desacato ante su esposo.

Varios días después mi esposo sugirió: "Siento mucha comezón. Me parece que esa planta tiene pulgas. Es mejor que te deshagas de ella."

Le eché una mirada que indicaba que lo consideraba como un ignorante. "¡Las plantas no tienen pulgas!" Por conveniencia mía, me olvidé de su sugerencia respecto a la planta. Pasaron más días y me volvió a insistir: "Necesitas deshacerte de esa planta, porque las pulgas están peor ahora que antes."

- ¿Alguna vez tu papá o tu mamá te han hecho una sugerencia que te pareció tonta o irrazonable?

- ¿La ignoraste porque no era una orden directa y porque pensaste que eras más lista que ellos?

BUSCAR Y LEER EN VOZ ALTA

▶   Lee lo siguiente y pídeles que busquen los versículos y que los lean en voz alta:

- La palabra respeto que se encuentra en Efesios 5:33 también se traduce en otros pasajes como temor y obediencia. Leamos algunos de ellos. Apocalipsis 19:5, Apocalipsis 14:7 y 1 Pedro 3:6.

- La Biblia nos dice que el principio de la sabiduría es el temor a Dios. Lean el Salmo 111:10.

El libro de Proverbios tiene muchos versículos que nos instruyen a temer a Dios. Vamos a buscar algunos versículos y a leerlos juntas. Aquellos que no alcancemos a leer en la clase los leen de tarea.

- Proverbios 1:7 y 29
- Proverbios 8:13
- Proverbios 9:10
- Proverbios 10:27
- Proverbios 14:26-27
- Proverbios 15:16 y 33
- Proverbios 19:233
- Proverbios 22:4
- Proverbios 23:17

LEER:

"Grande es este misterio; mas yo digo esto respecto de Cristo y de la iglesia… y la mujer respete a su marido" (Efesios 5:32-33).

Hay doce misterios en la Palabra de Dios, pero únicamente del séptimo se dice:

"Grande es este misterio." Cada misterio es una verdad extraña y hermosa la cual para nosotros es difícil de entender. El antiguo diccionario Webster define misterio como: "algo escondido del conocimiento humano y preparado para causar un sentido de asombro; especialmente algo que es incomprensible que está por encima de la inteligencia humana. Un enigma; cualquier cosa que astutamente ha sido hecha difícil."

Jesús quiere que seamos sus amigas. Él quiere una compañera; alguien con quien comentar sus ideas. Él busca una compañera de juegos, alguien con quien reírse y disfrutar de la vida. Quiere un camarada con quien pasar el tiempo. Quiere alguien a quien amar, alguien por quien preocuparse y que ese alguien se preocupe por Él. Quiere una ayuda idónea, alguien que comparta con Él el trabajo de la creación y su administración. Quiere ser un esposo y quiere que la iglesia sea su esposa. Este es ese grande misterio. Él busca crear en mí y en mi relación con mi esposo, un modelo a escala de su relación con la iglesia por toda la eternidad.

Aunque suena asombroso, el matrimonio entre un hombre y una mujer es lo que Dios escogió como el ejemplo más cercano a lo que es la relación de Cristo con su esposa, la Iglesia. Eres parte de la eternidad cuando te sometes a tu marido. La sumisión, el respeto, y la honra son virtudes que Dios busca desarrollar en la esposa de su Hijo. El matrimonio con tu esposo te está preparando para tu boda con Cristo. Puedes pensar: "Pero ha de ser muy fácil estar casada con Cristo." Entonces no conoces la Biblia. ¿Qué si tu esposo te exigiera que sacrificaras a tu hijo sobre un altar en holocausto? Eso es lo que Dios le pidió a Abraham.

El que una mujer usurpe autoridad y la imponga sobre el varón es una afrenta a Dios Todopoderoso; es como una traición en el campamento. Es como si el hombre tomara autoridad sobre Cristo, o como si la iglesia sintiera celos del liderazgo de Jesús y decidiera ella misma tomar el liderazgo. Sería hacer lo que hizo Lucifer cuando dijo: **"Subiré al cielo; en lo alto, junto a las estrellas de Dios, levantaré mi trono, y en el monte del testimonio me sentaré, a los lados del norte; sobre las alturas de las nubes subiré, y seré semejante al Altísimo"** (Isaías 14:13-14). Lucifer, al igual que Eva, no estaba satisfecho con su posición y función en el programa eterno de Dios. Trató de saltarse rangos y ascender a posiciones más elevadas en la cadena de mando. Dios lo derribó, como lo hará con los hombres y mujeres que pretendan vivir fuera de las posiciones y funciones para los que fueron creados.

El conocimiento de que mi papel como esposa tipifica la relación de Cristo con la iglesia ha moldeado mi vida. Conforme respeto a mi marido, estoy creando una imagen de cómo nosotros, la iglesia, debemos respetar y reverenciar a Cristo. Te habrás preguntado por qué Dios nos dice que hagamos algo como reverenciar a nuestros esposos. Ahora lo sabes.

"Este misterio grande es; mas yo hablo en cuanto a Cristo y a la iglesia... y la esposa reverencie a su marido" (Efesios 5:32 RVG).

Reverenciar: apreciar mucho, respetar, venerar, honrar profundamente, temor mezclado con aprecio y respeto.

1. Obediencia es hacer lo que sabes que la otra persona quiere que hagas.

2. Sumisión es cuando tu corazón accede a hacer la voluntad de la otra persona.

3. Reverenciar es más que solamente hacer lo que tu esposo espera o demanda. Es un acto de la voluntad de la esposa de tratarlo con un alto grado de aprecio, consideración y admiración.

La obediencia, la sumisión y la reverencia son todos actos de la voluntad y no están basados en los sentimientos. El mostrar deferencia a nuestro esposo es un acto de reverencia a Dios quien te puso en ese rol.

TAREA:

Esta semana piensa en alguna persona de quien has tenido pensamientos negativos recientemente, y comprométete a amar a esa persona en tus pensamientos y a orar por ella. Lleva un diario acerca de cómo estás orando por ella y de cómo ha estado cambiando tu actitud hacia ella.

DESPEDIR CON ORACIÓN

GUÍA DE LA MAESTRA PARA EL CAPÍTULO 16
EL PODER DEL PENSAMIENTO APESTOSO

APERTURA:

Este capítulo del "Pensamiento Apestoso" es fundamental para el matrimonio. Realmente es clave en todos los aspectos del andar cristiano. Si te casas con un hombre tipo Profeta, ésta será la lección más importante que aprenderás en tu vida. Si eres una chica del tipo Soñadora, esto estará por encima de cualquier otra cosa. En 1 Corintios 13:7 con respecto al amor activo, que es la caridad, se dice lo siguiente: **"Todo lo sufre, todo lo cree, todo lo espera, todo lo soporta."** Necesitas aprender a desarrollar el hábito de pensar bien de la gente.

La manera en la que piensas <u>ahora</u> es un reflejo de la manera como pensarás cuando ya estés casada. Si tienes una mala actitud hacia una amiga, si has estado teniendo pensamientos negativos respecto a alguien a quien conoces, si sencillamente evitas a alguien porque crees que es un_____ , entonces ya te estás exponiendo a los dardos de fuego que destruyen relaciones y ocasionan mucho daño en el cuerpo de Cristo. Si tienes la costumbre de guardar rencores y ofensas, entonces va a ser fácil para Satanás utilizar los hábitos que has desarrollado para destruir tu futuro matrimonio. Como practicas, así jugarás. El capítulo que leíste esta semana fue escrito para animarte a poner a un lado el negativismo, para que deseches esa manera de pensar que todo lo crítica y para que te propongas dejar de tener un corazón acusador. Es tiempo de que reine la paz de Dios. Si logras derrotar este problema ahora, podrás salvar tu futuro matrimonio.

ORACIÓN:

Pide a varias de las jóvenes que las dirijan en oración. Pídeles que oren para que Dios abra sus mentes y corazones para que estén atentas a lo que Él tenga que decirles.

LEER:

▶   Comienza la reunión leyendo la historia verídica de una mujer que perdió el amor de su esposo. Él terminó por divorciarse de ella en aras de su reino. Esta es su historia.

LA HISTORIA DE UNA REINA QUE TRATÓ CON DESACATO A SU REY

La Biblia registra la historia de un rey poderoso y que además era muy rico. Hizo una gran fiesta e invitó a sus súbditos para que admiraran sus riquezas y le honraran. La celebración continuó por cien días. Luego el rey preparó otra gran fiesta que duraría siete días para todos los hombres de su reino, grandes y pequeños. Tenía un palacio asombroso. La Biblia nos narra su esplendor en Ester capítulo 1 versículos 6 y 7: **"El pabellón era de blanco, verde y azul, tendido sobre cuerdas de lino y púrpura en anillos de plata y columnas de mármol; los reclinatorios de oro y de plata, sobre losado de pórfido y de mármol, y de alabastro y de jacinto. Y daban a beber en vasos de oro, y vasos diferentes unos de otros, y mucho vino real, de acuerdo con la generosidad del rey."** Tal gloria era digna de admiración. En el último día de la gran fiesta, el rey decidió cerrar con broche de oro, presumiendo la belleza de su reina como parte de lo grandioso de su reino. Mandó a sus siervos para que fueran a traerla, pero ella se molestó al tener que marchar en procesión delante de tanto plebeyo, especialmente delante de tantos hombres borrachos. Rehusó obedecer la orden del rey.

¿De que le servía al rey toda su gloria y esplendor si su propia esposa lo trataba con desacato? Todos los hombres en la gran fiesta sintieron su vergüenza. Estos hombres sencillos comprendieron que si la esposa del rey lo deshonraba desobedeciéndolo, ¿cómo podrían ellos esperar obediencia de sus esposas? Su desacato debilitaría a la nación porque resultaría en la destrucción de la relación familiar. La Biblia nos dice en capítulo 1 versículos 17 y 18, lo que estaban pensando los varones: **"Porque este hecho de la reina llegará a oídos de todas las mujeres, y ellas tendrán en poca estima a sus maridos, diciendo: El rey Asuero mandó traer delante de sí a la reina Vasti, y ella no vino. Y entonces dirán esto las señoras de Persia y de Media que oigan el hecho de la reina, a todos los príncipes del rey; y habrá mucho menosprecio (desacato) y enojo."**

Los hombres del rey, en aras del bienestar de sus matrimonios, solicitaron al rey que se divorciara de su esposa; y así fue hecho. Ella podía haber honrado a su esposo en ese gran día de la fiesta, y al hacerlo hubiera sido considerada como una gran reina; en cambio, la reina que anteriormente había sido mimada y amada, ahora era desechada como alguien sin importancia. **"…y el rey haga reina a otra que sea mejor que ella."** La Escritura registra que se publicó un decreto: **"y todas las mujeres darán honra a sus maridos, desde el mayor hasta el menor… pues envió cartas a todas las provincias del rey, a cada provincia conforme a su escritura, y a cada pueblo conforme asu lenguaje, diciendo que todo hombre afirmase su autoridad en su casa; y que se publicase esto en la lengua de su pueblo."**

Dios hace aquí una firme declaración: Se debe mantener el orden en el hogar. La esposa de un líder puede hacer que todo un reino, toda una iglesia o toda una familia se tambalee y se derrumbe. En Santiago 3:1 leemos: **"Hermanos míos, no os hagáis maestros muchos de vosotros, sabiendo que recibiremos mayor condenación."** La esposa de un hombre que está tratando de liderar a otros necesita entender que la forma en que ella honra a su esposo puede afectar las vidas de muchas personas. Es una posición que no debe tomarse con ligereza, como lo hizo Vasti en esta historia.

En pocos años, Ester estaba ahora sentada en el trono como reina. Aunque el matrimonio de Ester fue arreglado sin que ella o su familia tuvieran voz en el asunto, y aunque el rey era un pagano divorciado, ella de todas maneras lo honró como su esposo. El plan de Dios para el liderazgo del hogar dentro del matrimonio fue establecido por Dios desde el principio para todos los pueblos.

BUSCAR Y COMENTAR:

▶   Que las jóvenes busquen los siguientes pasajes y los lean en voz alta para comentarlos entre todas.

PENSAMIENTOS PUROS:

- ❤   Proverbios 16:3
- ❤   Proverbios 19:20-21
- ❤   Mateo 5:8
- ❤   1 Timoteo 1:5
- ❤   Tito 1:15
- ❤   Santiago 3:17

TAREA:

El siguiente capítulo consta de opiniones proporcionadas por hombres casados. Lean el capítulo y luego vayan y pregunten a un hombre casado (puede ser su papá o alguno de sus hermanos casados) qué es lo que más aprecia en una mujer. Vengan preparadas para compartir su respuesta con la clase. También prepárense para compartir tres versículos o pasajes que Dios haya usado en sus vidas mientras participaron en este curso.

DESPEDIR CON ORACIÓN

¿QUÉ DICEN LOS HOMBRES?

APERTURA:

Hoy vamos a escuchar lo que opinan los hombres. ¿Qué es lo que valoran en una mujer? ¿Qué es lo que les hace falta para llegar a ser esa clase de mujer? Va a ser interesante aprender estas cosas.

ORACIÓN:

Que varias chicas oren pidiendo que Dios nos dé sabiduría mientras aprendemos de estos hombres.

ROMPEHIELO:

¿Cuáles de las siguientes declaraciones son ciertas?

- ♥ A los muchachos les encantan las chicas que saben cocinar.
- ♥ A los chicos les cae muy mal cuando una joven reacciona de manera exagerada.
- ♥ A los chicos les fascina cualquier perfume.

(Ojo, esto no es cierto. A la mayoría de los chicos no les gusta cualquier perfume. Las otras oraciones, por lo general, son ciertas.)

- ♥ A los chicos les gusta la femineidad, no la debilidad.
- ♥ La primera señal de que le gustas a un chico es cuando él empieza a bromear contigo.

BUSCAR Y LEER EN VOZ ALTA:

En las Escrituras aparece 148 veces la frase "mejor es." ¿Qué es mejor que qué? Anota un proverbio que dice: "_____ mejor es que _____" Busquen y lean los siguientes versículos en Proverbios, donde se utiliza la comparación "mejor es": Proverbios 8:11, 8:19, 12:9, 15:16, 15:17, 16:8, 16:16, 16:19, 16:32, 17:1, 19:1, 21:9, 25:7, 25:24, 28:6.

COMENTAR:

▶ Que se turnen leyendo lo que los hombres de sus vidas dijeron que era importante. Que también compartan el pasaje que más ha influido en sus vidas.

LEER Y COMENTAR:

▶   Lean de nuevo lo que el Granjero dijo acerca del sentimiento de atracción y del "enamorarse." Pídeles que hablen sobre este tema.

TAREA:

Lean el último capítulo. Lean y anoten 1 Corintios 13 como aparece al final del libro. Traigan su libro y volveremos a leer el último capítulo juntas, y revisaremos sus respuestas. Vengan a la siguiente reunión vistiendo algo de color rosa, tomaremos té y tendremos un rato de compañerismo.

DESPEDIR CON ORACIÓN

REFLEXIONES

APERTURA:

Hemos cubierto mucho material en este curso. Hemos aprendido juntas y crecido en el Señor. Hoy vamos a repasar y comentar unas con otras lo que hemos aprendido.

ORACIÓN:

▶ La maestra deberá orar por nombre por cada una de las jóvenes. Pide la bendición de Dios sobre sus vidas conforme ellas se proponen honrarle a Él. Pide que Dios las guíe al hombre al que podrán servir mejor. Pide a Dios que obre en sus vidas para hacer de cada una el tipo de mujer que Él quiere que sean.

LEER Y COMENTAR:

Lean el resumen de cada capítulo y da oportunidad para que las jóvenes expresen lo que piensan.

LEER:

Nota de Debi Pearl

He disfrutado escribir este libro. En mi mente puedo verlas a cada una de ustedes, un grupo de jovencitas con rostros frescos y anhelantes, con ojos brillantes, llenos de ilusiones, esperanzas y sueños de amor. No hay nada tan satisfactorio, tan gratificante y simplemente tan maravillosamente vivificante como el ser amada, realmente, realmente amada. Pido a Dios que bendiga a cada una de ustedes con el maravilloso don de ser una mujer amada.

Hay una cosa más que quiero compartir con ustedes antes de que nos separemos. Cada año he escogido versículos especiales de la Palabra de Dios. Esos versículos los memorizo y los anoto en tarjetas bonitas que coloco encima de mi tocador. Durante ese año fueron como un compás que me señaló el rumbo. Con el paso de los años esos versículos han marcado mi crecimiento en el Señor. Uno de estos versículos fue 2 Pedro 3:18, el cual dice: **"Antes bien, creced en la gracia y el conocimiento de nuestro Señor y Salvador Jesucristo. A él sea gloria ahora y hasta el día** de la eternidad. Amén."

Otro año escogí Isaías 12. Es un gran pasaje de victoria. Cuando tenía 18 años escogí Filipenses 3:10. Las quiero animar a que comiencen a apropiarse de un versículo por año. Subrayen y marquen sus Biblias. Cuando se la acaben por el uso, registren su lista de versículos en su nueva Biblia.

Concluiré con los versículos que escogí el año en que me casé, Filipenses 4:8-9, dicen así: **"Por lo demás, hermanos, todo lo que es verdadero, todo lo honesto, todo lo justo, todo lo puro, todo lo amable, todo lo que es de buen nombre; si hay virtud alguna, si algo digno de alabanza, en esto pensad. Lo que aprendisteis y recibisteis y oísteis y visteis en mí, esto haced; y el Dios de paz estará con vosotros."**

DESPEDIR CON ORACIÓN

Trenzando Hilos

LA ABUNDANCIA DE HILOS HACE CUERDAS FUERTES

Existe un enlace místico de cuidado unos por otros entre los miembros de una familia en la que hay amor. Yo puedo mirar a cada uno de mis hijos y sentir esa unión. Es como si estuviéramos unidos por muchos hilos de amor mutuo, respeto, honra y todos los buenos momentos que hemos pasado juntos.

Cuando dos o más personas viven juntas, a veces chocan sus intereses, opiniones y libertades. El egoísmo, la indiferencia, el orgullo y la obstinación frecuentemente cortan los hilos que unen. Cuando no se están trenzando continuamente nuevos hilos, los miembros de la familia pronto se encuentran distanciados por sospechas, desconfianza y críticas. El distanciamiento puede llegar a ser tanto que los miembros de la familia prácticamente se convierten en enemigos. Cuando esto sucede entre padres e hijo, se trata de una crisis seria. A menos que se aten nuevos hilos, la separación entre ambos será cada vez mayor. Cuando el joven dice: "Mis padres no me entienden," o "No les interesa," es un testimonio de que todos los hilos han sido cortados.

CORAZONES DE PAPEL - Recientemente cierto padre nos contó acerca de una victoria en esta área. Su hijo de primer año llegó de la escuela y se puso a dibujar y recortar corazones de papel. El padre y el hijo eran muy unidos y frecuentemente hacían cosas juntos. Sin embargo, en un breve momento de insensibilidad el padre hizo una broma respecto a la actividad de su hijo. Al hijo no le pareció graciosa la broma. Se apartó y continuó con su trabajo amoroso. Durante los días siguientes, el niño ocultó a su padre sus proyectos. El padre se dio cuenta de que había habido una ruptura de la confianza. El niño estaba retraído y se resistía a toda insinuación de compañerismo del padre. Habían sido cortados los hilos.

Si a estas alturas el padre hubiera aceptado esa barrera como una "etapa," o peor aún, si se hubiera irritado y hubiera contribuido más a aumentar esa brecha, esto hubiera sido el inicio de un distanciamiento que se hubiera hecho más grande con el paso de los años. Pero este padre actuó sabiamente y tomó medidas positivas. Un día, al llegar su hijo de la escuela le dijo: "Oye, Josué, ¿Quieres salir al taller conmigo? Cortaremos corazones de madera." Josué levantó la mirada cautelosamente y parecía estar analizando la intención de su padre. Después de un momento su rostro cambió para reflejar alegre confianza y contestó: "¡Claro, Papá! Eso sería excelente." A medida que trabajaban juntos haciendo un corazón de madera para regalar al amigo de Josué, se derrumbó el muro y se restauró la camaradería.

Es importante que hijos e hijas les puedan confiar a sus padres información personal e íntima. Si existiera una barrera en esta área, cuando llega el momento en que necesitan un consejo, ¿con quién se van a dirigir? Los sentimientos del niño son tan importantes y sagrados como los del adulto. Trata a tus hijos con respeto en todo momento. Nunca ridiculices, ni te burles ni te rías de las ideas, creaciones o aspiraciones de tu hijo. La confianza que deseas que tengan cuando sean mayores se tiene que establecer y cultivar cuando son pequeños. Si tienes hijos mayores con los que has fallado en este aspecto, no es demasiado tarde para pedir perdón y restaurar esa confianza. Puede ser que lleve tiempo ganarse su confianza, pero sí es posible.

HILOS CORTADOS - Yo diría que la mayoría de los padres han permitido que se rompan los hilos que los unen a sus hijos, y no han hecho un esfuerzo responsable por trenzar hilos nuevos. Es crítico que pongas cuidado en esta área. Cuando todos los hilos se han roto, no puedes impartir una disciplina ni un entrenamiento eficaz. Sin ese respeto y la honra mutua, toda disciplina adicional sólo provoca ira y amargura en el niño.

Yo platico con muchos padres que han perdido contacto con sus hijos. Por cada instancia en la que atan hilos, existen más ocasiones en que las cortan. No sólo ha dejado de existir un enlace, sino que hay una nube entre ellos. El padre interpreta el aislamiento y resentimiento del niño como rebeldía (y lo es), y responde luchando con él con vara y lengua. Como lo haría un animal salvaje, el niño se aísla aún más en su propio mundo de sospecha y desconfianza.

Como sucede con el control del alguacil sobre sus prisioneros, la vara puede obligar a la sujeción externa, pero no moldeará el carácter ni atará hilos de compañerismo. El padre siente que el hijo se le va, a veces hacia el compañerismo de malos hábitos o amistades indeseables. La ira y el rechazo de los padres jamás repararán la brecha.

Padres que dejan a un lado la vara y recurren a tácticas para inspirar lástima: "Si tú me quisieras," o "Me lastimas tanto," o "¿Por qué me haces esto?" pudieran conseguir una sujeción simbólica, pero sólo harán que el joven anhele el día en que se pueda ir y ser libre. Muchos padres han impulsado de esta manera a su hija a los brazos de un amante indeseable, o han hecho que su hijo se vaya de la casa.

En muchos casos los padres desarrollan relaciones de enemistad con su hijo, pero no les preocupa porque el hijo no cuenta con los medios para manifestar su dolor. Para cuando llega el momento en que los padres se ven obligados a reconocer que existe un problema, ya hay toda una zona de guerra y obstáculos entre ellos. Lo que un niño es a los cuatro años lo será a los catorce, sólo que multiplicado muchas veces. El llorón de dos años será el llorón de doce años. El desenfrenado de cinco años será el desenfrenado de quince años.

HILOS QUE SE DEJAN SIN ATAR - Vino a vernos una madre que estaba preocupada por su hija de catorce años. La niña había sido criada en un ambiente muy protegido y externamente era obediente, pero sus padres sentían que existía una ruptura de los enlaces familiares. Cuando se le encargaba una tarea, la niña obedecía, pero con una actitud renegada. A esta madre le parecía que la hija estaba tolerando a la familia, pero que no le agradaba nada su compañía. Había épocas de aislamiento. Ella parecía vivir en su propio pequeño mundo. Como no había desobediencia externa, no se le podía reprender por nada. Esta madre había perdido la comunión con su hija. Los hilos habían sido cortados tiempo atrás. La represión o la disciplina serían infructuosas, incluso dañinas, mientras no se volvieran a trenzar hilos de respeto mutuo y confianza.

EL CAMIONERO DE TRES AÑOS - Mientras mi esposa estaba sentada platicando con una amiga, se produjo un altercado entre los dos hijos de la mujer, de uno y tres años de edad. Ambos empezaron a gritar mientras tiraban de extremos opuestos del mismo camioncito. La madre gritó: "¿Qué pasa con ustedes dos?" El mayor contestó: "Él me quiere quitar mi camión." "Memo, entrégale su camión a Juanito," gritó la mujer. Después de más amenazas estridentes y gritos de protesta, finalmente entregó de mala gana el camión.

Enseguida el más pequeño abandonó el jardín y se metió a la casa desconsolado para ponerse al lado de su madre, castigando así al otro hermano, negándose a jugar con él. Esta es una forma de retribución entre adultos, que los niños aprenden rápidamente.

Después de que el castigo de la soledad hubiera logrado su efecto, el hermano mayor se mostró arrepentido. Tomando su camioncito de entre la arena, se dirigió hacia la casa donde encontró al hermano menor ofendido, ahora sentado en el regazo de su mamá siendo consolado por las pérdidas sufridas en el campo de batalla. Con una sonrisa conciliadora, el hermano mayor le ofreció el camión a su hermanito. Cuando el pequeño estaba a punto de aceptar la ofrenda de paz, la madre se volvió para ver al niño sonriente regando en el piso la arena de su camión. "¡Saca esa cosa de aquí!" ordenó.

La madre estaba tan absorta con su visita que dejó de ver a sus hijos como seres humanos con sentimientos complejos. Ella sólo veía que se agregaba una tarea más a su trabajo de limpieza.

En ese momento se produjo una transformación sicológica en el niño. Acababa de experimentar un "arrepentimiento" que lo había limpiado de su enojo y egoísmo. Pesando su derecho de poseer el camioncito contra el compañerismo con su hermano, descubrió que valoraba más a su hermano. Estaba aprendiendo importantes lecciones sociales en relación con dar y recibir. Estaba aprendiendo a compartir y a controlar su posesividad. Su corazón estaba quebrantado y vulnerable. Había caminado la segunda milla. Pero al llegar al final, se sorprendió al descubrir que a nadie le interesaba. No tenía ninguna importancia. Él había dejado las armas y ahora le estaban disparando. Si no le iban a aceptar su rendición, si no tenían interés en aceptar su ofrenda, él tampoco se iba a quedar allí expuesto, sonriendo como tonto, mientras lo atacaban injustamente.

Él no entendía por qué tanto escándalo. ¿Por qué molestarse por un poco de arena en el piso? Él tenía toda la mañana jugando entre la arena, y le parecía agradable. Mientras analizaba el rostro amenazante de su madre, era obvio que estaban girando los pequeños engranes mentales. Inmediatamente su sonrisa dio lugar a una expresión de asombro, luego desconcierto, y finalmente desafío. Observé en su rostro que había concebido una idea maquiavélica. Entendiendo que la arena en el piso era lo que había frustrado su plan y había irritado a su mamá, elevó el camión para examinarlo, y luego insolentemente derramó todo el contenido sobre el piso. Para su satisfacción, esto funcionó. Ella perdió el estribo. Ella lo había lastimado y él se había vengado exitosamente. "Mira su cara enrojecida. Eso le enseñará a no atacarme. He ganado este round." Esta madre había perdido la oportunidad de aceptar la rendición de este líder rebelde. En lugar de eso lo había desterrado de nuevo al despoblado para que practicara su rechazo por la ley, desafiando a la autoridad establecida. Al igual que muchos rebeldes, no tenía otros planes para el futuro. Llegó a ser un rebelde debido a su odio por la autoridad, a la que él esperaba castigar por lo que percibía como injusticias.

Ahora, pudieras pensar que estoy exagerando lo que son los sentimientos del niño. Es cierto que él no te podría decir lo que estaba pensando. Pero este niño de tres años dejó ver que tenía una raíz de amargura que producía su rebeldía.

Si los padres no cambian, para cuando este muchacho llegue a ser adolescente, ellos se darán por vencidos y dirán: "No entiendo a ese muchacho. Le hemos enseñado a distinguir entre lo bueno y lo malo, lo hemos llevado a la iglesia, y le hemos dado lo que quiere, pero nos trata como si fuéramos sus enemigos. Hemos hecho lo mejor que podíamos hacer. Ahora está en las manos del Señor."

Esta madre no ha trenzado los hilos del respeto mutuo. Las semillas que se han sembrado a los dos años llevarán fruto a los catorce.

PADRES PROBLEMÁTICOS - Padres, si tienen problemas con sus hijos, deben saber que no están solos. Sus hijos también tienen problemas con ustedes. Va a ser preciso hacer cambios en su propia vida para poderles ayudar a ellos. Como ustedes son los que están leyendo este libro y no sus hijos, y como ustedes tienen más experiencia que ellos, y como Dios no dijo: "Hijos, criad a vuestros padres," la responsabilidad descansa exclusivamente sobre ustedes.

ROMPIENDO HILOS - Recuerdo haber observado el rostro de uno de mis hijos, consciente de que yo había cortado los hilos de la confianza y el compañerismo. Era triste ver cómo se soltaban las amarras y él se quedaba a la deriva. En aquel tiempo yo no había formulado la terminología, ni siquiera había reconocido el principio, pero me daba cuenta de que se había abierto una brecha. La grieta se ensanchaba. La culpa era mía. Lo había presionado demasiado, había sido demasiado exigente, y luego lo había criticado cuando no rindió conforme a mis expectativas. Cuando, como una tortuga, se refugió en su caparazón, comprendí que me había desechado. Había decidido vivir sin mí. La relación con su padre era demasiado dolorosa.

Yo no sabía cómo definirlo, pero siendo totalmente responsable por su crianza, sabía que era mi responsabilidad . . .

CREADA PARA SER SU AYUDA IDÓNEA POR DEBI PEARL

Capítulo 8

TRES CLASES DE HOMBRES

Los hombres no son todos iguales. Me he dado cuenta de que existen básicamente tres tipos de hombres. Los diferentes tipos son tan marcados en los niños de un año como en los hombres adultos. Pareciera que Dios hizo a cada varón para que exprese uno de los tres aspectos de la naturaleza divina. Ningún hombre por sí solo expresa por completo la imagen bien balanceada de Dios. Si un hombre manifestara los tres tipos al mismo tiempo, sería el hombre perfecto. Pero jamás he conocido, oído, ni leído en un libro de historia o de ficción acerca de un hombre que tenga el equilibrio perfecto de los tres. Seguramente Jesús era el equilibrio perfecto. La mayoría de los hombres tienen un poco de cada uno, pero tienden a predominar en uno de los tipos. Todo el entrenamiento y las experiencias de la vida jamás lograrán convertir un tipo de hombre en otro tipo de hombre. Nada hay más incongruente ni más lastimoso que el hombre que intenta conducirse de manera diferente a lo que es. Conforme expliquemos los diferentes tipos, probablemente podrás identificar fácilmente a tu marido y podrás ver en qué aspectos has sido una maldición o una bendición para él.

Para cuando una mujer joven se casa, ya ha desarrollado un perfil mental de lo que debe ser su marido. Los hombres que ella ha conocido y los personajes de libros y películas le proporcionan a cada mujer un concepto de lo que es el hombre perfecto. ¡Pobres hombres! Nuestras ideas preconcebidas hacen que las cosas sean muy difíciles para ellos. Ellos nunca son perfectos—¡ni se acercan! Dios dio a cada uno una naturaleza que en parte es como Él mismo, pero nunca completa. Cuando agregas el factor de que todo hombre es un ser caído, hace que una muchacha se pregunte por qué había de querer unir su vida a la de uno de estos hijos de Adán. Pero Dios hizo que las damas tuviéramos este deseo inexplicable de sentirse necesarias para un hombre, y nuestras hormonas actúan enérgicamente para unirnos.

Cuando una muchacha de pronto se encuentra permanentemente ligada a un hombre que no es como ella considera que debe ser, en lugar de adaptarse a él, generalmente pasa el resto de su matrimonio —que quizá no sea muy largo— tratando de transformarlo en lo que ella considera que debe ser su marido. Al poco tiempo de casadas, la mayoría de las muchachas jóvenes hacen el trágico descubrimiento de que posiblemente les haya tocado un inútil. En lugar de lamentar tu "destino", pide a Dios sabiduría.

Sabiduría es saber "lo que compraste" cuando te casaste con ese hombre, y aprender a adaptarte a él así como es, y no como tú quieres que sea.

Los hombres no son iguales. Lo más probable es que tu marido no sea como tu padre ni como tu hermano ni como el hombre en tu novela romántica favorita. Nuestros maridos han sido creados a la imagen de Dios, y se requiere de toda clase de hombres para acercarse siquiera a completar esa imagen. Ningún hombre es el equilibrio perfecto; si lo fuera sería demasiado divino como para necesitarte a ti. Dios da mujeres imperfectas a hombres imperfectos para que puedan ser coherederos de la gracia de la vida y para que juntos lleguen a ser algo más de lo que cualquiera de los dos hubiera podido ser solo. Si luchas contra los defectos de tu marido, o buscas ser dominante donde él no lo es, ambos fracasarán. Si lo amas y lo apoyas con sus defectos y sin tomar las riendas, ambos tendrán éxito y crecerán.

SR. DOMINANTE

Dios es dominante—es un Dios todopoderoso y soberano. También es visionario—omnisciente y deseoso de realizar sus planes. Y Dios es estable—el mismo ayer, hoy y siempre, nuestro fiel Sumo Sacerdote. La mayoría de los hombres personifican uno de estos tres aspectos de Dios.

Algunos hombres nacen con una porción adicional de dominancia y, según las apariencias, un déficit de amabilidad. Suelen llegar a ocupar cargos en los que mandan a otros hombres. Les llamaremos Señores Dominantes. Son líderes natos. Suelen ser seleccionados por otros hombres para ser comandantes militares, políticos, predicadores y directores de empresas. Winston Churchill, George Patton y Ronald Reagan son ejemplos de hombres dominantes. Como nuestro mundo no necesita más que unos pocos líderes, Dios parece limitar el número de estos Señores Dominantes. A lo largo de la historia, hombres creados a la imagen de Dios Padre se han rodeado de hombres buenos para lograr la realización de grandes tareas. Los Señores Dominantes generalmente hacen más de lo que se les exige.

Tienen fama de esperar que sus esposas los atiendan como reyes. Sr. Dominante no quiere que su esposa se involucre en ningún proyecto que le impida servirle a él. Si tienes la bendición de estar casada con un hombre fuerte, imponente, mandón, como mi marido, entonces es muy importante que aprendas a presentar una apelación sin desafiar su autoridad. Más adelante en este libro veremos cómo hacer una apelación.

Los Señores Dominantes son menos tolerantes, así que tienden a abandonar a una esposa vociferante antes de que ella siquiera empiece a sospechar que está a punto de perder su matrimonio. Para cuando ella se da cuenta de que tiene un problema serio, ya es madre divorciada buscando ayuda para la crianza de sus hijos sola. Una mujer puede discutir y pelear hasta el cansancio, pero Sr. Dominante no cede. No es tan abierto ni tan vulnerable como otros hombres para compartir sus sentimientos personales o su ocupación con su esposa. Parece ser autosuficiente. Es terrible sentirse excluida. La esposa del Sr. Dominante se tiene que ganar su lugar en el corazón de él demostrando que será fiel, leal y obediente a su marido. Cuando se haya ganado la confianza de él, entonces él la tendrá por un gran tesoro.

Ella tiene que estar disponible cada minuto del día. Su marido quiere saber dónde está, qué está haciendo y por qué lo está haciendo. Él la corrige sin pensarlo dos veces. Para bien o para mal, su naturaleza es controlar.

La mujer que está casada con Sr. Dominante lleva un yugo más pesado que el de la mayoría de las mujeres, pero puede ser un yugo muy gratificante. En cierto sentido, su vida como ayuda idónea de él resulta más fácil porque jamás existirá ninguna posibilidad de que ella tenga el mando. No existen áreas grises; ella siempre sabe exactamente lo que se requiere de ella, por tanto tiene una tranquila sensación de seguridad y reposo.

El Sr. Dominante siente que es su deber y responsabilidad dirigir a las personas, así que lo hace, sea que ellos deseen que lo haga o no. Por increíble que parezca, esto es lo que le gusta a la gente. Muy poca gente tiene suficiente seguridad para lanzarse por sí mismos; además, los detiene el temor de cargar con la culpa por cualquier error. Sr. Dominante está dispuesto a correr el riesgo, y con ese fin creó Dios a estos hombres que parecen reyes. Su camino no es fácil, pues Santiago dijo, "Hermanos míos, no os hagáis maestros muchos de vosotros, sabiendo que recibiremos mayor condenación" (Santiago 3:1).

El 11 de septiembre, cuando fueron destruidas las Torres Gemelas en Nueva York, otro avión que volaba sobre Pennsylvania fue secuestrado por otros terroristas. El Sr. Todd Beamer viajaba en ese avión. Fue su voz la que todos escuchamos cuando dijo esas célebres palabras, "Rodemos." Ha de haber sido un fuerte Sr. Dominante. Él y otros como él tomaron el control de una situación grave y salvaron muchas vidas mediante el sacrificio de su propia vida. Pudo haber sido un trágico error, pero el Sr. Beamer evaluó la situación, tomó una decisión y luego hizo lo que tenía que hacer. Sabía que las vidas de todas esas personas estaban en sus manos. Era una gran responsabilidad, sin embargo estuvo dispuesto a "hacer lo que un hombre tiene que hacer." Recordarán cuan fuerte y regia se veía su joven viuda cuando la vimos en la televisión después de los ataques. Un buen Sr. Dominante es capaz de ver el cuadro más amplio y se esfuerza por ayudar al mayor número posible, aun cuando le cueste su vida y la vida de sus seres amados. Si es un hombre honesto, soportará pérdidas económicas con tal de guiar a quienes lo necesitan, pero al final suele salir ganando. Si no es hombre honesto, será egoísta y usará los recursos de otros para buscar sus propios intereses.

Un Rey desea una Reina y por eso el hombre dominante quiere una esposa fiel que comparta su fama y su gloria. Sin la admiración de una mujer, sus victorias enmudecen. Si la esposa aprende desde temprano a disfrutar los beneficios de tomar el asiento trasero y si no se ofende ante la obstinada agresividad de él, será ella la que se encontrará sentada a su mano derecha siendo adorada, porque esta clase de hombre adorará por completo a su esposa y la exaltará. Ella será su más íntima, y a veces única, confidente. Con los años el Sr. Dominante puede volverse más moldeable y amable. Su esposa descubrirá accesos secretos hacia su corazón.

Si estás casada con un rey, la honra y reverencia es algo que debes rendirle diariamente si quieres que sea un hombre de Dios, benevolente, honesto, fuerte y realizado. Él tiene potencial para llegar a ser un líder asombroso. Nunca lo avergüences ni lo humilles ni ignores sus logros.

Si la esposa del Sr. Dominante se resiste a su control, él no dudará en avanzar sin ella. Si no es cristiano de principios, permitirá que el matrimonio termine en divorcio. Como el rey Asuero de Persia, si lo desafía, él la cambiará por otra y ni siquiera lo lamentará. Si sus convicciones cristianas evitan que se divorcie, permanecerá obstinadamente al mando, y ella se granjeará fama de miserable gruñona.

Si un Sr. Dominante no ha desarrollado destrezas laborales, y como consecuencia logra poco, tenderá a contar anécdotas acerca de sí mismo y presumir hasta hartar a sus oyentes. Si ha abandonado a su esposa y perdido a sus hijos, de modo que no cuenta con ningún legítimo "reino" propio, será odiosamente parlanchín.

Un Sr. Dominante que se ha echado a perder probablemente será violento. Es importante recordar que la manera de reaccionar del Sr. Dominante dependerá en gran parte de la reverencia que muestre su esposa por él. Cuando un Sr. Dominante, (salvo o perdido) es tratado con honor y reverencia, una buena ayuda idónea descubrirá que su marido será maravillosamente protector y comprensivo. En la mayoría de los matrimonios el conflicto no se debe a que el hombre sea cruel ni malvado; es porque espera obediencia, honra y reverencia y no las recibe. Así, reacciona incorrectamente. Cuando la esposa hace su papel de ayuda idónea, el Sr. Dominante reaccionará de manera diferente. Por supuesto, hay unos pocos hombres que son tan crueles y violentos que aun cuando la esposa sea una ayuda idónea, él la maltratará a ella o a los hijos. En tales casos, será deber de la mujer notificar a las autoridades para que puedan ser el brazo del Señor para hacer justicia.

• Como regla general, el Sr. Dominante se niega a sacar la basura o a limpiar el tiradero en el área del basurero. Pudiera organizar o mandar a otro que lo haga. Cualquier mujer que intente obligar al Sr. Dominante a convertirse en un amable recolector de basura probablemente termine sola, abandonada por su marido.

• El Sr. Dominante deseará hablar de sus planes, ideas y proyectos terminados. Será muy objetivo, poco emotivo y no disfrutará la conversación trivial. Su visión es como la del que mira desde la cima de la montaña; ve la meta distante. Esperará que su esposa le ayude a recordar las necesidades de los individuos.

• El Sr. Dominante se sentirá sumamente incómodo y desconcertado al tratar con los enfermos, moribundos e indefensos. Donde no hay esperanza, no habrá necesidad de un Sr. Dominante.

- Un líder nato es aquel hombre que, cuando sea necesario, puede adaptar principios o reglas a la circunstancias para conseguir el máximo beneficio para el mayor número de personas.

SR. VISIONARIO

Dios es visionario, según se manifiesta en la persona del Espíritu Santo. Ha hecho a algunos hombres a la imagen de esa parte de su naturaleza. El profeta, sea verdadero o falso, suele ser de este tipo. Algunas de ustedes están casadas con hombres que son sacudidores, cambiadores y soñadores. Estos hombres alborotan a la familia entera por asuntos secundarios como: ¿creemos en la Navidad? ¿Debemos practicar el matrimonio civil? ¿Conviene al cristiano tener un negocio de cibercafé? Los problemas pudieran ser serios y dignos de consideración, pero en diversas medidas, estos hombres tienen un limitado campo de visión, enfocándose tenazmente en asuntos aislados. Con mucha facilidad toman la decisión de mudarse, sin tener idea a qué se van a dedicar en el nuevo domicilio. Suelen ser los que causan divisiones en la iglesia, exigiendo pureza doctrinal, vestimenta y conducta apropiada. Como profetas, les reclaman a las personas las incongruencias en sus vidas. Si no son sabios, son capaces de cometer verdaderas necedades, imponiendo sus ideas y obligando a otros a hacer las cosas a su manera. El Visionario hará campaña para legalizar el uso de la mariguana, o será activista para impedir la legalización del aborto. La mayor parte de ellos simplemente permanecen sentados en sus casas quejándose, pero de corazón son Visionarios.

El Visionario suele ser muy hábil como inventor, y estoy segura de que fueron hombres de este tipo los que conquistaron territorios nuevos en el Oeste, pero no serían ellos quienes se establecieron allí para cultivar la tierra. Hoy día, el Visionario pudiera ser predicador al aire libre, activista político, organizador e instigador de cualquier controversia social. Le encanta la controversia, y aborrece la rutina establecida. "¿Por qué dejar las cosas como están si uno las puede cambiar?" Es el hombre que evita que el resto de las personas se estanquen o se aburran. El Visionario está obsesionado con la necesidad de comunicar con sus palabras, su música, escritura, voz, arte o acciones. Él es la "voz que clama en el desierto" buscando cambiar la manera de pensar o de actuar de la humanidad. Sus buenas intenciones no siempre evitan que el Visionario ocasione mucho daño. Si no son sabios, pueden batir un postre y terminar con residuos tóxicos. Una esposa que no es sabia puede agregarle al veneno con palabras negativas, o puede, con sencillas palabras de cautela, señalar las bondades del postre y la prudencia de dejarlo en paz. Todo Sr. Visionario necesita una esposa buena, sabia, prudente y estable que tenga una perspectiva positiva de la vida.

Si estás casada con uno de estos tipos, debes contar con que serás rica o pobre, rara vez de clase media. Él pudiera arriesgar todo y perderlo o ganar una fortuna, pero no encontrará el éxito trabajando de 8 a 6 en el mismo lugar durante treinta años para luego jubilarse y disfrutar. Si trabaja en un empleo normal, es probable que falte la mitad del tiempo o que trabaje como maniático 80 horas a la semana, disfrutándolo al máximo. Quizá compre una granja de caimanes en la Florida o una estación de esquí en Colorado, o pudiera comprar una vieja casa-remolque por 150 dólares con la esperanza de arreglarla y venderla por $10,000, sólo para descubrir que está tan deteriorada que no es posible moverla. Luego hará que su esposa y todos los hijos le ayuden a desmantelarla y llevar los restos al basurero (guardando los aparatos domésticos en la cochera), para poder hacer un remolque para transporte de animales con los ejes. Ahora que tiene remolque para animales, pero ni un solo animal, puedes contar con que encontrará un remate de tres viejas vacas enfermas, y…Quizá nunca sea rico en dinero, pero será rico en experiencias.

Pensándolo bien, quizá mi marido no es un Sr. Dominante al 100%, porque se parece mucho a este Sr. Visionario. Recuerdo, en más de una ocasión, haberle ayudado a desmantelar un viejo granero de alguien para llevarse todo el cacharro y llenar nuestro viejo granero. Recuerda, la mayoría de los hombres son una combinación de tipos, pero suele predominar alguno de ellos.

La esposa del Sr. Visionario tiene que ser un poco temeraria y parcialmente ciega para poder disfrutar su aventura. Si este es tu marido, hay dos cosas muy importantes que debes aprender (además de cómo hacer una apelación). Aprende a ser flexible y aprende a ser siempre leal a tu marido. Te asombrará lo feliz que serás y lo divertido que puede ser la vida si tan sólo aprendes a ir con la corriente—la corriente de él. La vida se convertirá en una aventura. Hasta empezarás a compadecer a las que están casadas con los tipos estables, aburridos. Y cuando finalmente metas en tu cabeza que tu marido no tiene que tener la razón para que lo sigas, finalmente podrás decirles adiós a tus padres alterados, aun cuando te estén gritando que te has casado con un hombre loco. Los que observan se asombrarán de que puedas amar y apreciar a tu marido, pero para ti no será extraño, porque tú podrás ver su grandeza.

Grandeza consiste en un estado del alma, no en ciertos logros. Tomás Edison, aunque no era reconocido como tal, era grande después de fracasar 999 veces en su intento de hacer un foco. Los hermanos Wright eran grandes cuando descuidaron su oficio lucrativo de arreglar bicicletas y "perdieron el tiempo" tratando de lograr que una volara. Si el foco nunca hubiera funcionado y el avión nunca hubiera volado, y nadie hoy recordara sus nombres, hubieran sido los mismos hombres y sus vidas hubieran sido igualmente realizadas y sus días igualmente difíciles. ¿La esposa de Edison lo consideraría grande cuando gastó su último peso en una idea más que fracasaría? Si no, imagina lo que se perdió.

El Sr. Visionario necesita el apoyo de su mujer, y lo apreciará cuando se lo brinde generosamente. Sin ella, se siente solo. Al principio será un poco difícil vivir con este tipo de hombre. Usualmente habrá grandes pleitos al principio, si una buena muchacha normal (que tuvo por padre a un Sr. Estable) se casa con uno de los "raros."

Llegarán a un amargo divorcio (por iniciativa de ella) después de pocos años, o ella decidirá aprender a apreciarlo, porque en realidad es verdaderamente adorable. Recibo muy pocas cartas de mujeres casadas con estos hombres inquietos, decididos a reinventar la rueda. Sí recibimos muchas cartas de sus suegras, pidiéndonos que les escribamos a sus yernos para enderezarlos.

Algunos de estos hombres platican animosamente y con gran entusiasmo. Generalmente disfrutan comentando ideas, planes y sueños. Si tienes por marido a uno de éstos, le encantará platicarte su más reciente idea, y busca tu apoyo entusiasta, no una crítica de su idea. Posteriormente analizará su idea más críticamente, pero por el momento la idea misma resulta vigorizante. Se le ocurrirán mil ideas por cada proyecto que intente, e intentará muchos que jamás concluirá, y concluirá muchos proyectos que son inútiles, y tú "lo sabías desde un principio." Recuérdale eso la próxima vez que se le ocurra una idea, y destruirás tu matrimonio—pero no lo cambiarás. Él compartirá sus "ideas necias" con alguna otra persona.

APRENDE A DISFRUTAR LA AVENTURA

Hace varios años, una pareja de recién casados decidió hacer un viaje en bicicleta para su luna de miel. Tenían toda la ruta trazada y preparadas las bicicletas y el equipo para acampar. Después de viajar un par de días, la joven esposa observó que su marido había tomado un rumbo equivocado. Ella lo detuvo e intentó mostrarle con el mapa que se había desviado de la ruta. Ella siempre había tenido una habilidad natural para leer mapas, y sabía exactamente dónde se encontraban. Él no tenía la misma habilidad natural y sostenía que ella definitivamente estaba equivocada e insistió que iban en la dirección correcta. Más tarde ese mismo día, al darse cuenta de que efectivamente había tomado un camino equivocado, le echó la culpa al señalamiento o alguna otra razón. Nuevamente tomó un camino equivocado, y ella discutió con él. Él seguía corrigiendo su ruta, pero no estaban llegando a ninguna parte por la ruta más corta. Ella le señaló su error. Esa parte de la luna de miel no fue muy "melosa." No había manera de hacerlo cambiar de idea. Él sabía que estaba en lo correcto, y si no lo estaba del todo, estaba lo más acertado que se podía esperar bajo las circunstancias, y no era bien recibida la crítica.

¿Qué podía hacer ella? La joven esposa no estaba satisfecha con la manera que se estaban tratando, y ella pensó para sí misma que esto se podría convertir en el patrón para el resto de su vida. Reflexionando sobre el asunto, se le ocurrió que para él era muy importante tener la razón y controlar, y realmente no tenía mucha importancia qué camino tomaran. Estaban haciendo este viaje para estar juntos, no para llegar a algún destino determinado. Dios en su misericordia y gracia le dio a esta dulce y joven esposa, un nuevo corazón. Decidió seguir a su marido por cualquier camino que él tomara, sin cuestionar ni corregir. Así que empezó a disfrutar alegremente el hermoso día, y la gloria de ser joven y estar enamorada, mientras pedaleaba su bicicleta por un camino que le llevaba hacia donde todo matrimonio debe ir, aun cuando no fuera conforme al mapa.

Esta damita está casada con un hombre 100% Visionario. Comenzó correctamente su matrimonio, siguiendo adonde él guiara, independientemente de que ella considerara que fuera el camino correcto o no. Ha sido flexible y está disfrutando su aventura. Algún día, cuando su marido esté convencido de que le puede confiar su corazón, permitirá que ella sea su copiloto—mientras él sigue atribuyéndose el reconocimiento por ello. La moraleja es: tu manera de pensar determina cómo te sentirás, y lo que sientes influirá en tu manera de actuar.

Si estás casada con el Sr. Visionario, aprende a disfrutar la aventura, porque si algún día realmente llega a inventar un mejor foco, deseará que seas tú la que lo encienda por primera vez en público. Será tu rostro el que observará para ver la maravilla de tan gran logro que ha realizado. Tú eres su admiradora más importante. Cuando sabes que tu marido realmente te necesita, puedes estar contenta con casi cualquier cosa.

Con el tiempo esta clase de hombre se volverá más práctico. Si eres una esposa joven casada con un hombre que tu mamá considera totalmente loco, pudieras estar casada con un Sr. Visionario. Ahora mismo, decide en tu corazón serle leal, y ser flexible; luego, deja que tu soñador sueñe. Ponte cómoda y disfruta la aventura. Debe resultar muy interesante.

El mundo necesita al Sr. Visionario, porque él es el que anda al acecho de la hipocresía y la injusticia y mata a los dragones. Él exige de sí mismo y de los que lo rodean, una norma más elevada. Sabe hacer casi todo, y está bien dispuesto a aconsejar a los demás. Con el tiempo desarrollará destreza en más de una cosa.

• El Sr. Visionario sacará la basura si es que se acuerda. Pero también pudiera terminar por inventar una manera de que la basura se saque sola, o se convierta en fuente de energía, o quizá simplemente desperdicie mucho tiempo construyendo una carreta para que la saques tú. No le molestará limpiar si es que se fija que hace falta, pero pudiera estar tan absorto que decide pintar cuando está barriendo y luego cambia de proyecto antes de terminar la pintura. Y probablemente se irrite cuando su esposa se queja con él por ello.

• El Sr. Visionario se la pasará platicando, platicando, platicando con su amor si ella le da su aprobación. Será subjetivo, pensando en sentimientos, estados de ánimo y percepciones espirituales. Una de sus necesidades más grandes será que su esposa piense objetivamente (verdades probadas) y use sentido común, lo cual ayudará a que sus pies no se despeguen demasiado de la tierra firme. Él se pasa la vida mirando por un telescopio o un microscopio, y le asombra que otros no observen ni se interesen en lo que él ve (o cree ver). Cada asunto insignificante ocupará su mente por completo, y será necesario que su esposa casualmente haga mención del cuadro más amplio y los posibles resultados finales de las relaciones, las finanzas, o la salud, si él sigue enfocándose totalmente en su interés presente. Su querida esposa debe conservar una mentalidad positiva, sin que nunca caiga en el mundo imaginario de él, tratando de ser una porrista por cosas sin futuro. Deja que él se apague con cosas que no son prudentes. Pero no le eches agua a su fuego. Deja que él encuentre su propio balance por medio de sus choques con las duras realidades. Definitivamente que los profetas de Dios en el Antiguo Testamento deben haber sido tipos Visionarios. ¿Recuerdas a Elías, Jeremías y Ezequiel con todas sus aflicciones?

• El Sr. Visionario es un iniciador y un provocador. Es un hombre de vanguardia, un innovador, un pionero y una voz para provocar acción. Él arranca y mantiene en movimiento la fiesta hasta que llegue el Sr. Dominante para tomar el liderazgo.

• El enfoque del Sr. Visionario es tan intenso que las cosas fácilmente se inflan fuera de proporción. Una esposa debe cuidarse de hablar negativamente acerca de las personas. Un comentario frívolo de parte de ella puede ponerle fin a una amistad de toda la vida. Esto es cierto con cualquier hombre, pero especialmente con el Sr. Visionario. Examina tu corazón para descubrir tus motivaciones en lo que dices acerca de las personas. ¿Cuál es tu intención al hablar? ¿Levantarlo a él y darle gozo, o elevarte a ti misma y hacerle pensar que sólo tú eres perfecta? Si mencionas a las personas para hacer que se vean un poco mal, y pasar tú por "incomprendida", tu marido pudiera concluir que los amigos y familiares te están tratando de manera injusta, y pudiera volverse retraído y desconfiado. Sin saberlo, pudieras hacer que tu marido rechace todo consejo. Si quieres que tu marido desarrolle seguridad como un activo hombre de Dios, entonces necesita tener una conciencia limpia ante sus amistades y familiares. Dios dice que la conducta de la mujer puede ganar a su marido perdido. De igual modo, las palabras ociosas y negativas de la mujer pueden incapacitar a un hombre fuerte y convertirlo en un hombre iracundo, conflictivo y contencioso. "Asimismo vosotras, mujeres, estad sujetas a vuestros maridos, para que también los que no creen a la palabra, sean ganados sin palabra por la conducta de sus esposas, considerando vuestra conducta casta y respetuosa" (I Pedro 3:1-2).

• El Sr. Visionario necesita una dama que no se ofenda fácilmente. Ella debe ser resistente. Necesita que su mujer sea llena de vida y gozo. El Sr. Visionario no es capaz de ser un consolador—ni para sí mismo ni para otros. Su mujer tendrá que aprender a controlar ese labio tembloroso, levantar esos hombros y ponerse esa sonrisa.

• El Sr. Visionario pudiera ser líder, pero como su vista se concentra en un sólo punto, su liderazgo tendrá un enfoque muy limitado.

SR. ESTABLE

Dios es tan estable como una roca eterna, protector, proveedor y fiel, como un sacerdote—como Jesucristo. Él ha creado a muchos hombres a esa imagen. Nosotros le llamaremos Sr. Estable—"centrado, no dado a los extremos." El Sr. Estable no toma decisiones impulsivas ni gasta su último peso en una idea nueva, y no trata de decirles a otras personas lo que deben hacer. Evita la controversia. No inventa el foco, como el Sr. Visionario, pero él será quien construya la fábrica y administre la línea de ensamble que produce el avión o los focos. Él no salta al frente de un avión para quitarle la navaja al terrorista, a menos que el Sr. Dominante le anime a hacerlo. Jamás encabezaría una revuelta contra un gobierno o contra una iglesia. Pasa por alto silenciosamente la hipocresía de otros. Peleará abnegadamente las guerras que inicia el Sr. Visionario y dirige el Sr. Dominante. Él es quien construye los buques tanque, cultiva la tierra, y cría silenciosamente a su familia. Como regla general, será fiel hasta el día de su muerte, en la misma cama en la que ha dormido durante los últimos 40 ó 50 años. Mujeres mayores, divorciadas, que han aprendido por sus errores, entienden el valor de la paz y la seguridad, y anhelarán un buen hombre estable, de la estatura de éste, pero tales hombres rara vez están disponibles—a menos que su esposa imprudente lo haya abandonado. Este hombre se goza con la mujer de su juventud.

DELEITES Y TRIBULACIONES

Ser esposa de un Sr. Estable tiene sus recompensas y sus dificultades. Por el lado bueno, tu marido nunca te aplica una presión desmedida para que hagas milagros. No espera que seas su sirvienta. No te pasas la vida apagando incendios emocionales, porque él no crea tensiones en la familia. Rara vez te sientes presionada, carrereada, empujada ni obligada. Las esposas de los Señores Visionarios te observan y se asombran de que tu marido parezca tan equilibrado y estable. La esposa del Sr. Dominante no puede creer la cantidad de tiempo libre que pareces tener. Si tu padre fue un Sr. Estable, es más probable que aprecies el tesoro que representa la vida práctica, realista de tu marido.

Cuando estás casada con un hombre que es constante y cauteloso, y tú tienes algo de romanticismo impaciente, quizá no aprecies su valor y no lo honres tan fácilmente. Quizá te sientas inconforme porque él es lento y cauteloso para asumir autoridad o tomar decisiones rápidas. La mujer mandona observa en su marido la ausencia de juicios apresurados y califica a su Sr. Estable de indeciso. Por su constancia es el último en cambiar, así que da la impresión de ser un seguidor por el hecho de que pocas veces está al frente dirigiendo a las tropas. En él no hay ningún apresuramiento emotivo, sino un lento y constante ascenso, sin ostentación ni escándalo. Quisieras que tan sólo se decidiera y que definiera su postura en la iglesia. Parece que simplemente permite que los demás se aprovechen de él. En ocasiones quisieras que tuviera el valor de decirte lo que debes hacer para que tú no tuvieras que cargar con toda la carga de la toma de decisiones.

Algunas mujeres interpretan la sabia cautela de su marido y su falta de pasión abierta como una falta de espiritualidad. Su falta de espontaneidad y atrevimiento pudiera parecer indiferencia a las cosas espirituales. Sin embargo, él es como aguas muy profundas. Su misma profundidad hace que el movimiento sea casi imperceptible. Sin embargo, es en realidad muy fuerte.

A él lo desconcertará tu inconformidad e intentará servirte mejor, con lo cual puede disminuir aún más tu respeto por su masculinidad. La desilusión y la ingratitud te pueden agotar más que cualquier cantidad de responsabilidades. Las pruebas que él parece ocasionarte, en realidad son tus respuestas de insatisfacción ante lo que tú ves como deficiencias de él. Si no intentaras cambiarlo en algo diferente a lo que Dios quiso que fuera, no te causaría ninguna pena. Su misma constancia lo mantiene en su rumbo centrado, y eso vuelve loca a la mujer controladora.

Por esto, muchas mujeres casadas con un Sr. Estable caen víctimas del desequilibrio hormonal, enfermedad física o problemas emocionales.

Cuando una mujer está casada con un hombre mandón, dominante, los demás se asombran de que esté dispuesta a servirle sin quejas, así que ella pasa por una maravillosa mujer, de gran paciencia y sacrificio. La mujer que está casada con el impulsivo Sr. Visionario, quien sujeta a la familia a presiones, despierta asombro en todos. "¿Cómo es posible que tolere sus ideas extrañas con tanta paz y gozo?" Ella pasa por una verdadera santa, quizá hasta por mártir. Pero si estás casada con un hombre maravilloso, amable, servicial, y muestras un poquito de egoísmo, es probable que al final pases por una ingrata musaraña. Él te ayuda, te adora, te protege y se encarga de proveer todo lo que necesitas, y aún así no estás satisfecha. ¡Te debería dar vergüenza!

CONOCE A TU MARIDO

Las esposas obviamente son carne y sangre, y como mujeres jóvenes, no llegamos al matrimonio con todas las destrezas necesarias para lograr que comience bien, mucho menos perfecto. Cuando llegas a conocer a tu marido, tal como Dios lo diseñó, dejarás de tratar de cambiarlo en lo que tu piensas que debe ser. La clave es conocer a tu marido. Si es un Sr. Estable, necesitas aprender a ser agradecida y honrarlo como el que ha sido creado para ti a la imagen de Dios. La Palabra de Dios dice en Hebreos 13:8: "Jesucristo es el mismo ayer, y hoy, y por los siglos." El hombre que ha sido creado constante trae paz y seguridad al alma de una mujer. La ternura de tu marido no es una debilidad; es su fuerza. La vacilación de tu marido no es indecisión, es cautela sabia. La falta de profunda conversación espiritual de tu marido no es por falta de interés; es simplemente el tapón que contiene una montaña de intensas emociones.

Para solicitar su ejemplar: Llame al 1-866-292-9936 en EUA (solamente para pedidos) de 8:00 a.m. a 5:00 p.m. (tiempo del centro) o visite nuestra tienda en Internet en NoGreaterJoy.org

PARA ENTRENAR A UN NIÑO

MÁS DE 625,000 EJEMPLARES VENDIDOS.

Aprende de padres exitosos cómo entrenar a tus hijos en vez de disciplinarlos. Con humor y ejemplos de la vida real, este libro te enseñará cómo entrenar a tus hijos antes de que surja la necesidad de disciplinar. Termina con la disciplina correctiva; haz de ellos aliados en vez de adversarios. Se acabará el estrés y tus hijos obedientes te alabarán. *Libro de 122 páginas. Español e Inglés*

EL BIEN Y EL MAL EN COLOR

Novela ilustrada, galardonada, de 330 páginas con dibujos en deslumbrantes colores que cuenta la historia de la Biblia en orden cronológico desde Génesis hasta Apocalipsis. Escrita por Michael Pearl e ilustrada por Danny Bulandi, un artista retirado de las historietas cómicas Marvel. Ya traducido a más de 30 idiomas, popular entre misioneros y obreros juveniles, este libro tiene un gran atractivo para todas las edades y culturas. Fantástico como currículo para la escuela dominical. *Libro de 330 pags. Español e Inglés*

CREADA PARA SER SU AYUDA IDÓNEA

Lo que Dios está haciendo a través de este libro es sorprendente. ¿Ha despertado en ti el deseo de ser la ayuda idónea para lo cual Dios te creó? Oramos que así sea. Si te ha bendecido (y a tu amado), entonces considera pasar la bendición a alguien que amas adquiriendo Creada Para Ser Su Ayuda Idónea para esa persona. *Libro de 296 páginas, en inglés y en español. Disponible en MP3.*

SOLAMENTE PARA HOMBRES

Michael Pearl habla franca y directamente a los
hombres acerca de sus responsabilidades como
esposos. Las esposas no deben escuchar este audio.
No queremos que se aprovechen de su marido.
Disponible en 1 CD. Español e Inglés

LA PORNOGRAFÍA - CAMINO AL INFIERNO

Mientras que la mayoría de los ministerios evitan tocar el
tema, Michael Pearl habla francamente del azote mortal de la
pornografía. Muestra cómo por medio del arrepentimiento
delante de Dios y del poder del evangelio de Jesucristo se
puede romper la esclavitud a esta malvada perversión por
medio de la abundante misericordia y gracia de un Dios
amoroso. Hay esperanza para el hombre atrapado en la
trampa de la pornografía y esperanza para la indefensa y
enfadada esposa que encuentra difícil honrar a un marido así.
Folleto. Español e Inglés

SEXO SANTO

Michael Pearl lleva a sus lectores a través de una
refrescante jornada de textos bíblicos, centrados en el
Cantar de los Cantares. Esta mirada santificadora a la
pasión más poderosa que Dios jamás creó, liberará al
lector de inhibiciones y culpas falsas. Michael Pearl
dice: "Es tiempo que las parejas cristianas retomen
esta tierra sagrada y disfruten del don santo del
placer sexual." *Libro de 82 pags. Español e Inglés*

LA JORNADA DE LA AYUDA IDÓNEA

La Jornada es un diario para un año, de 184 páginas, para ser usado en conjunto con "Creada Para Ser Su Ayuda Idónea". Contiene páginas adicionales para tus apuntes personales, garabatos, estudios y fotografías, donde podrás crear un recuerdo perdurable del milagro que Dios está haciendo en ti. Esta es una guía de estudio perfecta para individuos o grupos de estudios de mujeres.

Cuaderno de Trabajo. Inglés

LA VISIÓN

¿Qué sucede cuando terroristas islámicos y supremacistas blancos van contra un pequeño grupo de creyentes en las colinas del Este de Tennessee? Ponga en sus manos un ejemplar de esta novela intensamente emocionante e informativa. *Inglés*

NO GREATER JOY

No Greater Joy Vol. 1

Reimpresiones de los artículos de los primeros dos años de la revista. Abarca los temas de rivalidad entre hermanos, pucheros, malas actitudes y mucho más.

Libro de 110 páginas. Inglés

No Greater Joy Vol. 2

Permite que tus hijos escuchen fantásticas historias a la hora de acostarse. Abarca los temas de niños desordenados, educación en el hogar, el pesar y el sufrimiento, y mucho más. *Libro de 110 páginas. Inglés*

No Greater Joy Vol. 3

Los niños aprenden sabiduría y disfrutan escuchando las historias conforme se las va leyendo. Abarca los temas del matrimonio, las relaciones y cómo afectan a los niños, el gozo, y mucho más. *Libro de 110 páginas. Inglés*

EL MATRIMONIO A LA MANERA DE DIOS - VIDEO

El matrimonio perfecto es 100/100. Es un hombre y una mujer cada uno dando el 100% al otro. ¿Y qué si él o ella no está dando el 100%? Entonces puedes corresponder su 10% con tu 10% y continuar con una relación insatisfecha, o , por la gracia de Dios y el poder del Espíritu Santo, puedes dar tu 100% a tu cónyuge y observar cómo su 10% crece para también ser un 100%. Michael lleva a los espectadores a través de la Palabra de Dios a descubrir el plan de Dios para el esposo y la esposa. *Juego de 2 DVD. Inglés*

LA JUSTICIA

Este juego contiene cuatro mensajes acerca de la salvación y la justicia: Cristo Jesús el Hombre, Justicia que Salva, Justicia Imputada y La Sangre. Los mensajes exploran temas intrigantes como: la humanidad de Cristo y por qué se refería a sí mismo como "El Hijo del Hombre"; por qué se demanda la sangre del hombre cuando derrama la sangre de otro hombre; el método claramente definido por Dios para justificar a una persona suficientemente para ir al cielo; y cómo la sangre de Jesús lava nuestros pecados. *MP3 CD. Inglés*

SUSCRIPCIÓN GRATUITA A LA REVISTA

Vaya al sitio en Internet www.NoGreaterJoy.org y haga clic en "subscribe" (suscribirse). Estando ahí puede suscribirse a las notificaciones por correo electrónico que enviamos semanalmente para informar acerca de seminarios, ofertas especiales, descuentos y artículos adicionales. *En Inglés*

NGJ es una organización sin fines de lucro dedicada a servir a las familias con las buenas nuevas de Jesucristo..

"Mujer virtuosa,
¿quién la hallará?
Porque su estima
sobrepasa larga-
mente a la de las
piedras preciosas."

Proverbios 31:10